Über dieses Buch Auch heute noch, 40 Jahre nach der ersten Vorführung in Paris am 15. März 1945, haben sich Marcel Carnés »Kinder des Olymp« eine unvergleichliche Frische bewahrt. In der Wintersaison unserer Kinos sichert sich dieser dreieinviertel Stunden lange Film immer wieder die Faszination eines alten und neuen Publikums. Das Buch will dem Geheimnis dieser ungebrochenen Wirkung nachspüren: Was macht im Zeitalter der industriellen Kinoproduktion einen Film zum Klassiker, d. h. zu einem dramatischen Bilderreigen, dessen visuelle Effekte nicht mit der Schaulust einer Saison oder einer Generation verblassen?

Dieser Frage wird in diesem Band nachgegangen:

- Das Drehbuch des Films bezeugt zunächst den Witz und die Poesie der Dialoge.
- Quellenmaterial zum geschichtlichen Hintergrund des Films zeigt, daß dessen Helden leibhaftig der romantischen Epoche der Pariser Gesellschaft um 1830 entstiegen sind.
- Bilder und Texte zur Entstehungsgeschichte dokumentieren die einzigartige Zusammenarbeit der größten Theater- und Kinokünstler Frankreichs vor und nach dem Zweiten Weltkrieg. Sie haben den schwierigen Produktionsbedingungen ihres von deutschen Truppen kontrollierten Landes ein ebenso vitales wie melancholisches Kinospektakel abgetrotzt.
- Und schließlich schreibt ein Essay die unverbrauchten Effekte des Films aus der raffinierten wie künstlerisch vollendeten Verbindung der verschiedenen Formen und Medien der Schaulust her: Die wirklich unsterblichen Kinder des Olymp sind die Zuschauer, die der immergleichen imaginären Verführung erliegen.

Der Autor Manfred Schneider ist Professor für Neuere Deutsche Literatur an der GHS-Universität Essen. Er hat Bücher und Aufsätze über verschiedene Themen der deutschen und französischen Literatur veröffentlicht sowie Essays zur Medien- und Kinotheorie.

Die Mitarbeiter Irmelin Sansen und Eva Striewe studieren an der GHS-Universität Germanistik und Kunst; Ferdinand Fries studiert Film an der FHS-Photo/Design Dortmund.

Manfred Schneider

Die Kinder des Olymp
Der Triumph der Schaulust

Texte, Dokumente, Kommentare

Unter Mitarbeit von Irmelin Sansen,
Eva Striewe und Ferdinand Fries

Fischer
Taschenbuch
Verlag

Die Fotos aus *Die Kinder des Olymp* werden mit freundlicher Genehmigung der atlas Filmverleih GmbH, wiedergegeben.

Lektorat: Ingeborg Mues

9.–12. Tausend: März 1986

Originalausgabe
Veröffentlicht im Fischer Taschenbuch Verlag GmbH,
Frankfurt am Main, Oktober 1985

Inhalt

I Einleitung:
Der Triumph der Schaulust

1

Die Kinder des Olymp sind vierzig Jahre alt. Der poetische Titel des Films erlaubt es, einen Satz solchen Doppelsinns zu bilden, und es ist die ehrgeizige Absicht dieses Büchleins, diesem Doppelsinn einen weiteren Sinn zu geben. Vierzigjährige sind im allgemeinen keine Kinder mehr, es sei denn, sie hätten Aussicht auf ein ewiges Leben. Freilich leiden die Bewohner des Olymp, so weit man hier den antiken Berichterstattern Glauben schenken darf, keinen Schatten der Sterblichkeit auf ihren Zügen, und auch die christlichen Bewohner des »Paradieses«, der himmlische Ort, den der französische Filmtitel zitiert, haben alle Beschwernisse der Zeit hinter sich.
Ohne Zweifel gilt für Marcel Carnés und Jacques Préverts Meisterwerk, daß es einen gesicherten Platz im Kino-Olymp erworben hat. Die Mäkeleien und kleinlichen Ausstellungen, die so mancher Kritiker zu diesem Film in das Protokoll seiner Sehschwäche eingetragen hat, sind durch den Gang der Dinge von jenem Staub umhüllt, den die Gnade des Vergessens spendet.
Die Kinder des Olymp haben diese vierzig Jahre in makelloser Jugend überstanden, denn sie sind nicht nur in die Geschichte eingegangen, sondern sie bilden mit einer kurzen Reihe anderer Titel den kleinen Bestand an klassischen Filmen, die im Repertoire unserer Kinos so regelmäßig auftauchen, wie *Faust* oder *Hamlet* auf den Theaterzetteln. Was aber verleiht den *Kindern des Olymp* dieses Privileg? Während der Fleiß und bisweilen auch das Ingenium der Regisseure manches Theaterstück, das längst den Schlaf der Ewigkeit unter jenem Staub verdient hätte, immer wieder zum Leben erwecken, dank seines irgendwann einmal behaupteten künstlerischen Wertes, können Filme immer nur ihre abgeschlossene mediale Tatsächlichkeit zur Anschauung bringen, und es sind die Zuschauer, die letztlich entscheiden, welche Filme in das Archiv der Unsterblichkeit aufgenommen

werden. Für diese Prämierungen durch das Zuschauerauge gibt es auch Gründe, die – so sei hier einmal behauptet – noch längst nicht gefunden und benannt sind. Angesichts der technischen Perfektion, die heute bestimmte millionenschwere Filmproduktionen erreichen, ist ein Urteil darüber gewährleistet, daß solche Allianzen von brillanter Technik und matter Kolportage zwar die Augen bestechen, aber nichts sichtbar werden lassen – allenfalls den ökonomischen und technischen Druck, sich vom Medium Fernsehen zu unterscheiden. Wenn die Einsicht des großen Medientheoretikers Marshall McLuhan zutrifft, daß der Film die ihm historisch vorangehenden Medien (Literatur, Theater) in den Blick rückt, in ihrer kulturellen Funktion und ihrer medialen Macht erkennbar werden läßt, so sollte ein Film wie *Die Kinder des Olymp*, der voller Literatur und Theater steckt, einige der Geheimnisse jener Medien, die diesen selbst entgehen mußten, offenbaren.

In den *Kindern des Olymp* verschließt der Name der Schönheit nicht allein das Register der unbestrittenen Qualitäten, die immer wieder genannt werden: die glänzende Leistung der Schauspieler, die ausgezeichneten Dialoge, die unerreichte Regiekunst etc.; das Geheimnis dieses Films, seine ungebrochene Faszinationskraft, liegt zugleich in einer Qualität des Mediums, die bislang noch nicht deutlich ins Auge gefaßt worden ist: Es ist die sichtbar gewordene Einheit von Poesie, Liebe und Visualität.

2

Um dies zu verdeutlichen, beginnen wir am Schluß: Bevor sich über den *Kindern des Olymp* der Kino-Vorhang senkt, wird der Zuschauer von einem Filmfinale mitgerissen, in dem sich die Bewegung von Handlung, Bildern und Musik zu einer einzigartigen temporeichen Kadenz zusammengeschlossen haben: Baptiste, dem eben die vergangene Nacht die Erfüllung lange geträumter, beinahe vergessener Wünsche gebracht hat, sieht das Glück dieser Nacht vom Tageslicht verschlungen: Garance ist in einer Kutsche davongefahren. Über dem ihr nachstürzenden Baptiste schlägt eine Flut von tanzenden Karnevalspierrots zusammen, er versinkt in zahllosen Spiegelbildern seiner selbst. Wie in einer tausendfachen Facettierung seines Kostüms erscheinen diese festlichen Masken, die fröhlichen weißen Gesichter, welche Baptiste, der seit Tagen seine Maske abgelegt hat, auf sein lebendiges reales Schicksal stoßen, ihm das Undurchdringliche der Realität vorführen, die Baptiste auch immer wieder entgleiten wird.

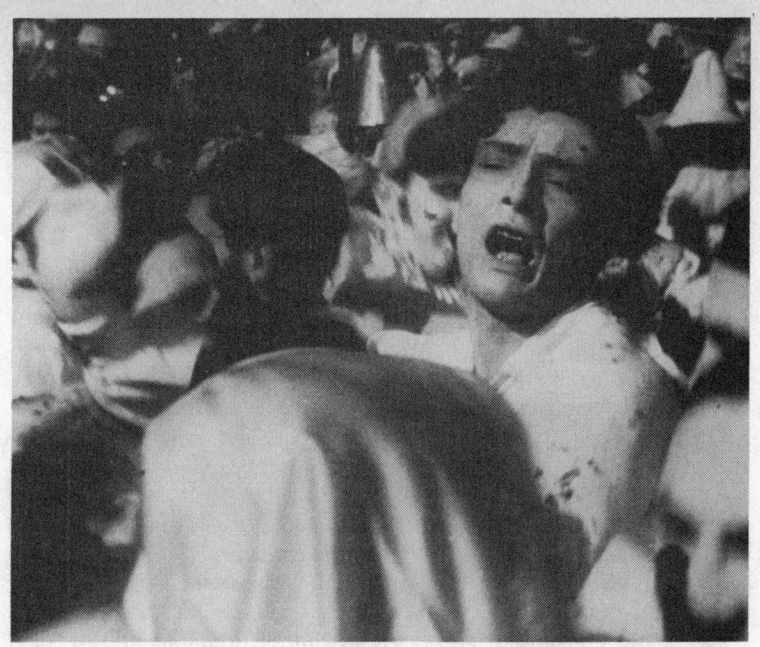

Das ist ein filmisches Finale, genau kalkuliert, von unvergleichlicher
Wirkung: Die Bilder scheinen ganz im Rhythmus der getanzten Musik zu schwingen, der Film löst sich hier selbst auf in dem, was er zeigt,
so wie auch Baptiste von der tanzenden Menge aufgesogen wird. Der
Schicksalssprecher, der Kleiderhändler Jericho, taucht in dieser
Menge noch einmal auf; wie sein Name zu sagen scheint, ist er sowohl
eine Posaune wie auch nur ein Echo der Dinge und ihrer Bewegung,
was Baptiste nur um so wütender macht.
Dieses mitreißende Kinofinale entwickelt seine Wucht aus einer spe-
zifisch filmischen Lösung, die für einige Augenblicke Musik, Bild und
Leben in eine gemeinsame, sozusagen akustisch und optisch pulsierende Bewegung bringt. Hingegen hatte der Drehbuchautor Jacques
Prévert ein ganz anderes Schlußbild konzipiert: Baptiste sollte Jericho, der ihn und Garance laut schmäht, mit einem Stockhieb töten,
ehe er im Karnevalsreigen der Pierrots versinkt. Prévert hatte also ein
*Theater*finale im Auge, so wie in vielen Filmen von Carné/Prévert der
Tod das theatralische Ende des Films markiert. In der Tat gibt es keinen logischeren Schluß als den Tod. Das filmische Ende ist jedoch

9

immer eins des Lebens, wenn es gelungen ist, wenn es sich so in einen pulsierenden Rhythmus eintragen kann wie in den *Kindern des Olymp*.

Der kleine Konflikt zwischen Carné und Prévert über das wirkungsvollste Ende des Films zeigt zugleich im Kontrast der Profile die charakteristischen Züge dieser beiden Männer, die eben in dieser Produktion ihre ganz persönlichen Talente entfaltet haben. Préverts Phantasie ist durch alle imaginären Räume geschweift, die ihm die Malerei, die Literatur und der Film des Surrealismus eröffnet hatten, aber er verfügte auch durch seine Arbeit am proletarischen Theater des »Groupe Octobre« über Strenge und theatralische Disziplin; Carné besaß von Anfang an einen Kinoblick, er hatte stets die Augen der Kamera auf die Dinge gerichtet. Den Reibungen dieser beiden durchaus verwandten, aber durch mediale Prägungen unterschiedlichen Talente verdankt das französische Kino jene Reihe ungewöhnlicher und einzigartiger Filme, die unter der Genrebezeichnung »poetischer Realismus« Epoche gemacht haben. Mit den Mitteln der *Poesie* zeichnet Prévert stets die Profile seiner Figuren und die dunklen Arabesken ihrer Schicksale, die unverwechselbaren Charaktere und die tragischen Verwicklungen, die ungeheuren Kräfte der Sehnsüchte und Leidenschaften; *real* sind die von Carné diktierten Bedingungen, die Umstände, an denen sich ihre Unmöglichkeit erweist. *Poetisch* sprechen die Stimmen, die Gesichter, die Körper, die Träume, die Wünsche, und sie verausgaben alle Kräfte in einer Welt, die ihre *Wirklichkeit* in den mitleidlosen, aber datengesättigten Operationen der Carnéschen Kamera offenbart.

Im Finale der *Kinder des Olymp* finden sich freilich die Spuren beider Autoren: Prévert hat Jericho ins Bild gebracht, die häßliche Figur aus dem Reich der romantischen Poesie, der zwar nicht die Stöcke, aber dafür sein Lachen mit dem Verzweiflungsschrei Baptistes kreuzt. Hingegen erinnert die tanzende Menge an den Anfänger Carné, der als Zwanzigjähriger einen kleinen Dokumentationsfilm über die Tanzvergnügen der Pariser Jugend an den Sonntagen des Sommers gedreht hat.

In den Final-Szenen des Karnevals haben Carné und Prévert zugleich die Erinnerung an den anarchischen Karneval der Pariser Epoche zwischen 1830 und 1840 festgehalten. Sie beschworen damit diskret, aber für jedermann erkennbar, jene Kräfte des Volkes, denen sie sich beide verbunden fühlten, die linke, radikalrepublikanische Tradition, die in Frankreich immer wieder, 1789, 1830, 1848, 1871, 1936, 1968, die etablierten, erstarrten Systeme erschütterten. Wenn dieses kraftvolle, freiheitssüchtige Volk sich amüsierte, dann saß es im Olymp der

Theater oder, seit 1900 etwa, in den vorderen Reihen des Kinos. Der Kino-Karneval am Ende der *Kinder des Olymp* war zugleich ein Appell an die leidenschaftlichen Kräfte des Volkes in einem zerrissenen und von feindlichen Truppen besetzten Frankreich. – Vergegenwärtigen wir uns zunächst in knappen Skizzen die verschiedenen Epochen französischer Geschichte, die ihre Zeichen in dem Film erkennbar hinterlassen haben oder auch nur spürbar mitschwingen lassen, ehe wir die Frage nach seiner künstlerischen Qualität wieder aufnehmen.

3

Die *Kinder des Olymp* lassen große Augenblicke der Kultur- und Theatergeschichte des 19. Jahrhunderts wiederaufleben, sie sind ein einzigartiges Dokument der Filmgeschichte, aber sie sind auch gezeichnet von Dramen und Tragödien der französischen Geschichte während des Krieges und der deutschen Besetzung. Es wird also eine Fülle von historischen Bezügen in diesen Bildern deutlich.

Das Szenario, das der Film auf dem Pariser *Boulevard du Temple* eröffnet, ist die Epoche des Bürgerkönigs Louis-Philippe, der nach seiner Inthronisierung im Jahre 1830 die Industriellen und Bankiers mit dem Aufruf »Bereichert euch!« zu ungehemmter ökonomischer Aktivität ermunterte. Es ist die Epoche des florierenden Kapitalismus mit seinen schnellen Karrieren und seinen spektakulären Bankrotten. Eine solche Konjunktur blühte zwischen 1830 und 1848 auch in den Theatern, in den großen Bürgertheatern ebenso wie in den kleinen Häusern, wo die einfachen Leute ihr preiswertes Vergnügen suchten. Baptiste Debureau, der melancholische Pantomime unseres Films, machte in den dreißiger und vierziger Jahren die Bühne des ehemaligen Seiltänzertheaters *Funambules* zum Schauplatz seiner choreographischen Verzauberungskünste. Er ist nicht weniger eine historische Figur als der berühmte Schauspieler Frédérick Lemaître, der von 1830 bis 1870 als unbestrittener Star auf den Pariser Boulevardtheatern glänzte. Auch der Poet und Verbrecher Pierre-François Lacenaire ist dieser romantischen Pariser Epoche entstiegen; er war freilich kein Held des Volkes, sondern ein Idol der sensationslüsternen Schriftsteller, die ihr Volk mit melodramatischen und herzbewegenden Stücken unterhielten. Diese drei Figuren und ihr Milieu haben die *Kinder des Olymp* mit großer historischer Treue, aber auch unter Verarbeitung vieler, die Künstlerbiographien illuminierender Anekdoten wiederbelebt. Baptistes herzbewegende Pantomimen, die bramarbasierenden Reden Frédéricks halten völlig authentisch die Amüsements jenes Volkes fest, das auf dem Olymp, auf den billigsten Plätzen, diesen Vorführungen gebannt folgte. Doch die imaginäre Archäologie des Films enthält noch eine weitere Schicht historischer Bezüge: Pantomime und Melodram liefern nämlich zugleich unübersehbare Erinnerungen an die Frühzeit des Kinos selbst, das sich stilistisch, thematisch und künstlerisch aus dieser Tradition der phantastischen romantischen Theater herschreibt. Man darf nicht vergessen, daß das Kino seine Anfänge auf jenen Jahrmärkten, im Trubel der Sensationen erlebte, zu denen die Seiltänzer, Kraftartisten, Schausteller, Zauberer ebenso gehörten wie das Volk, das dort seine simplen Augenlüste befriedigte. Die Visualität des Films erscheint insofern nicht nur gesättigt mit den spektakulären Effekten einer verblichenen Theaterepoche, mit ihren kleinen Faszinationen und ihren naiven Optiken, sondern auch mit der Vergangenheit des Kinos selbst, das aus diesen Kräften gespeist ist. Einer der Ahnherrn des Kinos ist der berühmte Zauberer Robert-Houdin, der in den vierziger Jahren des 19. Jh. in der Nähe des *Boulevard du Temple* wohnte, in dessen Theatern er auch häufig auftrat. Robert-Houdin war ein Genie der Täuschung, Erfinder und Praktiker raffiniertester Tricks und ein begnadeter Mechaniker. Er begründete die *technische* Epoche der Magie. Unter seinen vielen selbstkonstruierten Automaten, deren Mechanik selbst den abgebrühten König Louis-Philippe verblüffte, befand sich eine kleine Maschine, die »Auriol und Debureau« hieß. Es waren zwei Puppen, die, von einer ingeniösen Mechanik getrieben, artistische Kunststücke vorführten. In seinen Memoiren *Confidences d'un Prestidigitateur* erzählt Robert-Houdin auch von den vielen Maschinen, die mit elektrischen und optischen Effekten arbeiteten. Houdins Theater wurde 1888 an einen Zaubererkollegen verkauft, der die Technik der Täuschung und der Illusion um einen entscheidenden Schritt perfektionieren sollte: an den Kinopionier Georges Méliès. In diesem Theater des alten Boulevardzauberers Houdin veranstaltete Méliès 1896 die ersten Kinovorführungen eigener Filme. Die Frühgeschichte der Spektakel geht bruchlos über in ihre technische Moderne.

4

Die Kinder des Olymp sind gebrannte Kinder, denn die Jahre ihrer Geburt zählen zu den düstersten der französischen Geschichte. Daß sie aber diese Zeit überstanden haben, verdanken sie der Kraft und Kreativität ihrer Schöpfer. Die cineastische Equipe von Carné und Prévert, der als Filmarchitekt Alexandre Trauner angehörte, zu der weiterhin die Musiker Maurice Jaubert, Joseph Kosma und Maurice Thiriet zu zählen sind, sowie der Kameramann Roger Hubert, hatte sich in den von ihnen entworfenen Filmen der Vorkriegszeit durch streng gegenwartsbezogene Themen und Schauplätze hervorgetan: Anknüpfend an die Filme von Carnés Vorbildern, Jacques Feyder und René Clair, hatte man Szenarios und Milieus entworfen, die nicht nur als »realistisch« gelten konnten, sondern die noch stärker eine suggestive Kraft, eine fatalistische Wucht entwickelten, so daß man von einer Fortführung des sozialkritischen naturalistischen Dramas sprechen konnte. Als aber den Schöpfern von *Quai des brumes* vorgeworfen wurde, ihr Film sei durch seinen schicksalsergebenen Stil an der militärischen Niederlage Frankreichs 1940 mitschuldig, da war es Zeit, die Zeit zu wechseln: Es wurde nun viel darüber geschrieben, inwieweit sich in den beiden Kriegsproduktionen *Les visiteurs du soir* und *Die Kinder des Olymp* der Geist des Widerstandes unter Bildern aus der Vergangenheit tarnte. Wenn in der großartigen Schlußsequenz von *Les visiteurs du soir* die Herzen der beiden Liebenden in den Steinen, zu denen sie geworden sind, weiterschlagen, so sollte dies nach dem Willen der Schöpfer eine Anspielung auf das Herz Frankreichs sein, das unter den Stiefeln der Besatzer fortlebte. Ohne Zweifel sind *Die Kinder des Olymp* voll von den Spannungen der Kriegsjahre, ja das Filmteam selbst wurde von solchen Spannungen heimgesucht. Die beiden jüdischen Künstler, Joseph Kosma und Alexandre Trauner, mußten ihre Mitarbeit durch Pseudonyme verdecken. Der Schauspieler Robert Le Vigan, dem Carné die Rolle des Jericho anvertraut hatte, hatte sich hingegen im Radio durch antisemitische Tiraden hervorgetan. Er verschwand daraufhin im Sommer 1942, als der Zusammenbruch der Vichy-Regierung abzusehen war, im Gefolge des antisemitischen und mit den Faschisten sympathisierenden Schriftstellers Céline aus Frankreich. Etwa zur gleichen Zeit wurde der Freund des Teams, der Besitzer des Hauses in der Provence, wo man gemeinsam arbeitete, ein Angehöriger der Résistance namens Vincent, von deutschen Truppen getötet. Und während Jacques Prévert und Jean-Louis Barrault dem linksradikalen Theater des »Groupe Octobre« angehört und mit der Volksfront sympathisiert hatten, ging Arletty, der Star und das Zentrum der Schauspielergruppe, eine Liaison mit einem deutschen Offizier ein, was ihr dann bald durch die selbsternannten Richter der Libération eine mehrmonatige Internierung eintrug. Schlimmer noch: Die Gestapo holte während der Dreharbeiten einen Statisten ab, der nie mehr wieder auftauchte. Für die Synchronisation des Films mußte die der Kollaboration angeklagte Arletty aus der Haft beurlaubt werden, und während der Film fertiggestellt wurde, kursierten Gerüchte, daß sie hingerichtet worden sei, wegen der Liebesaffäre und wegen ihrer Freundschaft mit dem nach Dänemark geflüchteten Céline. Die Spannungen und Feindschaften, die Frankreich in diesen Jahren zerrissen, gingen also auch durch das Team. *Die Kinder des Olymp* sind aber keineswegs Film-Bilder aus dem Elfenbeinturm, wie die Résistance-Kritik später behauptete; sie verkörpern vielmehr jene französische Lebendigkeit der tatsächlichen Besucher des Theaterolymps, der ebenso jovialen wie erregbaren Kinder der oberen Ränge. Marcel Carné hat diese Absicht nachträglich noch einmal hervorgehoben: Es galt, in den Bildern jenen Geist festzuhalten, der mit den Waffen verlorengegangen war. Und die eindrucksvolle Beglaubigung dieser Worte liegt in der Tatsache, daß es Carné durch geschickte Verzögerungen gelang, die *Kinder des Olymp* als einen der ersten Filme in der Hauptstadt des befreiten Frankreich zu zeigen: Der pulsierende Rhythmus seiner letzten Szenen erschien den Zuschauern damals auch als das im Jubel der Befreiung wiedererwachende Leben des alten Frankreich.

5

Es war unumgänglich, wenigstens in groben Zügen die Bilder, Ereignisse, Personen, Schicksale, Dramen zu protokollieren, die eingezogen sind, verstreut und versammelt, im Drehbuch, im Dekor, in den Regieeinfällen, in der Produktionsgeschichte der *Kinder des Olymp*. Dennoch sind wir immer noch weit entfernt davon, das Geheimnis der Filmwirkung, der olympischen Zeitlosigkeit erfaßt zu haben, von dem wir nur einige Elemente am Beispiel des Finales erwähnen konnten. Dieses Finale verstärkt und potenziert ein Motiv und ein Konstruktionsprinzip des Films, das auf den Photos dieser ersten Buchseiten in wenigen Beispielen dokumentiert wird: das Requisit des Spiegels und, damit verbunden, das Verfahren der Spiegelungen. Alle Figuren des Films sieht der Zuschauer immer wieder – unter dem Diktat der Regie – in einen Spiegel blicken, worin sie sich nicht nur selbst erkennen, sondern zugleich den Blick desjenigen, der zusieht, wie sie ihr

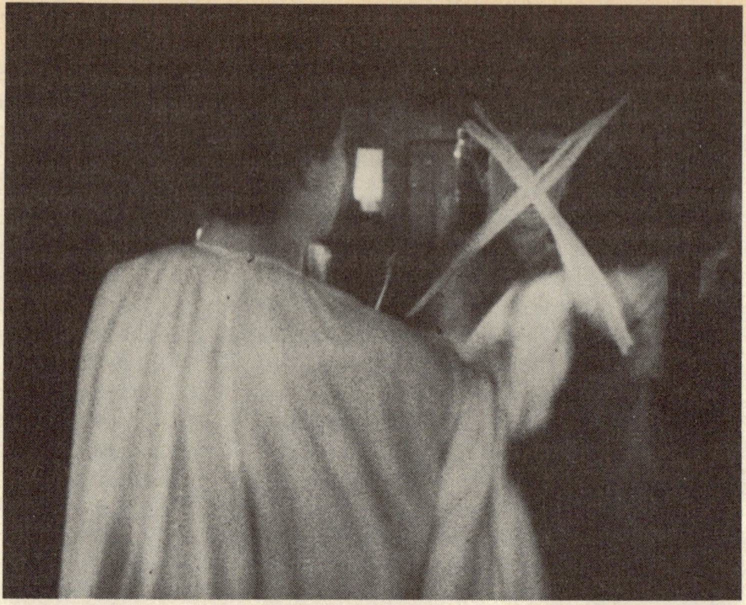

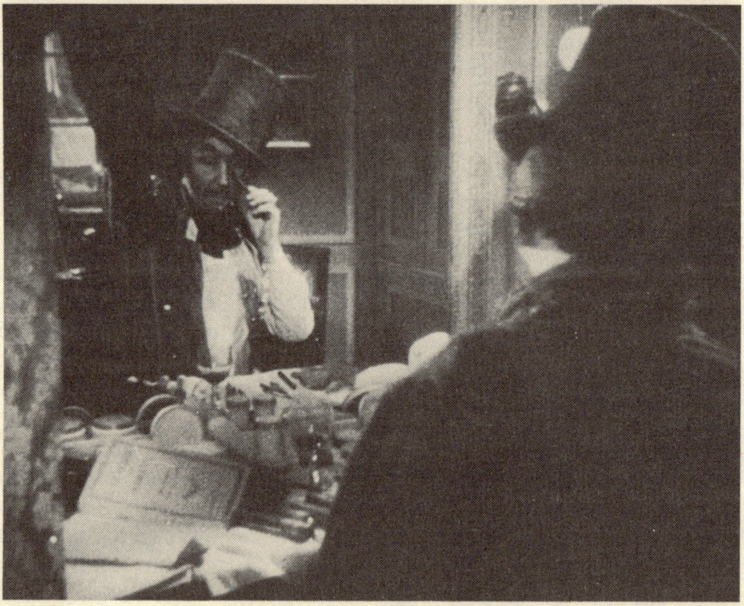

Bild prüfen. Diese Spiegeleinstellungen organisieren in einer Serie analoger Signale und Zeichen das Spiel der Visualitäten, das der Film als Regie- und Handlungsprinzip in Gang setzt. Nehmen wir noch einmal die Schlußpassage: In diesem Finale begegnet Baptiste, der professionelle Pierrot, der beinahe unendlichen Verdopplung, der Facettierung seiner Maske in einer Art von Doppelreflex. Denn diese Maske, so konnte der Zuschauer zuvor erkennen, bildete für den Pierrot Baptiste auch eine Art von Spiegel seines Lebens: Die traurigen Pantomimen auf der Bühne der *Funambules* bildeten stumme und graziöse Schatten und Reprisen von Baptistes Leben jenseits der Bühne. Bisweilen erwies sich sogar, daß das Theaterspiel die Wahrheit des Lebens sagte und daß die Trennung zwischen dem Medium und dem Leben, zwischen Illusion und Wirklichkeit ebenso künstlich war wie die Unterscheidung von Spiegelbild und Original. Und dies gilt für alle Personen des Films: Das Medium triumphiert als die volle Wahrheit des Lebens. Baptiste wird dies zweimal schlagartig vor Augen geführt, und er führt es sich selbst und seiner Umwelt wiederum im Spiegelmedium vor Augen: Nachdem er begriffen hat, daß ganz nach dem Modell der Pantomime, die er eben gespielt hat, Garance zur Geliebten von Frédérick geworden ist, streicht er vor der verlorenen Geliebten sein Spiegelbild durch. Nichts anderes widerfährt ihm in der allerletzten Szene: Da sein Spiegelbild in tausendfachem Doppel existiert, ist sein einmaliges Bild gelöscht. Für Frédérick ebenso wie für Lacenaire und für den Grafen gehen die Lebens- und Theaterrealitäten durcheinander. Und Garance, die Schicksalsgöttin dieser Männer, ist doch immer nur die Begleitfigur in den Selbstinszenierungen, die diese Schauspieler ihrer ungewissen Schicksale veranstalten.

Man hat mit Recht, doch ohne zu ahnen, wie unvollständig diese Erkenntnis bleibt, festgehalten, daß die *Kinder des Olymp* ein Film über die Liebe sei, ein Film über die verschiedenen Formen der Liebe. Gewiß geht Garance wie ein Katalysator durch die Handlung, indem sie die Leidenschaften, die vier Typen und Stile der Liebe, an den männlichen Figuren auslöst. Ebensogut ließe sich sagen, daß es ein Film über den Ruhm ist, denn für die vier Männer ist die Liebe der Garance eine Art von Krönung ihrer Träume von Namhaftigkeit und Anerkennung. An der Börse der Frauenliebe stand der Männerruhm schon immer hoch im Kurs. Und so locken sie mit den stärksten Augenreizen des Renommees: Diamanten und Blut. Lacenaire versucht Garance zu betören, indem er ihr verspricht, Ströme von Blut zu vergießen, damit sie in Diamanten baden kann. Der Graf verspricht Garance, daß sich die schönsten Frauen von Paris vor Neid die Lippen blutig beißen werden, wenn sie davon hören, wer die Geliebte des

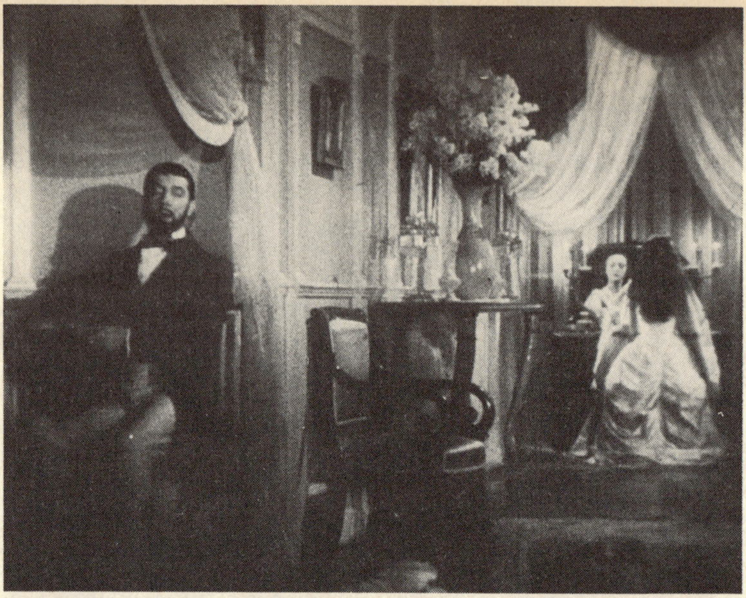

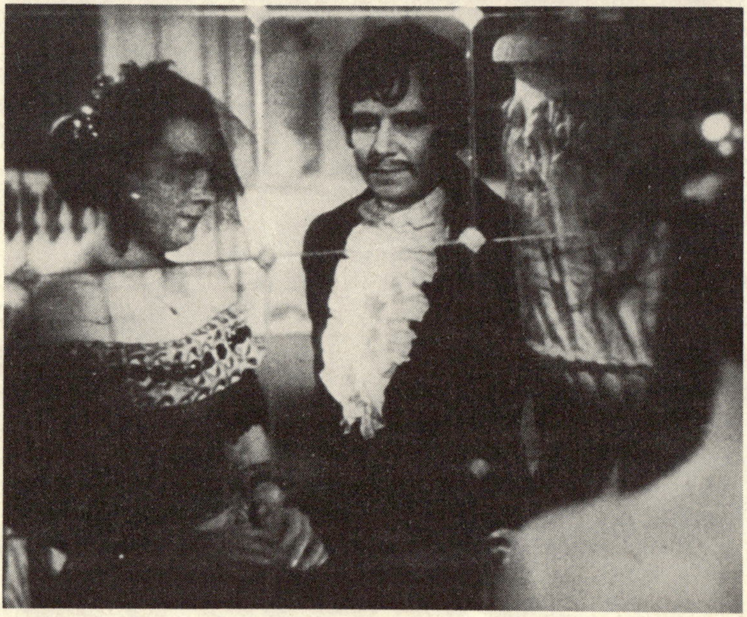

begehrten Mannes geworden ist, und sie soll den schönsten Schmuck erhalten. Diese Zeichen, Blut und Schmuck, bilden nur die Varianten der Grundzeichen, die das Leben der zwei Schauspieler Frédérick und Baptiste organisieren: der Schein, der illusionäre Raum des Mediums, und das Glänzen, die Betörung des Auges, und jenes Blut, das auf dem Theater freilich nur symbolisch vergossen wird. Der andere Name des Ruhms ist der des Ansehens, und das heißt: im Blick der anderen zu stehen. Insofern ist es angebracht zu sagen, daß dieser Film über die Liebe und über den Ruhm ein Film über die Macht der Illusion, der amourösen Täuschung, ist, von der Männer und Frauen beherrscht sind. Die völlige Sichtbarkeit dieser Illusion – das ist das Kino.

Alle vier Männer, deren Schicksale durch Garance miteinander verknüpft werden, Baptiste, Frédérick, Lacenaire und der Graf, suchen durch unterschiedliche Mittel, durch verschiedene Medien die Macht des Ruhms und die Illusion der Liebe: Frédérick durch seine unablässige Rede und Theatralik, Lacenaire durch stilvolle Verbrechen und Theaterstücke, der Graf durch Geld und äußeren Aufwand und Baptiste durch die Pantomime seines Lebens. Aber wie sehr sie alle Neurotiker des Sehens sind, das zeigen ihre Beziehungen zu Garance: Baptiste der Träumer, der durch das nächtliche Paris zieht, nur um zu schauen, kann doch nicht alles sehen. Vor der sich entkleidenden Garance wendet er den Blick ab. Frédérick leidet an dieser Hemmung nicht, aber er erleidet seinen ersten Anfall von Eifersucht, als er sieht, daß Garance in die *Funambules* geht, um Baptiste zu sehen (und nicht ihn). Die Eifersucht verfliegt, als Garance in seine Vorstellung des *Othello* kommt. Aber auch diese »Heilung« verdankt er einer Illusion, denn nicht Garance, sondern der eifersüchtige Graf hatte den Wunsch, den vermeintlichen Rivalen zu sehen. Und dabei erweist sich, daß für den Grafen gleichfalls gilt: Ein Rivale ist ein Mann, den Garance zu sehen begehrt.

Garance verfällt diesen Männern, die wiederum alle dem Wunsch, als einziger von ihr gesehen zu werden, verfallen sind, weil sie verschiedene, aber wirkungsvolle Medienmächte in Bewegung setzen, um diese schöne Frau in ihr Spiel zu ziehen: Garance ist fasziniert von Lacenaires Selbstbespiegelungen und seiner Poesie des Verbrechens, sie läßt sich Frédéricks charmante Rhetorik und Mimik der Verführung gefallen, später reizt sie die gräfliche Courtoisie des Geldes und der Verehrung; aber ihre träumerische Liebe gehört Baptistes Poesie und Komik der Pantomime. Ihm schenkt sie jene Aufmerksamkeit, die das wahre Begehren und die vollendete Illusion der Liebe ist: gesehen zu werden, das eigene Bild im Auge des/der anderen begehrt zu wissen. Garance kommt, um Lacenaire zu hören, sie wird von Frédéricks Worten betört, beim Grafen imponieren ihr die Gesten und Zeichen des Aristokraten; Baptiste hingegen möchte sie sehen, allabendlich besucht sie seine Vorstellungen, als sie nach Paris zurückgekehrt ist. Das ist der stille Vollzug ihrer Liebe. Doch Baptiste ist gerade der große Verführer des Auges, denn er spricht nicht, er erscheint allein im visuellen Raum, seine ganze Sprache sind die poetischen Zeichen der Pantomime.

Liebe ist Medium. Dies und nichts weniger wird in den *Kindern des Olymp* sichtbar gemacht. Denn auch der Ruhm, nach dem alle männlichen Helden streben, befriedigt sich an medialen Ereignissen: Frédérick will seinen Namen in riesigen Lettern auf den Theaterplakaten geschrieben sehen, der Graf gefällt sich in der Vorstellung, als der reichste und glänzendste Mann in Frankreich zu gelten, Lacenaire rühmt sich, in alle Gerichtschroniken Frankreichs eingezogen zu sein, und Baptiste weiß, daß seine Zuschauer ihn lieben, sie sind von der poetischen Sprache seines Leibes verzückt.

Der Blick in den Spiegel, den alle Filmhelden immer wieder tun, um das eigene Bild und den Blick des anderen zugleich zu sehen, bildet hiermit das sprechende Zeichen des alle beherrschenden Begehrens, gesehen zu werden, im Blick des Begehrens zu erscheinen.

Insofern ist Liebe Medium, das in unserem Film sichtbar gemacht wird. Die Illusion, die Liebe ist, entfaltet ihre ganze Macht, ihren vollen Zauber im Medium. Das, was Garance als das »Einfache« an der Liebe bezeichnet, ist das Wirkliche, das Reale, Kuß, Umarmung, Liebesnacht. Nur – das ist die banale Wirklichkeit, die gehalten, gefangen, gesteuert wird durch die Macht der Täuschung. Es gibt keine Liebe ohne Mythen, ohne Romane, ohne Theaterstücke, ohne Spiegel – freilich auch kein Kino. Aber das Kino kann dies sagen, und es reicht dabei weit hinaus über die Shakespearesche Einsicht, daß die Welt eine Bühne sei. Die *Kinder des Olymp* sind auch kein Theaterfilm wie die sicher ebenso großartigen Filme *Sein oder Nichtsein* von Lubitsch oder Truffauts *Letzte Metro*. Die *Kinder des Olymp* sind ein Film über die Macht des Mediums Film, da das Kino die technische Realisierung des zeitlosen Elementarwunsches der Liebe ist: als ideales Bild gesehen zu werden. Dieser Wunsch löscht die Grenzen zwischen Illusion und Wirklichkeit, und indem die *Kinder des Olymp* diese Liebes-/Kinothematik unaufhörlich spielen und filmisch realisieren, sind sie ein Kino- und Liebesfilm. Das macht die unzerstörbare Wirkung aus, die dadurch noch verstärkt wird, daß dieser Film in einmaliger Weise die Zuschauer und das Zuschauen visualisiert. Die wirklichen Kinder des Olymp sind tatsächlich Zuschauer, die sich mit dem Leiden und der Lust der Theaterhelden identifizieren. Die Schaulust bildet die Ersetzung der Lust, gesehen zu werden. Insofern ist der Film auch eine Hommage an seine Zuschauer, die sich sowohl in den so häufig sichtbaren Zuschauern wiedererkennen als in den Helden, die sich als Personen und als Akteure unter den Blicken der anderen entfalten. Die Lüste des Auges haben das Kino möglich gemacht, und es dankt dafür, indem es sich ihnen verschreibt. Daher heißt der älteste Satz der Verführung: Vorhang auf!

II Die Poesie der Worte und Bilder: Der Filmtext zu *Die Kinder des Olymp* (*Les Enfants du Paradis*)

Zwei Teile: 1. Der Boulevard des Verbrechens (*Le Boulevard du Crime*)
                2. Der Mann in Weiß (*L'Homme Blanc*)

Frankreich 1943–45

Buch	Jacques Prévert
Regie	Marcel Carné
Kamera	Roger Hubert, assistiert von Marc Fossard
Ausstattung / Bauten	Léon Barsacq und Raymond Gabutti nach Entwürfen von Alexandre Trauner
Musik	Maurice Thiriet und Joseph Kosma
Kostüme	Antoine Mayo

Darsteller	*Deutsche Sprecher*
Arletty (GARANCE)	Renate Grosser
Jean-Louis Barrault (BAPTISTE DEBUREAU)	Peter Arens
Pierre Brasseur (FRÉDÉRICK LEMAITRE)	Harald Juhnke
Marcel Herrand (LACENAIRE)	Reinhard Glemnitz
Maria Casarès (NATHALIE)	Eleonore Noelle
Louis Salou (GRAF DE MONTRAY)	Alf Marholm
Pierre Renoir (JERICHO, Kleiderhändler)	Walter Holten
Fabien Loris (AVRIL)	
Etienne Decroux (ANSELME DEBUREAU)	
Gaston Modot (»DER BLINDE«)	Wolfgang Büttner
Jane Marken (MADAME HERMINE)	Helen Vita
Marcel Pérès (DIREKTOR DES FUNAMBULES)	Klaus W. Krause
Paul Frankeur (KOMMISSAR)	
Pierre Palau (REGISSEUR DES FUNAMBULES)	
Jacques Castelot (GEORGES)	Klaus Kindler
Léon Larive (CONCIÈRGE DES FUNAMBULES)	
Albert Rémy (SCARPIA BARRIGNI)	
Robert Dhéry (CELESTIN)	Werner Uschkurat
Maurice Schutz (KASSIERER)	
Habib Benglia (BEDIENSTETER IM TÜRKISCHEN BAD)	
Auguste Boverio (ERSTER AUTOR)	
Paul Demange (ZWEITER AUTOR)	
Jean Diener (DRITTER AUTOR)	

24

Rognoni (DIREKTOR DES GRAND THEATRE)
Louis Florencie (POLIZIST)
Jean Gold (DANDY, Freund des Grafen)
Jean-Pierre Delmon (BAPTISTES SOHN)
Marcelle Monthil (MARIE)
Lucien Walter (KARTENVERKÄUFER)
Jean Lanier (IAGO)
Lucienne Vigier (THEATERMÄDCHEN)
Gynette Quero (THEATERMÄDCHEN)

Regieassistenz	Pierre Blondy und Bruno Tireux
Ton	Robert Teisseire
Montage	Henri Rust und Madeleine Bonin
Orchester	Société des Concerts du Conservatoire (unter Leitung von:) Charles Munch
Produktion	Société Nouvelle Pathé Cinéma
Produktionsleitung	Raymond Borderie Fred Orain
Aufnahmeleitung	Louis Théron
Deutsche Bearbeitung	Beta-Film
Dialog und Regie	Manfred R. Köhler
Schnitt	Jutta Sehringer
Studios	(Drehbeginn 16. August 1943) La Victorine, Nizza und Paris-Joinville
Länge	deutsche Fassung – 189 min. französische Originalfassung – 195 min.
Format	normal ($1 \times 1{,}33$)
Farbe	schwarzweiß
Erstaufführung	Gala-Premiere am 9. März 1945 im Palais de Chaillot, ab 15. März 1945 in den Pariser Kinos »Colisée« und »Madeleine«; deutsche Erstaufführung im Juli 1947 in Berlin und München
Verleih	atlas film + av, Duisburg

1. Teil Der Boulevard des Verbrechens
(*Le Boulevard du Crime*)

Auf dem Boulevard du Temple

AUSRUFER Entrez! Hier ist die Wahrheit zu sehen! Entrez! Sehen und staunen Sie! Und wenn Sie sie gesehen haben, werden Sie den ganzen Tag an sie denken, und nachts werden Sie von ihr träumen! Entrez! Die Wahrheit zeigt sich Ihnen entschleiert, als ob sie sich nur für Sie entblößt. Entrez, Messieurs, entrez! Sie zahlen erst am Ausgang! Zögern Sie nicht, Messieurs! Sie wären in Gefahr, ein wollüstiges Schauspiel zu verpassen. Ein Schauspiel für die, die ein offenes Auge haben. Für die, die wissen was Schönheit ist. Entrez, Messieurs, entrez! ... Entrez, Messieurs, entrez! Hier sehen Sie die Wahrheit!

Vor dem Funambules

CONCIÈRGE Hören Sie auf! Der Bühneneingang? Das kenn' ich! Darauf fall' ich nicht mehr 'rein! Man schlüpft einfach so ins Haus, weil man sich ohne zu bezahlen die Vorstellung ansehen will – und das möglichst noch Loge!

FRÉDÉRICK Ich will ja gar nicht die Vorstellung sehen, sondern den Direktor.

CONCIÈRGE Den Direktor! Sonst weiter nichts, ah? Was wollen Sie denn vom Direktor?

FRÉDÉRICK Nun, ich möchte ihn sehen. Ich möchte mit ihm reden ... damit er mich engagiert!

CONCIÈRGE Damit er Sie engagiert! Natürlich! Und warum soll er Ihren Namen nicht gleich aufs Plakat schreiben? Mit so großen Buchstaben natürlich.

FRÉDÉRICK Und warum nicht? Vogelscheuche!

CONCIÈRGE Sagen Sie, Sie ...

FRÉDÉRICK Hör mir gut zu: Du wirst sehen, ich behalte recht, mein Name wird auf diesem Plakat stehen, und zwar so groß! Frédérick, hörst du, Frédérick Lemaître – diesen Namen solltest du dir in dein wackeliges vertrocknetes Gedächtnis schreiben! Frédérick Lemaître, denk dran! Oh, siehst du?

CONCIÈRGE Tatsächlich, die ist gar nicht übel! Kennen Sie sie?

FRÉDÉRICK Noch nicht!

FRÉDÉRICK Ah, Sie haben mir zugelächelt! Sagen Sie nicht nein, Sie haben mir zugelächelt! Ach, es ist wundervoll, das Leben ist schön! Sie sind wie das Leben so schön, Sie sind ebenso schön.

GARANCE Komisch, Sie sehen aus, als wären Sie gerannt.

FRÉDÉRICK Ja, und zwar Ihnen nach!

GARANCE Sie sind mir nachgelaufen? Sie sind mir entgegengekommen!

FRÉDÉRICK Natürlich! Als ich Sie vorhin sah, verstehen Sie, der Schock, die Aufregung ... Als ich mich gefaßt hatte, waren Sie schon weit weg. Und da ...

GARANCE Und da?

FRÉDÉRICK Und da ich es hasse, Frauen nachzulaufen, bin ich gerannt und habe Sie überholt. Und so bin ich Ihnen entgegengekommen. Und jetzt bleib ich bei Ihnen. Wohin gehen wir?

GARANCE Ganz einfach: Wir gehen jeder in seiner Richtung weiter.

FRÉDÉRICK Ja, aber vielleicht haben wir dieselbe?

GARANCE Nein!

FRÉDÉRICK Warum?

GARANCE Ich habe ein Rendezvous!

FRÉDÉRICK Rendezvous! Grausames Schicksal! Jetzt leben wir erst seit zwei Minuten zusammen und schon wollen Sie mich verlassen. Und warum? Weswegen? Natürlich wegen eines anderen! Und Sie ... lieben diesen anderen?

GARANCE Ich ... Ich liebe alle Welt!

FRÉDÉRICK Das trifft sich gut, ich bin nicht eifersüchtig. Aber er, der andere, er ist eifersüchtig, ja?

GARANCE Und woher wissen Sie das?

FRÉDÉRICK Das sind sie doch alle! Na, außer mir! Aber reden wir nicht mehr darüber. Denken wir lieber an uns. Wir haben uns noch soviel zu sagen.

GARANCE Tatsächlich?

FRÉDÉRICK Ja, und tatsächlich! Zuerst einmal sage ich Ihnen, wie ich heiße. Ich heiße Frédérick. Jetzt sagen Sie mir, wie Sie heißen.

GARANCE Man nennt mich Garance.

FRÉDÉRICK Garance ... wie hübsch!

28

GARANCE Eine Blume heißt so.

FRÉDÉRICK Eine Blume so rot wie Ihre Lippen? Also?

GARANCE Also, au revoir, ›Frédérick‹.

FRÉDÉRICK O nein, Sie können mich doch nicht so mir nichts dir nichts allein lassen auf dem Boulevard du Crime! Sagen Sie mir wenigstens, wann sehe ich Sie wieder?

GARANCE Vielleicht schon bald? Wer weiß, wie der Zufall spielt!

FRÉDÉRICK Oh! Paris ist groß, wissen Sie!

GARANCE Paris ist so klein für zwei so Verliebte wie wir!

FRÉDÉRICK Oh ...

FRÉDÉRICK *(zu einer anderen Passantin)* Ah! Sie haben mir zugelächelt! Nein, sagen Sie nichts, Sie haben mir zugelächelt! Das Leben ist schön ...

Lacenaires Schreibstube

LACENAIRE »Du meine Liebe und mein Leben, meine ewige Liebe, seit du von mir gegangen bist, schleppe ich die Last meiner Tage wie der Sträfling seine Ketten. Komm zurück, das ist meine Bitte. Ich schwöre dir, daß ich nie wieder ...

Türglocke

... ja gut, ich leiste den Eid, ich schwöre, daß ich nie wieder meine Hand gegen dich erheben werde, wie ich es früher tat.« Geht das so?

KUNDE Ob das geht? Das geht großartig! Es geht ans Herz! Ich schwöre Ihnen, wenn sie jetzt nicht zufrieden ist, dann kann man nur noch verzweifeln.

Türglocke

LACENAIRE Einfaltspinsel!

AVRIL Trotzdem, man muß schon sagen, es ist was Schönes ...

LACENAIRE Was?

AVRIL Die Bildung!

LACENAIRE Mein armer Avril!

AVRIL Aber es ist doch so, Monsieur Lacenaire. Ich frage mich, wo haben Sie das alles nur her?

LACENAIRE Ach, Schluß mit den Dummheiten! Kommen wir zu ernsteren Dingen! Hast du die Bestecke?

AVRIL Ja, Monsieur Lacenaire. Sie sind massiv!

LACENAIRE Massiv! ... Heute ein paar Löffel, gestern eine Pendule

... Da kommt mein Schutzengel. Laß mich allein, Avril, wir sehen uns heute abend.

Ah, schon dem Brunnen entstiegen, mein lieblicher Engel?

GARANCE   Dem Brunnen? Reden wir nicht mehr davon, das ist vorbei. Und die Wahrheit auch!

LACENAIRE   Schon vorbei?

GARANCE   Ja, die Leute wurden zu anspruchsvoll. Die Wahrheit nur bis zu den Schultern, verstehen Sie? Da waren sie enttäuscht.

LACENAIRE   Natürlich, diese biederen Leute wollten mehr sehen. ›Die Wahrheit und nichts als die Wahrheit‹! Und wie ich Sie kenne, müßte Ihnen das Kostüm ganz entzückend stehen.

GARANCE   Vielleicht ... Aber es wäre immer wieder dasselbe.

LACENAIRE   Welche Bescheidenheit! Und welche Zurückhaltung!

GARANCE   Ach, das ist es ja gar nicht! Aber sie sind wirklich zu häßlich.

LACENAIRE   Ja, es ist wahr, ›sie‹ sind wirklich zu häßlich. Am liebsten möchte ich so viele wie möglich beseitigen.

GARANCE   Immer nur grausam, Pierre-François?

LACENAIRE   Ich bin nicht grausam, ich bin nur logisch. Ich habe der Gesellschaft schon vor langer Zeit den Krieg erklärt.

GARANCE   Und seitdem haben Sie viele Leute beseitigt, Pierre-François?

LACENAIRE   Nein, mein Engel! Sehen Sie, keine Blutspuren! Nur ein paar Tintenflecke. Aber seien Sie beruhigt, Garance, ich bereite etwas ganz Außergewöhnliches vor.

Sie sollten nicht lächeln, Garance, ich versichere Sie, ich bin kein Mensch wie die anderen. Mein Herz schlägt nicht wie ihres, es schlägt überhaupt nicht wie ihres. Sind Sie schon einmal gedemütigt worden, Garance?

GARANCE   Nein, niemals!

LACENAIRE   Ich auch nicht. Aber man hat es versucht. Und das ist schon zuviel für einen Menschen wie mich. Schon als Kind habe ich klarer gesehen, war ich intelligenter als die anderen. Das haben sie mir nicht verziehen. Ich sollte sein wie sie, dasselbe sagen wie sie. »Heb deinen Kopf, Pierre-François, sieh mich an, schlag die Augen nieder ...« Gewaltsam haben sie mir den Kopf vollgepfropft mit Büchern, mit alten Büchern! Sie haben Staub in den Kopf eines Kindes gehäuft. Eine schöne Jugend, wirklich! Meine würdige Mutter zog mir meinen Dummkopf von Bruder vor, mein Beichtvater predigte immer wieder: »Du bist viel zu stolz, Pierre-François, du mußt in dich gehen!« So bin ich in mich gegangen. Nur habe ich nie wieder aus mir herausgekonnt! Wie unvorsichtig! Mich mir selbst zu überlassen – den schlechten Umgang hatten sie mir verboten. Welche Inkonsequenz! Aber was für ein wunderbares Schicksal! Niemand zu lieben. Allein zu sein. Von niemandem geliebt zu werden. Frei zu sein ... Es ist wahr, daß ich niemanden liebe. Nicht einmal Sie, Garance. Und dennoch, mein Engel, sind Sie die einzige Frau, der ich mich jemals ohne Haß und Verachtung genähert habe.

GARANCE   Ich liebe Sie auch nicht, Pierre-François!

LACENAIRE   Das trifft sich gut! Aber warum besuchen Sie mich dann jeden Tag? Etwa weil ich nicht von Ihnen erbitte, was alle anderen zweifellos von Ihnen verlangen?

GARANCE   Nein.

LACENAIRE   Ich weiß, Sie kokettieren nicht. Also: Warum dann?

GARANCE   Ich langweile mich.

LACENAIRE   Amüsiere ich Sie etwa?

GARANCE   Ja, Sie reden in einem fort. Das ist wie im Theater, das zerstreut, das beruhigt!

LACENAIRE   Sie nehmen mich nicht ernst! Wenn ich eitel wäre, wäre ich bis ins Mark verletzt. Aber ich bin nicht eitel, ich bin nur stolz. Und ich bin meiner selbst sicher, absolut sicher! Ein kleiner Dieb

aus Not, ein Mörder aus Passion – mein Weg ist vorgezeichnet, ein gerader Weg. Ich gehe ihn erhobenen Hauptes, bis es in den Korb rollt, selbstverständlich. Außerdem hat mir mein Vater oft genug gesagt: »Pierre-François, Sie enden noch einmal auf dem Schafott!«

GARANCE   Sie haben recht, Pierre-François, man soll immer auf seine Eltern hören! Sieh an, Sie schreiben auch Stücke?

LACENAIRE   Hm, hin und wieder, wenn ich nichts Besseres zu tun habe.

GARANCE   »Das schlechte Benehmen« – ein Drama?

LACENAIRE   Nein, eine kleine Burleske, leicht anzüglich. Ich hasse Dramen. Sie sind mir zu niedrig. Diese Figuren, die einander umbringen, ohne sich Leid zuzufügen ... Das ist herabwürdigend! Das Jüngste Gericht!

JERICHO   Hier ist Jupiter, genannt Jericho, wegen der Trompete, wie Géricault mit seinem Floß der Medusa ... Salut, Lacenaire! Meine Verehrung Ihrer Schönheit! Also, was gibt es heute Neues?

LACENAIRE   Wieviel?

JERICHO   Aber ...

LACENAIRE   Ich habe vor der Dame keine Geheimnisse.

JERICHO   Haha, mein Kompliment!

GARANCE Ich bitte Sie!

LACENAIRE Wieviel?

JERICHO Zwanzig Francs.

LACENAIRE Zwanzig Francs, daß ich nicht lache!

JERICHO Du vergißt, daß man mich auch das leibhaftige Elend nennt, den Geizkragen, die Ratte, weil ich soviel Ähnlichkeit habe mit einer Ratte! Hahahaha ...

Vor dem Funambules

ANSELME DEBUREAU Entrez, Mesdames et Messieurs, entrez! Ein Franc im Parkett, wenn Sie begütert sind, und vier Sous auf dem Olymp, wenn Sie arm sind oder sich gerade in wirtschaftlicher Verlegenheit befinden.

Kommen Sie und sehen Sie: »Die Gefahren des Urwalds oder Verbrechen und Tugend.« Die größte feenhafte Pantomime – Exotik – Pyrotechnik ... Entrez, kommen Sie und sehen Sie, wie ein fünfzehnjähriges Mädchen von einem Atlaslöwen verfolgt wird, sehen Sie einen Waldbrand, sehen Sie eine Entführung im Ballon und sehen Sie mich selbst, den alleinigen, den einzigen, den unvergleichlichen Anselme Debureau. Anselme Debureau, der diese Pantomime in Anwesenheit des Großtürken in dessen Harem aufgeführt hat, und zwar vor 82 Türkinnen!

Wen Sie aber auf der Bühne nicht sehen werden, seien Sie beruhigt, das ist der da! Denn der, der kann überhaupt nichts. Das ist ein Zurückgebliebener, ein Träumer. Der träumt sogar, wenn er sitzt. Der ist ein unvorstellbar großer Tropf, ein unendlicher Schwachkopf, ein ewig unbegreiflicher Taugenichts ... und was soll ich Ihnen sagen, er ist mein Sohn! Er ist die Schande einer Künstlerfamilie, die Verzweiflung eines illustren Vaters, das Rizinus meiner grauen Haare. Aber wenn ich sage ›mein Sohn‹, dann übertreibe ich glücklicherweise. Eines Nachts, es war Vollmond, ist er herabgefallen – so war es! Seine Mutter hat ihn in einem Wassereimer gefunden. Und in jener Nacht war ich auf Reisen, und als ich zurückkam, war es zu spät.

Aber wir sind nicht hier, um vor dem Publikum unser Unglück ausbreiten. Die Vorstellung beginnt! Und diese Vorstellung ist einmalig!

Für diejenigen aber, die noch jeden Sou drehen, für die Geizhälse, die Geizkragen, die Gaffer, für sie alle hat die Direktion keine Mühe und keine Kosten gescheut. Die Direktion läßt Ihnen Baptiste völlig gratis. Alors!

BOURGEOIS Eh! Hallo Baptiste! Wenn du dich mal vermehrst, laß mir einen Ableger! Er sieht doch wirklich wie ein Idiot aus, finden Sie nicht auch?

GARANCE Ich finde vor allem, er hat schöne Augen.

BOURGEOIS Schöne Augen? Ha, was kann er sich dafür kaufen? Hahahahaha. Meine Uhr! Man hat mir meine Uhr gestohlen! Meine goldene Uhr!

ZUSCHAUER War sie das?

BOURGEOIS Aber natürlich, ich bin ganz sicher, das waren Sie! Ein Dieb! Ein Dieb!

GARANCE Lassen Sie mich los, das ist doch nicht möglich! Sie sind verrückt!

BOURGEOIS Sie beleidigt mich auch noch. Ein Dieb! Polizei! Gendarm! Irgendwer!

POLIZIST Was gibt es? Was ist passiert?

GARANCE Anscheinend hatte Monsieur eine goldene Uhr, und jetzt hat er keine mehr. Er sagt, es wär' meine Schuld. – Wieso, ist ein Rätsel.

POLIZIST Ach, ein Rätsel? Und natürlich sind Sie unschuldig?

GARANCE Wie ein Lamm!

POLIZIST Und Sie, Monsieur, Sie sind natürlich sicher, daß Ihre Behauptung stimmt?

BOURGEOIS Ganz sicher. Verhaften Sie sie!

GARANCE Wenn ich Ihnen sage, das ist nicht wahr!

POLIZIST Das kann jeder sagen! Gibt es einen Zeugen?

BAPTISTE Ich! Ich bin Zeuge!

POLIZIST Was haben Sie gesehen?

BAPTISTE Alles – ich habe alles gesehen!

Pantomime

POLIZIST Was haben Sie jetzt dazu zu sagen?

BOURGEOIS Nichts, nichts hab' ich mehr dazu zu sagen. Entschuldigen Sie, jedem kann mal ein Irrtum passieren ...

GARANCE Ein Irrtum vielleicht, aber kein Justizirrtum! Kann ich jetzt gehen?

POLIZIST Aber natürlich. Sie sind frei.

GARANCE Um so besser. Ich liebe sie nämlich, die Freiheit.

Im Funambules

REGISSEUR He! Ihr seid dran! Beeilt euch!
Was habt ihr zu lachen, ihr Schwachköpfe? Im Funambules, da lachen nicht die Schauspieler, da lacht das Publikum.

JERICHO Hier ist Jericho, genannt die Trompete, wegen des Trinkens auch genannt die Tränke, auch genannt das Elend ... wegen seiner kleinen Sorgen.

Salut, Inspizient! Hier sind die gewünschten Requisiten: ein Jagdhorn, ein königsblauer Frack, drei Totenköpfe, goldene Schulterstücke, zwei Paar Lackschuh und ... ein Brautkleid.

REGISSEUR Ein Brautkleid? Nathalie, sagt dir das nichts?

Nicht zu fassen wie das anfängt. Gleich steht sie wie 'ne Salzsäule da. Wie schön ist doch die Liebe, sie macht so lustig.

JERICHO Ach, es geht also immer noch?

REGISSEUR Ja, es geht immer noch.

JERICHO Ist es ihr Vater, der nicht will?

REGISSEUR Nicht ihr Vater, ihr Vater will, was sie will. Ihr Vater – nein der andre will nicht. Der weiß gar nicht, was für'n Glück ihm entgeht, dieser Trottel!

JERICHO Ist ja schon gut. Ich werde mich also mal wieder darum kümmern müssen.

REGISSEUR Ich halt' mich da raus! Was geht mich das an?

JERICHO Vergiß nicht, daß man mich auch den Schürhaken nennt, den Herzensstimmer, den Taubenfreund. Ich kann nicht mitansehen, wenn Turteltauben entzweit sind.

Na mein schönes Kind, zeigen Sie mir mal Ihr weißes Pfötchen. Oh, was für eine erstaunliche Glückslinie.

NATHALIE Ich und Glück!

JERICHO Ach, sagen Sie keine Torheiten, es wird sich alles einrenken. Hier steht's geschrieben! Ein guter alter Papa sagt es Ihnen: Sie werden den heiraten, den Sie lieben. Haha!

NATHALIE Glauben Sie?

JERICHO Bestimmt! Es ist eingegraben. Aber vergessen Sie nicht, wenn Sie Ihren Haushalt einrichten, daß der gute alte Papa Silberbestecke hat, zu Preisen – sehr vernünftig!

FRÉDÉRICK Pardon, Mademoiselle! Verzeihen Sie, wenn ich Sie in Ihren Träumen störe, ich weiß nicht, an wen ich mich wenden soll. Ich möchte den Direktor sprechen.

NATHALIE Handelt es sich um etwas Wichtiges? Ich möchte Sie warnen, der Direktor hat sehr schlechte Laune.

FRÉDÉRICK Oh, wenn das so ist, dann ... dann komm' ich ein andermal wieder.

NATHALIE Wissen Sie, der Direktor hat immer schlechte Laune!

FRÉDÉRICK Also dann, versuchen wir unser Glück!

NATHALIE Gut! Warten Sie ein bißchen.

FRÉDÉRICK Ein hübsches Theater! Und ein so schöner Beruf!

TÄNZERIN Ja, er ist nicht übel, wenn man dabei genug zu essen hat.

DIREKTOR Mich sprechen, mich sprechen! Um nichts zu sagen, natürlich! Ist es der da, der Stutzer?

NATHALIE Ja, Papa!

REGISSEUR Auf die Bühne, Nathalie!

DIREKTOR Junger Mann, Sie wünschen? Inspizient, ja nicht vergessen: ein Strafzettel. Barrigni, zwei Francs: »Hat im betrunkenen
Zustand die Bühne betreten und Flüche ausgestoßen.« Da haben
wir's, es geht wieder los! Hören Sie sich das an! Was ist heute bloß
wieder in sie gefahren?

REGISSEUR Es scheint, daß ein Gewitter in der Luft liegt!

DIREKTOR Sie können sich das nicht vorstellen, junger Mann! Mein
Theater wird vom Haß zerfressen, von Eifersucht! Wir spielen auf
einem Vulkan! Das ist keine Pantomime mehr, das ist Vendetta,
Corrida. Sie hassen sich, die Debureau und die Barrigni, schlimmer als die Horatier und die Curiatier, schlimmer als die ...

FRÉDÉRICK ... die Montaigne und die Capulet.

DIREKTOR Capulet – kenn' ich nicht!

FRÉDÉRICK Das ist Shakespeare, Romeo und ...

DIREKTOR Romeo – kenn' ich nicht!

FRÉDÉRICK Ah ja, leider kennen und schätzen nur wenige Leute
Shakespeare.

DIREKTOR Und Sie? Wer kennt Sie? Wer schätzt Sie? Was machen
Sie überhaupt hier, was wollen Sie? Seit einer geschlagenen Stunde
frage ich Sie das!

FRÉDÉRICK Ich möchte ... ich möchte Komödien spielen!

DIREKTOR Komödien spielen! Komödien spielen! Mein lieber
Freund, Sie haben sich im Theater geirrt. Wir haben nicht das
Recht, Komödien aufzuführen, wir müssen auf den Händen lau-
fen, wenn wir auftreten!

FRÉDÉRICK Das kann ich auch!

DIREKTOR Auf den Händen! Und warum? Weil man uns schikaniert!
Und warum? Weil man uns fürchtet! Sie wissen, wenn wir hier Komödien spielen würden, könnten ihre Häuser zumachen, die anderen, die schönen, die großen, die noblen Theater. Bei ihnen stirbt
der Zuschauer vor Langeweile. Sie schläfern ihr Publikum ein mit
ihren Museumsstücken, ihren antiquierten Tragödien, mit ihren
tristen Mumien, die sich heiser schreien, ohne sich von der Stelle zu
rühren!

Aber hier, im Funambules ... da lebt es, da kocht es, da rührt es
sich! Da ist Zauber drin, da ist Auftauchen, da ist Untergehen, das
ist genau wie im Leben. Und dann: peng! mit dem Holzschuh und:
peng! mit dem Knüppel, wie im Leben!

Und das Publikum! Es ist arm, natürlich, aber es ist Gold, mein Publikum! Sehen Sie, sehen Sie die da oben im Olymp ... im Olymp.

Musik

ZUSCHAUER   Achtung, der Alte!

ANDERER   Das soll der König der Wüste sein?

ZUSCHAUER A. D. PARKETT   Halt doch die Schnauze da oben! Man hört ja die Pantomime nicht mehr!

DIREKTOR   Oh, der Unglücksrabe hat richtig zugeschlagen!

FRÉDÉRICK   Meinen Sie?

ANSELME DEBUREAU   Du hinterlistiger Hund! Canaille! Das wirst du mir büßen! Zu mir, meine Freunde! Man hat Anselme Debureau geschlagen!

SCARPIA BARRIGNI   Die Barrigni zu mir!

Anfeuerungsrufe der Zuschauer

DIREKTOR   Vorhang! Vorhang!
Drei Francs Strafe für jeden ... Auseinander!
Vorhang! Vorhang! Auseinander! Wollt ihr wohl aufhören! Es ist, es ist ... Es ist eine Schande!

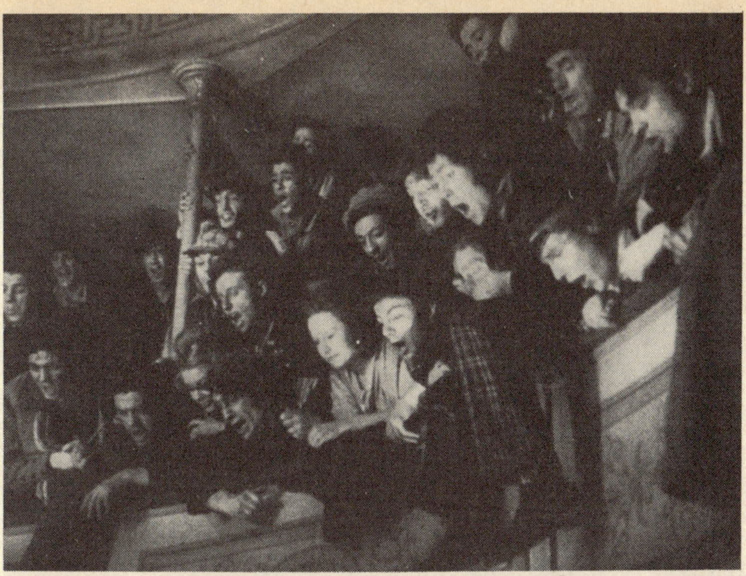

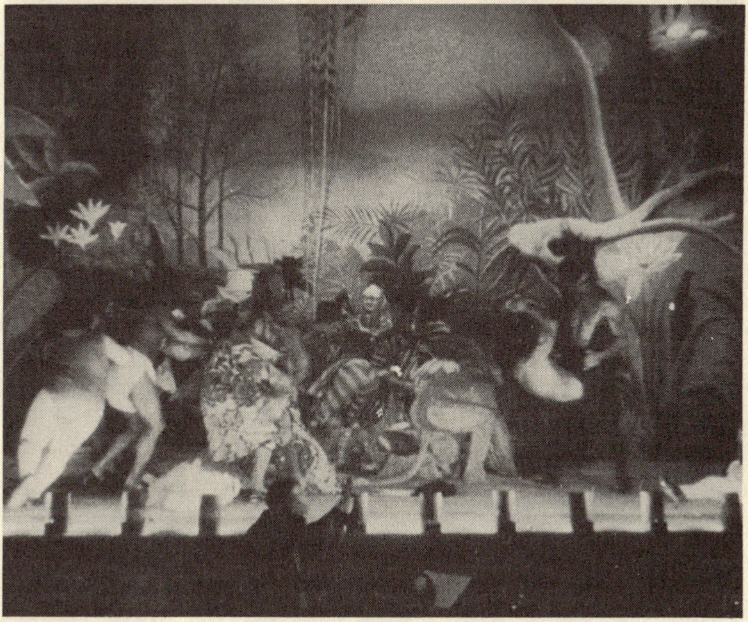

ANSELME DEBUREAU   Ja, es ist eine Schande, daß so ein elender Barrigni es gewagt hat, einem Debureau auf den Kopf zu schlagen!
Und das vor den Augen des Publikums!
Anselme Debureau verlangt eine Entschuldigung!
DIREKTOR   Natürlich, eine Entschuldigung! Los, Scarpia, entschuldi-
gen Sie sich und weiter! Das Publikum wird schon unruhig.
SCARPIA   Ein Barrigni entschuldigt sich nicht! Die Barrigni pfeifen
auf das Funambules! Am Boulevard du Temple reißt man sich um
uns!
DIREKTOR   Aber das ist doch nicht möglich! Sie wollen doch nicht
etwa bei Saqui auftreten?!
SCARPIA   Jawohl, dahin gehen wir! Und zwar sofort!
Kommt, Barrignis!
DIREKTOR   Oh, das ist der Todesstoß, eine Verschwörung, eine Kata-
strophe! Inspizient, einen Stuhl! Oh, so ein Schock! Verrat! Man
hat mir den Dolch in den Rücken gestoßen.
ZUSCHAUER   VORHANG HOCH! VORHANG HOCH!

DIREKTOR   Es ist ein Desaster! Hört ihr? Mein Publikum! Mein liebes
Publikum!

ZUSCHAUER   GELD ZURÜCK! GELD ZURÜCK!

DIREKTOR   Hä? Was? Geld zurück? Geld zurück? Niemals! Lieber
werd' ich ... ich weiß nicht, ich weiß nicht, egal was ...

FRÉDÉRICK   ... oder egal wer? Das trifft sich gut, denn der ›Egal-wer‹
ist gerade da! Lassen Sie mich nur eben in die Haut für meine Rolle
schlüpfen und Sie werden sehen, wofür ich alles zu verwenden bin!

DIREKTOR   Aber junger Mann, ich weiß ja gar nicht, wen ich vor mir
habe. Wo haben Sie schon gespielt – wenn Sie überhaupt gespielt
haben – und was haben Sie gespielt?

FRÉDÉRICK   Löwen, immer nur Löwen! Ich kenne das ganze Löwen-
repertoire: den Golf des Löwen, das Sternbild des Löwen, Lion der
Löwe, ja auch Pygmalion hab' ich gespielt!

ZUSCHAUER   GELD ZURÜCK! GELD ZURÜCK!

REGISSEUR   Wir dürfen keine Minute mehr verlieren! Die schlagen
uns alles kaputt!

FRÉDÉRICK   Hören Sie auf die Stimme des Volkes: Die Christen verlangen einen Löwen! Da gibt's kein Zaudern!

DIREKTOR   Eine Katastrophe jagt die andere!

FRÉDÉRICK   Ach ähm ... Wieviel ähm ...

DIREKTOR   Oh, der Undankbare! Jetzt spricht er schon von Geld!

FRÉDÉRICK   Ich wollte nur fragen, wie viele Minuten ich auf der
Bühne bleiben soll?

DIREKTOR   Machen Sie es so kurz wie möglich.

FRÉDÉRICK   Das sagen Sie so! Ich warne Sie: Wenn ich erst mal draußen bin, bin ich nicht wieder wegzukriegen!
Das wird schwierig! Aber machen Sie sich keine Sorgen, ich habe
die Pantomime genau verstanden: Also der Pierrot kommt herein
und ich ...

DIREKTOR   Der Pierrot! Wir haben ja keinen Pierrot mehr! Eine Katastrophe! Eine Riesenkatastrophe!

REGISSEUR   Warum versuchen wir's nicht mit Baptiste?

ANSELME DEBUREAU   Baptiste? Niemals! Habt ihr gehört? Solange
ich lebe, wird mein unwürdiger Sohn nicht dieselben Bretter betreten wie sein Vater!

REGISSEUR   Aber vorhin, auf dem Boulevard, da hat er alle Welt zum
Lachen gebracht!

DIREKTOR   Waren Sie dabei?

REGISSEUR   Man hat es mir erzählt.

DIREKTOR   Wer?

REGISSEUR   Die Kassiererin.

DIREKTOR   Die Kassiererin! Vox populi! Die Kassiererin hat eine goldene Zunge! Die irrt sich nicht um einen Centime! Geh und hole
Baptiste!

ANSELME DEBUREAU   Ich protestiere!

DIREKTOR   Ich kommandiere! Geh! Geh! Geh! Geh! Geh! Das Funambules ist dem Schiffbruch nahe, die Ratten haben es bereits
verlassen. Der Orkan tobt, das Publikum ist aufgeruht, ich bin der
Herr an Bord ... Nach Gott. Ich werde vor das Volk treten!

Buh-Rufe

DIREKTOR   Ruhe! Ruhe! Messieurs! Messieurs, ich brauche Ihre ge-
schätzte Aufmerksamkeit! R U H E ! Sie brauchen kein Wort Französisch sprechen! ... bietet Ihnen die Direktion des Funambules
heute erstmals, jawohl heute, und zwar zum erstenmal und ohne
jegliche Erhöhung der Eintrittspreise ...

Garderobe des Funambules

NATHALIE   Was hast du, Baptiste?

BAPTISTE   Nichts, warum?

NATHALIE   Doch, du hast etwas! Du bist schön!

BAPTISTE   Ach ...

NATHALIE   Du weißt genau, daß du schön bist. Daß ich dich liebe. Aber heute bist du viel schöner als sonst, du strahlst. Was ist das für eine Blume?

BAPTISTE   Eine Blume ...

NATHALIE   Eine Blume! Siehst du so glücklich aus, weil du spielen wirst?

BAPTISTE   Vielleicht?

NATHALIE   Ich bin glücklich wie du, ich hab' so viel Vertrauen zu dir. Ach, Baptiste, wenn du nur wolltest – wir könnten miteinander so glücklich sein! Aber du liebst mich ja nicht. Oh, ich weiß: du hast mich gern. Aber es interessiert mich nicht, daß du mich gern hast! Ich will, daß du mich liebst! Es ist doch so einfach zu lieben!

Du bist absichtlich so, wie wäre es sonst möglich. Oder du liebst eine andere. Diese Blume! Was ist mit dieser Blume? Hat sie dir vielleicht jemand gegeben? Wer hat sie dir gegeben? Antworte mir, Baptiste! Erinnere dich, du hast mir gesagt, ich sei deine Freundin und du würdest nie ein Geheimnis vor mir haben. Antworte mir! War es eine Frau? Du bist ihr begegnet. Kenn' ich sie? Wie heißt diese Frau?

BAPTISTE Ich weiß nicht. Ich habe mich über einen Brunnenrand gebeugt. Wir haben sie zu mehreren betrachtet. Ich habe sie als einziger gesehen.

NATHALIE Oh, Baptiste, du träumst wieder und machst dich über mich lustig.

BAPTISTE Aber nein, es ist die Wahrheit! Was soll ich dir mehr sagen? Ich habe sie heute zufällig wiedergesehen, da gab sie mir diese Blume. Das ist alles!

NATHALIE Das ist alles! Nun, das ist nicht viel. Und du liebst sie natürlich.

BAPTISTE O ja, ich liebe sie!

NATHALIE Wie du das gesagt hast!

REGISSEUR Ah, meine kleinen Lämmer, ihr seid gleich dran. Oh, du bist aber schön, Baptiste! Und die Blume, sehr schön die Blume! Ein hübsches Detail, sie werden lachen! Die Handlung kennst du ja: Du liebst die Kleine, aber sie lacht dich aus. Darauf heulst du wie ein Schloßhund. Kurz und gut, du benimmst dich dämlich. Das ist doch nicht schwer. So, jetzt raus mit euch, Kinder, raus, raus, raus, raus, raus ...

Ein Weinausschank

FRÉDÉRICK Ein wundervolles Glühweinchen! Wirklich, als würde einem der liebe Gott in roten Samthosen die Gurgel runterspazieren. Auf dein Wohl, Baptiste! Und auf euers, Freunde! Und vergeßt nicht, ihr habt heute abend mit Julius Cäsar angestoßen!
Mit Julius Cäsar oder mit einem anderen: mit Karl dem Kühnen, Heinrich IV., Attila, Ravaillac. Doch, doch, ich weiß es, es ist mein Schicksal, sie alle wenigstens ein bißchen wieder auferstehen zu lassen, die Großen dieser Welt. Sie haben ihre Rolle gespielt, jetzt spiele ich sie! Laßt mich nur machen und ihr werdet sehen. Julius Cäsar, stehe auf! Frédérick ist da! Ich werde den Staub von ihm schütteln, ich werde seinen Schatten auf die Bühne zerren, mitten ins Licht. Und er wird noch einmal zum Leben erwachen. Und er

wird noch einmal die Welt zum Staunen bringen – durch mich! Es ist unbegreiflich, daß du lächelst. Du glaubst doch wohl nicht, daß ich meine Tage im Funambules beschließen werde, in einem Löwenfell, ein Löwe, der nicht einmal nach Herzenslust brüllen darf! Was für eine Tortur, wenn man hier drin und hier drin ein ganzes Orchester hat, eine ganze Welt!

Natürlich, das Wort, die Phrase – was willst du damit anfangen? Du brauchst sie nicht, du erzählst deine kleine Geschichte, ohne etwas zu sagen. Du erzählst sie gut, weißt du. Ich habe ehrlich staunen müssen. Du fragst mit deinen Beinen, du antwortest mit deinen Händen, ein Blick, ein Schulterzucken, zwei Schritte vor, ein Schritt zurück und – hoppla! – schon haben sie begriffen im Olymp.

BAPTISTE   Sie verstehen alles. Dabei sind alle arme Leute, aber ich bin wie sie. Ich liebe sie, ich kenne sie, ich kenn' ihr kleines Leben, das so große Träume hat. Ich möchte sie nicht zum Lachen bringen, ich möchte sie rühren, ich möchte ihnen Angst machen, sie zum Weinen bringen.

FRÉDÉRICK   Und das alles, ohne zu reden?

BAPTISTE   Ohne zu reden!

FRÉDÉRICK   Das ist schwer!

BAPTISTE   Meinst du, es ist unmöglich?

FRÉDÉRICK   Schwierig, das ist nicht dasselbe. He, Wirt, schätzen Sie sich glücklich, daß ich bezahlen kann. Damit hat sich's aber auch. Ich frage mich, wo ich heute schlafen werde.

BAPTISTE   Bei mir, im ›Grand Relais‹.

FRÉDÉRICK   Ist das ein Hotel?

BAPTISTE   Nein, aber da gibt es Zimmer.

FRÉDÉRICK   Geben die Kredit?

BAPTISTE   Aber natürlich, sonst würde ich woanders wohnen.

Die Pension »Grand Relais«

HERMINE   Wollen Sie nicht doch lieber das kleine Appartement im ersten Stock?

FRÉDÉRICK   Nein, wirklich nicht. Ein ganz schlichtes Zimmer genügt mir.

HERMINE   Schade! Wär' so'ne richtige Junggesellenwohnung mit geblümten Vorhängen! Ja, dann werd' ich Ihnen die obern Zimmer zeigen, Sie können dann wählen.

FRÉDÉRICK   Verzeihen Sie bitte die späte Störung, Madame . . .?

HERMINE   Madame Hermine. Aber Sie müssen sich nicht entschuldigen, ich schlafe immer sehr spät ein. Oft lese ich sogar noch zwei Stunden in meinem Bett.

FRÉDÉRICK   Liebesgeschichten – zweifelsohne!

HERMINE   Monsieur Baptiste, Sie haben mir da einen jungen Mann gebracht, der die Frauen gut kennt! Und ihre kleinen Schwächen! Nach Ihnen, bitte, Monsieur . . .?

FRÉDÉRICK   Frédérick, Frédérick Lemaître. Bitte nach Ihnen, Madame Hermine!

HERMINE   Oh, ich bitte Sie, Monsieur Frédérick!

BAPTISTE   Also dann gute Nacht, Frédérick! Gute Nacht, Madame Hermine!

FRÉDÉRICK   Was, geht er noch aus um diese Zeit?

HERMINE   Das macht er immer so. Er ist jede Nacht draußen.

FRÉDÉRICK   A la bonne heure, eine richtige Nachtkatze, dieser Monsieur Baptiste!

HERMINE   Hihihi . . .

FRÉDÉRICK   »Leise und verstohlen wie die Katze in der Nacht . . . verschwand er ins Dunkel, da die Liebe ihn trieb, hin zu der, die er liebt, ihre Schönheit, ihre Lust, zur Liebsten allein und nackt, zitternd vor Wollust . . .«

HERMINE   Aah, wie schön, Monsieur Frédérick! Ah, das ist ein bißchen, ein bißchen . . .

FRÉDÉRICK   Ein bißchen?

HERMINE   Oh! Monsieur Frédérick! Sie bringen mich noch dazu, dumme Sachen zu sagen. Hihihi . . . Bitte nach Ihnen!

FRÉDÉRICK   Nach Ihnen!

HERMINE   Da, da sind die Zimmer. Das hier, das ist gar nicht so übel.

FRÉDÉRICK   Oh, das ist doch sehr hübsch, sehr freundlich!

HERMINE   Aber vielleicht wollen Sie lieber das andere. Hat ein zweischläfriges Bett.

FRÉDÉRICK   O ja, ein großes Bett, das ist mir lieber!

Frédéricks Zimmer

FRÉDÉRICK   Ein Doppelbett! Armer Frédérick! Allein und verloren nachts, in einem Doppelbett! Aber schließlich sind die Betten ja zum Schlafen da, die großen wir die kleinen, nicht wahr, Madame Hermine?

HERMINE   Aber natürlich, Monsieur Frédérick! Also, dann lasse ich Sie jetzt allein. Gute Nacht! Der Schlüssel steckt.

FRÉDÉRICK   Ach, der Schlüssel . . . ich laß meine Tür immer auf.

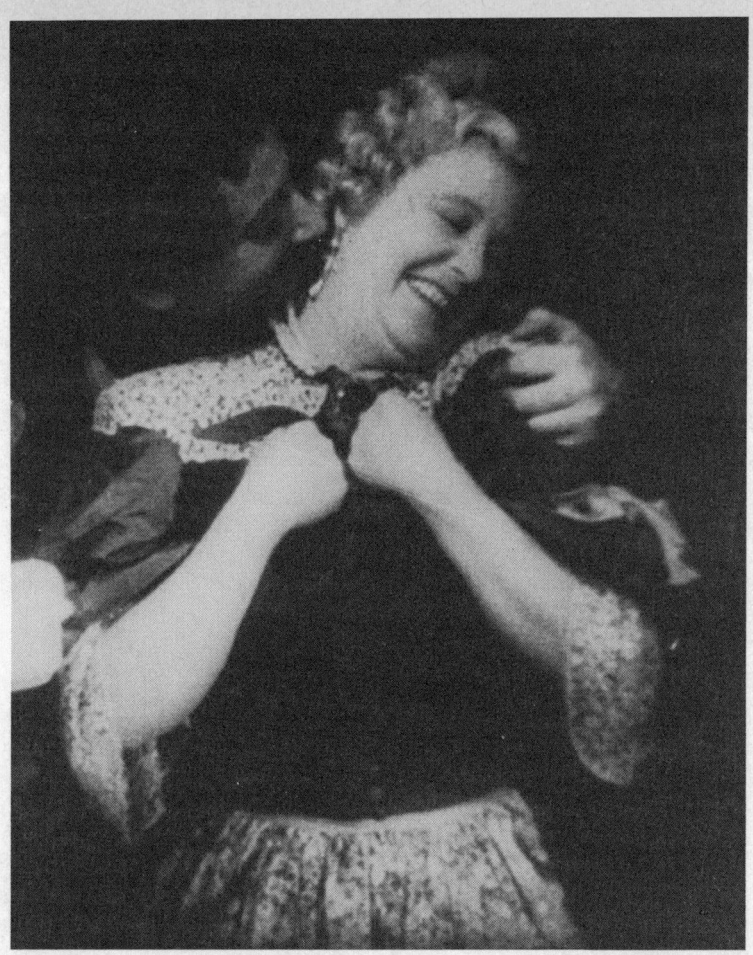

HERMINE Wirklich?

FRÉDÉRICK   Ja. Man kann nie wissen! Eine schöne Frau, die vorbei-
kommt und sich in der Tür irrt.

HERMINE   Eine schöne Frau! Die jungen Männer von heute sind aber
auch zu wählerisch.

FRÉDÉRICK   Habe ich gesagt, daß Sie häßlich sind, Madame Hermine?

HERMINE   Oh, Monsieur Frédérick, Monsieur Frédérick!

Ménilmontant, nachts

BLINDER   Mitleid mit einem armen Blinden! Mitleid mit einem armen Blinden! Mitleid mit einem armen Blinden! Warum schleichen
Sie auf Zehenspitzen? Warum? Um um mich herumzukommen?
Um mir nichts geben zu müssen? Warum geben Sie einem armen,
armen Blinden keine Almosen? Warum?

BAPTISTE   Weil ich kein Geld habe!

BLINDER   Sie haben kein Geld! Hast du das gehört, Vogel? Das ist
zum Lachen. Es gibt so viele, die mit gut gepolsterten Taschen her-
umlaufen. Und es ist so leicht, einem das Geld aus der Tasche zu
ziehen, wenn man sehen kann.

BAPTISTE   Vielleicht, aber das ist nicht mein Metier.

BLINDER   Sein Metier! Hast du das gehört, Vogel? Er hat keinen
Sou, aber er hat ein Metier. Ein schönes Metier, das seinen Mann
nicht ernährt.

BAPTISTE   Ist trotzdem ein schönes Metier! Erlauben Sie, daß ich Ihnen einen Augenblick Gesellschaft leiste? Ich bin viel gelaufen,
und ich bin ein wenig müde.

BLINDER   Ich möchte wissen, warum Sie sich mitten in der Nacht die
Absätze schief laufen?

BAPTISTE   Um zu sehen!

BLINDER   Um zu sehen. Hast du das gehört, Vogel? Um was zu sehen, frage ich Sie?

BAPTISTE   Alles!

BLINDER   Oh! Moment! Das klingt mir zu genießerisch, zu kurios.
Sag mal, du Bummler, dein Metier ist doch wohl nicht ... Bzz ...
Bzz ...

BAPTISTE   O nein! Bestimmt nicht!

BLINDER   Nicht daß uns das aufregen würde, nur wir mögen keine
Spitzel, mein Vogel und ich. Also was machst du? Darf man das
wissen?

BAPTISTE   Ich arbeite im Funambules.

BLINDER   Im Funambules! Hältst du da Maulaffen feil?

BAPTISTE   Nein, ich spiele!

BLINDER   Du spielst?

BAPTISTE   Ja, Pantomime.

BLINDER   Pantomime, oh, ich liebe die Pantomime, ich gehe oft hin.

BAPTISTE   Sie?

BLINDER   Selbstverständlich sehe ich nichts. Aber ich nehme einen
Freund mit, der erzählt mir dann alles. Ich komme dann schon auf
meine Kosten. Also du bist Künstler. Das hättest du mir gleich sa-

gen sollen. Das müssen wir feiern. Aber ja, auf ein Glas. Und wenn ich sage ein Glas ...

BAPTISTE Sie sind sehr liebenswürdig, aber danke.

BLINDER Du kannst dich bedanken, wenn wir voll sind. Also, auf den Weg, Vogel! Die Kutsche ist vorgefahren. Es ist nicht weit, wo wir hingehen. Es ist gleich nebenan, das »Rotkehlchen«. Wo du doch so gerne was siehst. Du wirst ganz bestimmt zufrieden sein.

BAPTISTE Möchten Sie, daß ich Sie führe?

BLINDER Nein, nein, danke, ich kenne mich auf der Straße aus. Das ist ein hübscher Name für ein Lokal, »Rotkehlchen«. Das heißt so wegen des früheren Wirts. Eines Abends haben sie ihm hinter der Theke den Hals durchgeschnitten. Und so ist »Rotkehlchen« ein zarter Ausdruck für rote Gurgel.

Im »Rotkehlchen«

BLINDER Setz dich. Hier sind wir ungestört. Hier bin ich zu Hause.

KELLNER Salut, Seidenfaden!

BLINDER Salut, Kleiner! Was zu trinken für zwei und was Anständiges zu essen, ich habe einen Gast.

KELLNER Auch was für den Vogel?

BLINDER Aber natürlich!

JUNGER STROLCH Ist das Binse oder Weide?

BLINDER Das werde ich dir gleich sagen. Das ist Weide, du bist nicht verkauft worden.

STROLCH Dann geht's ja. Danke!

BLINDER Du traust deinen Augen nicht, he, Funambule. Dabei ist es ganz einfach. Draußen bin ich blind, ich bin unheilbar blind, völlige Finsternis, und hier bin ich geheilt. Das ist eben ein Wunder. Ich gehe so ein bißchen zur Hand: kleine Gutachten, Schmucksachen, Juwelen, Goldwaren jeder Art. Was sagst du dazu, Künstler? Du sagst nichts. Du bist ein Weiser. Man soll nie etwas sagen.

JERICHO Haben Sie von Katzen geträumt? Haben Sie von Hunden geträumt? Haben Sie ein trübes Wasser gesehen? Die Erklärung für all Ihre Träume, hier ist sie: Bunte Bilder.
Salut, Patron!

PATRON Salut!

JERICHO Lacenaire ist mit seinen Leuten in der Nähe. Ich habe dich gewarnt. Ich habe nichts gesagt! Verstanden?

PATRON Verstanden, danke!

JERICHO Hier ist Jericho, genannt »Die Trompete«, manchmal auch »Der Sandmann« genannt, der »Schlafgut«, weil er die bösen

Träume verscheucht. Haben Sie von Schlangen geträumt, von Feuersbrunst, von Neugeborenen?

Sieh dir das an, Seidenfaden, eine Rarität für ...

Ah, was machst du denn hier, Baptiste? Du gehörst nicht hierher. Du solltest dich schämen, dich in so einem Lokal herumzutreiben. Wenn Deburau dich hier sehen würde! Und Nathalie, was würde sie von dir denken?

BAPTISTE   Ich verbiete dir, von Nathalie zu sprechen.

JERICHO   Immerhin, die Kleine ist doch sehr nett, frisch wie eine Rose, fein wie eine Lilie.

BAPTISTE   Hör auf! Ich will nichts mehr hören, du weißt, daß ich es nicht mag. Ich habe nichts für dich übrig, und das weißt du ganz genau. Das habe ich dir schon mal gesagt. Laß mich in Frieden!

JERICHO   Seidenfaden, kannst du das verstehen? Da versucht man den Leuten gefällig zu sein! Was ich dir gesagt habe, war zu deinem Besten.

Da kommt die große Welt!

PATRON   Salut, Monsieur Lacenaire!

BAPTISTE   Das ist wunderbar!

BLINDER   Was ist wunderbar?

BAPTISTE   Alles ... das Leben!

LACENAIRE   Sein Anwalt hat ihm gesagt: »Ja kein Geständnis, ja nichts sagen!« Ein Geistlicher hat ihm gesagt: »Eine Sünde, die man gesteht, ist schon halb vergeben.« Also hat er gestanden. »Perfekt«, sagte zu ihm der Richter, »Sie haben getötet, Sie haben gestanden, perfekt, perfekt, also werden Sie geköpft.«

Darauf ist der andere, wie man sich ja vorstellen kann, enttäuscht, er protestiert: »He, ich denke, Gestehen ist halb vergeben.« »Ja«, entgegnet ihm darauf der Vorsitzende, »das ist ganz richtig, und da der Gerechtigkeit Genüge getan werden muß, wird ihm nur der halbe Kopf abgeschlagen.«

AVRIL   Das ist gar nicht schlecht!

LACENAIRE   Warum so still? Warum so traurig, mein Engel? Wo das Leben doch so schön ist?

GARANCE   Wenn Sie es so schön finden, Pierre-François, warum reden Sie dann ständig vom Tod?

LACENAIRE   Seien Sie beruhigt, Garance, ich rede überwiegend vom Tod der anderen. Meiner ist erst später dran. Aber was wollen Sie machen, das Leben ist nun mal so. Die Philosophen denken immerzu an den Tod, die hübschen Frauen, an die Liebe, nicht wahr?

GARANCE   Wenn ich recht verstanden habe, dann seid ihr alle, die ihr hier sitzt, Philosophen.

LACENAIRE Warum nicht?

GARANCE Eine fröhliche, eine schöne, eine saubere Philosophie!

LACENAIRE Und die Liebe? Ist die fröhlich, ist die schön, ist die vielleicht sauber?

GARANCE Sie ist auf jeden Fall besser!

BLINDER Ich habe schon einige gesehen, die sich verguckt haben,
aber so wie du!? Ich möchte dir zwar nicht reinreden, aber wenn du
morgen früh lebend aufwachen willst, dann gehst du lieber sofort
ins Bett. Der frühere Wirt, es waren die, die ihn umgelegt haben.
Sicher, ich dürfte es dir eigentlich nicht sagen, aber ...

BAPTISTE Sie liebt ihn nicht. Das sehe ich. Sie liebt ihn nicht.

LACENAIRE Wirklich, Garance, Sie wollen gehen?

GARANCE Ja, ich bin müde und ich langweile mich!

LACENAIRE Garance, es ist ernst, ich habe noch für keine Frau das empfunden ...

GARANCE Die Liebe, Pierre-François, die Liebe!

LACENAIRE Verschonen Sie mich mit diesen Dummheiten. Ich begehre Sie und Schluß! Aber ich bin stolz.

GARANCE Also möchten Sie, daß ich den ersten Schritt tue. Sie haben mir einen zu heißen Kopf, Pierre-François, und ein zu kaltes Herz. Ich habe Angst vor Zugluft. Ich hänge an meiner Gesundheit und an meinem Frohsinn.

LACENAIRE Schade, wir hätten zusammen Erstaunliches vollbracht. Ich hätte Ströme von Blut vergossen. Sie hätten Berge von Diamanten gehabt.

GARANCE Soviel verlang' ich nicht.

JERICHO Ah, was für eine schöne Hand! Du erlaubst, Lacenaire? Die Zukunft, meine Schöne!

GARANCE Wenn es Ihnen Spaß macht. Aber ich sage Ihnen gleich, ich glaube nicht daran. Ich glaube nur, was mir gefällt.

LACENAIRE Was zum Beispiel?

GARANCE Ganz egal was, ganz egal wer. Trotzdem, wenn Sie eine Reise sehen würden, das würde mir Spaß machen.

JERICHO Ah, sieh mal an, da sind tatsächlich Reisen, vielleicht sogar eine ganz große Reise.

GARANCE Nach Indien vielleicht?

LACENAIRE Warum gerade Indien, Garance?

GARANCE Weil es weit weg ist.

LACENAIRE Das genügt, Jericho, die Sitzung ist zu Ende. Aber du kannst doch so gut Träume deuten. Deute mir den: Ich habe die letzte Nacht von dir geträumt. Ja, du liefst über die Straße und riefst wie üblich: »Kaufe Kleider, haben Sie Kleider zu verkaufen?« In meinem Traum klang das allerdings ein wenig anders. Ja, ich hörte: »Kaufe Freunde, haben Sie Freunde zu verkaufen.« Ist es wahr, daß du bei gewissen Herren ein und aus gehst, um deine Freunde zu verkaufen? Jericho?

JERICHO Das ist Verleumdung! So wahr man mich ...

LACENAIRE So wahr man dich den Pfeifer nennt, den Sänger, den Kann-nicht-den-Mund-Halten, den Stiefelknecht ...

JERICHO Da sieht man, wie boshaft die Menschen sind.

LACENAIRE Ich sag dir das ganz ohne Boshaftigkeit, ich möchte, daß du diskret bist, Jericho!

LACENAIRE Sie werden es sein, die mich verrät, mein Engel. Das steht Ihnen auch zu.

GARANCE Nein, Pierre-François, das ist ein Irrtum.

LACENAIRE Doch, mein Engel, Sie werden mich verraten, nötigen-
falls werde ich Ihnen sogar dabei helfen.

GARANCE Lassen Sie mich in Ruhe! Ich habe es satt! Ich war hier
hergekommen, um mich zu amüsieren, um zu tanzen . . .

BAPTISTE Wollen Sie mit mir tanzen?

AVRIL So was, Monsieur Lacenaire!

LACENAIRE Wer ist das?

JERICHO Niemand! Ein kleiner Schauspieler aus dem Funambules!

LACENAIRE Ein Schauspieler! Was für eine Rasse! Ich begreife,
warum die Kirche diese Leute bei Nacht beerdigen ließ.

GARANCE Ist das nicht lustig, im Moment habe ich Sie gar nicht erkannt. Wissen Sie, daß Sie vorsichtig sein müssen! Das sind böse
Leute! Ich warne Sie!

BAPTISTE Das macht gar nichts! Was kann mir schon passieren. Ich
bin sehr glücklich.

AVRIL Also, Monsieur Lacenaire?

LACENAIRE Wenn es dir Spaß macht.

BAPTISTE Monsieur?

GARANCE Lassen Sie ihn in Ruhe!

PATRON Und meine Scheiben?

LACENAIRE He, Wirt! Kann man sich nicht mehr amüsieren in der
»Roten Gurgel«?

PATRON Monsieur Lacenaire, es war ja nicht so gemeint . . .

BAPTISTE Es ist schon spät! Wenn Sie wollen, werde ich Sie nach
Hause begleiten.

LACENAIRE Mein armer Avril!

EIN KOMPLICE Was machen wir?

LACENAIRE Nichts! Oder hat jemand etwas einzuwenden . . . Lacenaire ist keiner von denen, die sich ihr Leben mit Weibergeschich-
ten erschweren. Was sind sie schon, die Frauen!
Kommen wir jetzt zu ernsten Dingen. An jedem Monatsende laufen die Kassenboten mit kleinen Vermögen herum. Das ist verführerisch! Einen auf der Straße zu überfallen ist primitiv und zu gefährlich. Man holt sich dabei leicht einen Schnupfen. Man müßte
zu Hause arbeiten und den Boten zu sich bestellen . . .

AVRIL Monsieur Lacenaire!

LACENAIRE Ich werde also eine Wohnung mieten und stelle einen
falschen Wechsel aus, und wenn der Kassierer kommt . . .

AVRIL Kassiert er . . .

LACENAIRE Du bist ja so klug, Avril. Dir entgeht nichts.

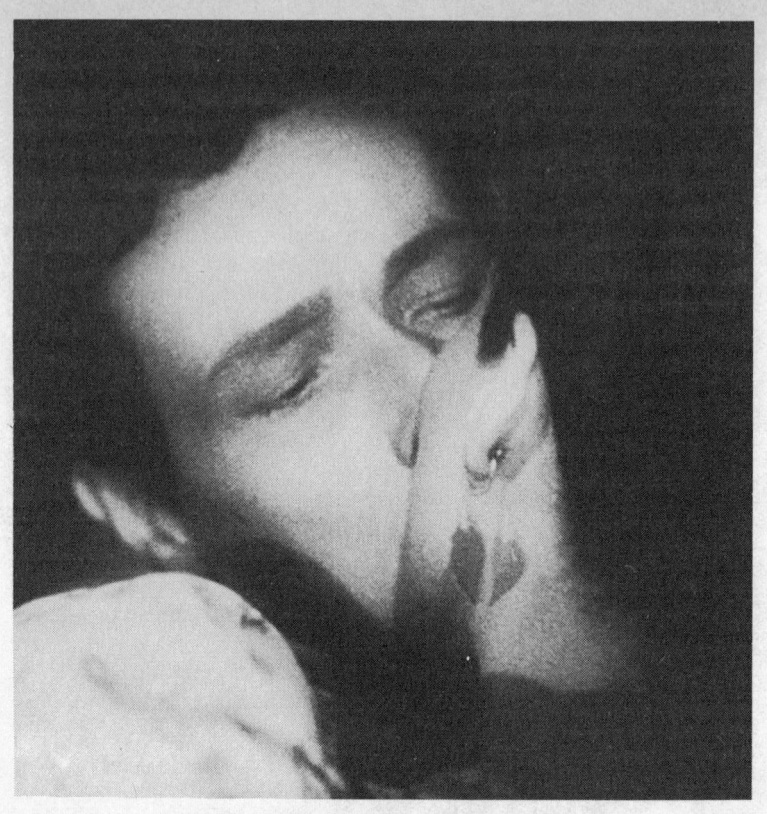

Ménilmontant

GARANCE Wenn man Sie so sieht, glaubt man nicht, daß Sie so stark sind.

BAPTISTE Ich bin nicht stark.

GARANCE Doch, vorhin, da drin ...

BAPTISTE Ich habe es in meiner Kindheit nicht leicht gehabt. Da hatte man wohl oder übel sich zu verteidigen.

GARANCE Sind Sie so unglücklich gewesen?

BAPTISTE Wenn ich unglücklich war, habe ich geschlafen oder geträumt, aber die Menschen wollen nicht, daß man träumt, also stoßen sie einen, um einen wieder aufzuwecken. Glücklicherweise habe ich einen sehr guten Schlaf, besser als ihre Prügel. So konnte ich ihnen im Schlaf entweichen. Ich habe geträumt, ich habe gehofft, ich habe gewartet. Vielleicht habe ich auf Sie gewartet!

GARANCE   Damals schon?

BAPTISTE   Aber warum nicht? Ich habe Sie bestimmt in meinen Träumen gesehen. Lachen Sie nicht. Als Sie mir heute die Blume zuwarfen, haben Sie mich vielleicht für immer aufgeweckt.

GARANCE   Sie sind ein komischer Junge.

BAPTISTE   Wie schön Sie sind!

GARANCE   Ich bin nicht schön, ich bin nur lebendig.

BAPTISTE   Sie sind die Lebendigste! Ich werde diese Nacht nie vergessen. Das Licht in Ihren Augen.

GARANCE   Ah, das bißchen Licht hat jeder in den Augen! Sehen Sie, sehen Sie sich das an, sehen Sie sich die vielen kleinen Lichter an, die kleinen Lichter von Ménilmontant. Die Menschen schlafen ein und wachen auf. Und jeder hat ein Licht, das angeht und verlischt. Aber wie wenig ist das. Wenn ich daran denke, daß ich nicht einmal das Zimmer wiedererkenne, in dem ich als Kind mit meiner Mutter war.

BAPTISTE   Sie haben in Ménilmontant gewohnt?

GARANCE   Ich bin dort geboren worden. Ich habe dort sehr lange gelebt. Ich war sehr glücklich.

Meine Mutter war arm, mein Vater hatte sie verlassen. Sie hat für andere Leute gearbeitet, als Wäscherin. Ich habe sie geliebt, und sie liebte mich. Sie war schön, sie war fröhlich. Sie hat mich das Lachen gelehrt, das Singen. Dann ist sie gestorben, und alles war anders.

BAPTISTE   Sie blieben ganz allein?

GARANCE   Mit fünfzehn Jahren! Da bleibt ein Mädchen, das zu schnell gewachsen ist, nicht so lange allein.

BAPTISTE   Ich flehe Sie an, seien Sie nicht traurig. Machen Sie mir das Herz nicht schwer.

GARANCE   Ich und traurig! Ich bin fröhlich wie ein Fisch im Wasser.

BAPTISTE   Ich liebe Ihr Lachen.

GARANCE   Ich liebe es auch. Was würde wohl sonst aus mir werden!

BAPTISTE   Und was wird aus mir ohne Sie. Sagen Sie mir, wie Sie heißen?

GARANCE   Garance.

BAPTISTE   Garance!

GARANCE   Sie zittern ja. Frieren Sie?

BAPTISTE   Ich zittere, weil ich glücklich bin. Ich bin glücklich, weil Sie da sind, ganz nah bei mir. Ich liebe Sie, und Sie, Garance, lieben Sie mich?

GARANCE   Sie reden wie ein Kind. Es wird in den Büchern geliebt, in den Träumen. Aber im Leben!

BAPTISTE   Die Träume, das Leben, das ist doch dasselbe. Oder es lohnt sich nicht zu leben. Außerdem, was interessiert mich das Leben? Ich liebe ja nicht das Leben, ich liebe Sie!

GARANCE   Sie sind der netteste Junge, der mir je begegnet ist. Ich werde diese Nacht auch nicht vergessen. Sie gefallen mir ...

BAPTISTE   Ich liebe Sie! ...
Garance!

GARANCE   Die Liebe ist doch so einfach! ...
Ein Gewitter!

BAPTISTE   Wenn es regnet, werden Sie patschnaß.

GARANCE   Was macht das schon?

BAPTISTE   Sie sind so leicht angezogen. Kommen Sie, ich begleite Sie.

GARANCE   Wohin?

BAPTISTE   Zu Ihnen.

GARANCE   Zu mir? Es gibt kein ›Zu-Mir‹ mehr. Ich habe keine Arbeit mehr, und Arbeit und Wohnung, das geht hier zusammen.

BAPTISTE   Wenn Sie wollen, dort, wo ich wohne, da wüßte ich für Sie ein Zimmer.

GARANCE   Ein Zimmer?

BAPTISTE   Ich bitte Sie, kommen Sie mit!
Madame Hermine! Madame Hermine!

GARANCE   Aber Sie werden doch wegen eines Zimmers nicht das ganze Haus aufwecken wollen!

Im »Grand Relais«

BAPTISTE   Wo kann sie bloß sein? Madame Hermine!

HERMINE   Ich komme ja schon. Bin schon da! Ah, Sie sind's, Monsieur Baptiste. Was gibt es denn? Entschuldigen Sie, ich war oben. Oben ist jemand krank. Zum Glück ist es nichts Ernstes. Was haben Sie denn, Monsieur Baptiste?

BAPTISTE   Ich möchte ein Zimmer für die Mademoiselle, sie ist vom Regen überrascht worden.

HERMINE   Natürlich, vom Regen überrascht. Zeigen Sie ihr doch das Zimmer 10 im zweiten Stock. Das trifft sich gut, ich habe den Schlüssel stecken lassen. Gute Nacht und träumen Sie gut!

Garances Zimmer

BAPTISTE Sie sind völlig durchnäßt, Garance!

GARANCE Oh, das macht nichts. Das Gewitter ist vorüber. Ich hänge mein Kleid vors Fenster, wenn die Sonne aufgeht, wird es trocknen ... Drehen Sie sich um, wenn Sie sich genieren. Hier ist es gar nicht schlecht ... nur ein bißchen trist.

BAPTISTE Warum trist?

GARANCE Es ist immer trist, wenn man allein in einem Zimmer schläft. Sie können sich wieder umdrehen. Hübsches Kleid, nicht wahr? Fast indisch.

BAPTISTE Wie schön Sie sind. Ich glaube, ich glaube, ich laß' Sie jetzt schlafen.

GARANCE So müde bin ich noch gar nicht.

BAPTISTE Vergessen Sie nicht, was ich Ihnen gesagt habe. Wenn Sie wollen, können Sie im Funambules arbeiten.

GARANCE Aber was kann ich denn?

BAPTISTE Ich würde Ihnen helfen. Sie können doch nicht ohne Arbeit bleiben.

GARANCE Warum eigentlich nicht. Ich könnte zum Beispiel meine Beine zeigen, vielleicht würde das ankommen. Das Publikum ist gar nicht so kompliziert.

BAPTISTE Aber ich liebe Sie, Garance!

GARANCE Ich bitte Sie, Baptiste, werden Sie nicht so ernst. Mir wird ganz eisig. Sie dürfen mir nicht böse sein, aber ich – ich bin nicht, was Sie sich erträumen. Sie müssen verstehen, ich bin simpel, sehr simpel.
Ich bin, wie ich bin. Wer mir gefällt, dem möchte ich gefallen. Und wenn ich Lust habe, ja zu sagen, kann ich nicht nein sagen. Mir ist das Mondlicht viel lieber ... Und Ihnen?

BAPTISTE Der Mond? Natürlich, der Mond! Der Mond ist meine Heimat. »Er ist ja keiner von uns! Er gehört nicht zu uns. Eines Nachts, es war gerade Vollmond, ist er heruntergefallen ... so war es! Er will nichts begreifen, er träumt von unmöglichen Dingen.« Aber warum sind sie denn unmöglich, diese ›Dinge‹, wenn ich davon träume!
Ah, Garance, Sie ahnen ja nicht, was ich ... was ich möchte. Ich möchte so gerne, daß Sie mich lieben, so wie ich Sie liebe.

Frédéricks Zimmer

FRÉDÉRICK »... doch nicht ihr Blut vergießen, noch wird sich diese Haut so weiß wie Schnee und sanft wie eines Denkmals Alabaster. Doch sterben muß sie, sonst betrügt sie mich. Tu aus das Licht ...« Also tun wir's aus und schlafen wir.

Gute Nacht, Desdemona! Gute Nacht, Othello!

GARANCE *singt* »Ich liebe den, den ich liebe.

Ist es ein Fehler von mir ...

Wenn es nicht der gleiche ist,

Den ich jedesmal liebe.«

FRÉDÉRICK Garance! Garance!

GARANCE Frédérick!

FRÉDÉRICK Ein hübsches Kleid, aber das andere hat mir besser gefallen.

GARANCE Die Geschmäcker sind eben verschieden.

FRÉDÉRICK Eben!

GARANCE Wie kommen Sie hierher? Wohnen Sie hier?

FRÉDÉRICK Ja!

GARANCE Das ist aber wirklich ein Zufall.

FRÉDÉRICK   Paris ist so klein, für zwei so Verliebte wie wir. Sie sind hoffentlich allein?

GARANCE   Ja, ganz allein. Man hat mich verbannt.

FRÉDÉRICK   Arme Garance, haben Sie keine Angst so allein in der Nacht?

GARANCE   Die Sonne wird ja bald aufgehen. Sie steht ja sehr früh auf, die Sonne.

FRÉDÉRICK   Und Sie?

GARANCE   Ah, ich!

FRÉDÉRICK   Oh, was kann sie uns schon stören! Wenn sie vor uns aufsteht, dann machen wir eben die Läden zu. Und Ihre Tür, mein Liebling, haben Sie die abgesperrt?

GARANCE   Ich habe keine Angst vor Dieben. Was könnten sie mir nehmen?

Im Funambules

A. DEBUREAU   Der unvergleichliche Baptiste, mein eigener Sohn, auf den ich als Vater stolz sein darf, hat das Stück, das wir heute aufführen werden, selbst geschrieben; selbst in Szene gesetzt. Es heißt: Das Schloß in den Wolken, oder: Der Verliebte vom Mond. Es ist ein beispielloses Ereignis in der Geschichte des Funambules. Denn dieses Stück, Mesdames et Messieurs, zeigen wir bereits drei Wochen. Und obwohl das Publikum von Tag zu Tag erlesener wird, haben wir die Preise kaum erhöht. Ein Franc fünfzig im Parkett, dreißig Centimes im Olymp.

Pantomime

GRAF   Sagen Sie selbst, Georges, haben Sie jemals ein so bildhübsches Geschöpf gesehen?

GEORGES   Sie ist berückend, ganz außergewöhnlich berückend!

ANDERER   Ah, mein lieber Edouard, jetzt begreife ich, wo Sie Ihre Abende verbringen.

GEORGES   Und Ihre Nächte!

GRAF   Sie irren sich, Georges, wie gewöhnlich. Ich habe mit dieser jungen Dame noch kein Wort gewechselt.

GEORGES   Das ist fast unglaublich, Edouard!

GRAF   Vielleicht, aber es ist die reine Wahrheit: Ich habe es noch nicht gewagt.

A. DEBUREAU   Habe ich es dir nicht gesagt: Die Lorbeeren, die den Kopf des Vaters schmücken, werden auch eines Tages das Haupt des Sohnes kränzen. Eine großartige Familie!

DIREKTOR   Und der da, ist der nicht auch großartig?

A. DEBUREAU   Selbstverständlich, er hat schon eine gewisse Begabung, aber er ist kein Mime.

DIREKTOR   Aber was ist er dann?

A. DEBUREAU   Ein Schauspieler!

Pantomime

GEORGES   Wirklich, das ist großartig!
Ein ausgemachter Unsinn. Aber die Leute sind erstaunlich, enorm!

Pantomime

NATHALIE   Baptiste!

Hinter der Bühne

DIREKTOR   Jemand hat gesprochen, auf der Bühne gesprochen! Drei
Francs Strafe, nein, fünf Francs. Wer war das?

A. DEBUREAU   Es war Nathalie!

DIREKTOR   Meine Tochter! Drei Francs! Nathalie, das ist nicht zu fas-

sen. Warum hast du geschrien? Du weißt doch ganz genau, daß das streng verboten ist. Willst du, daß ich mein Theater zumache? Antworte mir endlich, Nathalie! Warum hast du geschrien?

NATHALIE   Ich hab' Angst gehabt!

DIREKTOR   Angst? Wovor?

NATHALIE   Baptiste hat mir Angst gemacht ... und macht mir immer noch. Begreift ihr denn gar nicht, seht ihr nicht, spürt ihr nicht? Seht ihr nicht, wie Baptiste sich verändert hat, er ist ein anderer geworden. Die Art, in der er einen jetzt ansieht, ohne einen zu sehen, als wäre er verloren: für immer und ewig verloren!

A. DEBUREAU   Aber bitte, Nathalie, was faseln Sie da. Im Gegenteil, Baptiste war noch nie so fröhlich, so aufgeschlossen. Oh, ich kenne ihn besser als Sie, ich bin schließlich sein Vater.

NATHALIE   Sie kennen ihn vielleicht, aber ich liebe ihn, und ich sehe, er ist verzweifelt. Dieser Strick, hatte er die Idee mit dem Strick?

BAPTISTE   War das nicht eine hübsche Idee?

DIREKTOR   Das war eine beachtliche Idee!

A. DEBUREAU   Eine gigantische Idee – der Sohn seines Vaters.

BAPTISTE   Eines Vaters, der mich schlug, um mir das Handwerk beizubringen, der mir sagte ...

A. DEBUREAU   Jawohl, ein gut gezielter Tritt in den Hintern kann alle Welt zum Lachen bringen. Wie wahr das ist! Es gibt eine ganze Skala, eine ganze Wissenschaft, einen wahren Stil der Fußtritte in den Hintern.
Aber das läßt ja so nach. Die Traditionen gehen leider dahin, und heute verlangt das Publikum ständig etwas Neues. ... Immer etwas Neues, was Neues, dabei war alles schon mal da. Das Allerneueste ist doch, zu guter Letzt, so alt wie die Welt. Das Neueste ...

BAPTISTE   Hoffnungslos, du solltest die Hoffnung nicht aufgeben. Ist es denn so hoffnungslos, Nathalie?

NATHALIE   So ist es ja gar nicht.

BAPTISTE   Wieso?

NATHALIE   Dazu glaube ich zu fest daran.

BAPTISTE   An was?

NATHALIE   Aber ja, ich glaube, daß ... daß du mich trotz allem eines Tages noch lieben wirst.

BAPTISTE   Du bist nett, Nathalie!

NATHALIE   Du auch, Baptiste. Wir können nicht sehen, was auf uns zukommt. Aber es ist trotzdem dumm, schlecht eingerichtet. Wir drehen uns im Kreise wie Franconis! Pferde. Ich liebe dich, aber du liebst mich nicht. Du liebst Garance. Aber Garance liebt Frédérick.

BAPTISTE   Woher weißt du das? Woher weißt du, daß Garance Frédérick liebt?

NATHALIE   Natürlich weiß ich es nicht, aber sie leben ja zusammen.

BAPTISTE   Was beweist das? Nichts. Wenn alle Menschen, die zusam-
menleben, sich liebten, würde die Erde strahlen wie die Sonne.

NATHALIE   Baptiste.

BAPTISTE   Glaub mir! Sie leben nicht zusammen, sie tun nur so, als ob
sie leben würden.

In der Garderobe

FRÉDÉRICK   Sie werden mich mit Ihrer Pantomime noch umbringen.
Jawohl, umbringen mit Ihrem elenden Schweigen, so wie andere
vor Hunger und Durst krepieren.
Wenn ich bloß daran denke, daß ich schon als Kind auf die Kanzel
wollte, um zu predigen, anstelle des Pfarrers zu predigen.

DIREKTOR   Nicht doch, nicht doch, regen Sie sich doch nicht auf! Wie
ich Sie vorhin sah, haben Sie mir Angst gemacht. Ich habe ge-
glaubt, Sie wollen mehr Gage haben – die Unkosten fressen mich
auf. Aber sonst können wir uns arrangieren. Wenn Sie wollen,
kann ich Sie sogar rausschicken. Warum sollen Sie nicht von Zeit zu
Zeit den Ausrufer machen. Locken Sie doch die Leute an.

FRÉDÉRICK   Aber ja, warum denn nicht. Egal was, egal wo! Im-
mer noch besser, als vor einem taubstummen Publikum den Kar-
pfen zu mimen. Lieber würde ich, jawohl, lieber würde ich einen
Krüppel spielen, der durch die Straßen humpelt und den Leuten
Bänkellieder singt. Oder in einer Blindenanstalt vor lauter Blin-
den.
Ah! Jeanne d'Arc war glücklich, denn sie hatte Stimmen. Ach,
Stimmen! Soviel verlang ich gar nicht. Ich will nur hin und wieder
meine eigene hören können. Ich ...
Oh, Garance, wo bist du gewesen, mein zärtlicher Vogel der
Nacht? Endlich finde ich sie wieder, die Blume meiner Tage, das
Licht meiner Nächte, meine blonde Isolde mit schwarzem Haar,
meine zärtliche, süße Iphigenie!

GARANCE   Sag mir Bescheid, wenn du fertig bist!

FRÉDÉRICK   Oh, diese Undankbare, sie will sie töten, die Stimme der
Liebe.

GARANCE   Die Stimme der Liebe ...

FRÉDÉRICK   Die Stimme der Liebe ...
Woran denkst du, schöne Sphinx?

GARANCE An nichts und an so vieles. Zum Beispiel denke ich daran, daß es überall auf der Welt Verliebte geben muß, die sich lieben, ohne darüber zu reden. Die ihre Liebe mit ganz simplen Vokabeln ausdrücken können, mit ganz einfachen Worten. Das finde ich schön!

FRÉDÉRICK Bist du nicht glücklich, Garance?

GARANCE Du bist mit mir auch nicht glücklich, Frédérick.

FRÉDÉRICK Oh! Ich!

GARANCE Wenn du glücklich wärst, würdest du dann dauernd Witze machen. Wenn du glücklich wärst, würdest du dann dauernd versuchen, mich zum Lachen zu reizen, mich abzulenken. Wir sind weder glücklich noch unglücklich. Wir liegen dazwischen.
Wir lieben uns eben nicht. Das ist nicht unsere Schuld, gewiß nicht. Aber, nicht wahr, Frédérick, wir haben auch keinen Grund, uns etwas darauf einzubilden.

FRÉDÉRICK »Ein zarter Streif vom Mondlicht in diesem nacht-schwarzen Haar.« Nein, vielleicht möchtest du, daß ich dich quäle, daß ich dich aushorche, daß ich in deiner Erinnerung wühle, daß ich dich belaure, dir nachrenne, immer hübsch die Straße entlang.

Daß ich sie entlangschleiche, diese Mauern, in die ich deinen Namen geritzt hab'. Daß ich dich mitten in der Nacht aufwecke. Daß ich dich frage, von wem hast du geträumt.

Und außerdem wäre das überflüssig.

GARANCE   Wieso?

FRÉDÉRICK   Weil du so laut träumst, mein Herz!

GARANCE   Ich träume laut?

FRÉDÉRICK   Ja, mein Herz! Letzte Nacht hast du wieder im Traum geredet.

GARANCE   Was hab' ich gesagt?

FRÉDÉRICK   Och, nichts von Bedeutung: Baptiste!

GARANCE   Ich habe ›Baptiste‹ gesagt?

FRÉDÉRICK   Ja, mein Herz, das hast du gesagt.

GARANCE   Und was hab' ich noch gesagt?

FRÉDÉRICK   Nichts. Du hast nur gesagt: Baptiste!

GARANCE   Weiter nichts?

FRÉDÉRICK   Weiter nichts! Wie bitte? Weiter nichts? Ist das nicht genug, um ein Herz wie meines zur Verzweiflung zu bringen?

Aber vergiß nicht, treulose Kreatur, Othello hat Desdemona wegen weniger getötet. Wegen nichts, verstehst du. Wegen nichts wurde Othello Witwer. Und das durch seine eigene Hand. Wegen nichts! Wenn ich dir sage weswegen! Wegen eines albernen Requisits! Wegen eines Taschentuchs! Wegen eines Taschentuches aus Batist ... ja, natürlich, sicherlich! Aus Batist!

REGISSEUR   Mademoiselle Garance, da ist jemand, der Sie unbedingt sprechen möchte!

GARANCE   Was sollen die vielen Blumen? Das gibt's ja gar nicht, ist jemand gestorben?

GRAF   Ganz recht, Mademoiselle, es ist jemand gestorben. Ein Mann, der seiner selbst so sicher war, der meinte, auf den Grund der Dinge gedrungen zu sein.

Und diesen Mann haben Sie getötet!

GARANCE   Tun Sie mir den Gefallen und jagen Sie mir keine Angst ein.

GRAF   Beruhigen Sie sich. Dank Ihnen ist ein anderer Mann geboren worden. Ein neuer Mensch, der sein Leben in Ihre Hände legt.

GARANCE   Und was soll ich damit anfangen?

GRAF   Was immer Sie wollen. Ich bin Ihr Gefangener. Verfahren Sie mit mir, wie Sie wollen. Alles, was ich besitze – und ich besitze viel –, alles was mir gehört, ich lege es Ihnen zu Füßen. Vergeben Sie mir, Mademoiselle. Es geschieht mir sonst nie, daß ich so bewegt, daß ich so verwirrt bin. Daß ich mich so unglücklich ausdrücke, ist mir völlig klar, ich rede Platitüden daher, Banalitäten, was ich sage, ist ohnehin nicht von Bedeutung: Was zählt, ist das, was Sie mir antworten werden. Ein einziges Wort, Mademoiselle, und Ihr Leben wird sich ändern.

Wenn Sie wollen, werden sich schon morgen die schönsten und gefeiertsten Frauen von Paris die Lippen blutig beißen, nur wenn sie Ihren Namen hören. Sie werden die auserlesensten Juwelen tragen, neben denen alle anderen wie Kohle sein werden. Sie werden die schönsten Equipagen fahren.

GARANCE Ich habe Angst vor Pferden.

GRAF Oh, sagen Sie nicht nein.

GARANCE Warum soll ich ja sagen, wenn es mir keinen Spaß macht.

GRAF Gut, dann sagen Sie nichts! Lassen Sie mich hoffen!

GARANCE Da haben wir's, ich werde still sein, und Sie reden ganz allein. Aber bewegt und verwirrt, wie Sie sind, dürfen Sie noch mehr Banalitäten sagen. Diamanten, Pferde, Zaumzeug, Hafer und schließlich die Kandare. Die große Welt, was? Ach, wenn das alles so vom Himmel fallen würde, würde ich bestimmt nicht nein sagen.

Aber wenn Sie mir sagen: »Ein einziges Wort und Ihr Leben wird sich ändern«, dann sagen Sie doch nur, daß mein bisheriges Leben nichts war. Ein ganz kleines Nichts, wenn man Sie so hört. Aber wenn es mir nun gefällt, dieses Leben, so wie es ist ...

Sie kommen daher, Sie verfügen über mich, Sie zählen Ihre Reichtümer auf. Ich gefalle Ihnen, das habe ich verstanden. Aber wenn es nun jemanden gibt, der mich liebt?

GRAF Das kann nicht sein. Sie sind viel zu schön, als daß man Sie wirklich lieben könnte. Die Schönheit ist eine Ausnahme. Sie beleidigt die Welt, die häßlich ist. Wie selten lieben die Männer die Schönheit, sie jagen ihr nur nach, sie reden nur davon, um sie zu zerstören, um sie zu vergessen.

GARANCE Ich habe den Verdacht, Sie sind auch so ein Jäger.

GRAF Sie irren sich, Mademoiselle. Ich habe Ihnen keine Geschichten erzählt. Ich habe Ihnen nur eine Zuflucht angeboten, weiter nichts!

GARANCE Eine Zuflucht?

GRAF Ja. Ich bin ein anderer geworden. Ich bedaure das natürlich, aber ich kann nichts dafür. Seit ich Sie gesehen habe, ertappe ich mich bei absurden, infantilen Träumen. Vielleicht bin ich gealtert, oder es ist das, was man den Blitzschlag der Liebe nennt. Ich lebe nicht mehr. Ich bin vernichtet, gefesselt, ich bin willenlos, ich bin

Wind, ich bin Pappmaché wie dieses Huhn. Der Blitzschlag der Liebe!

GARANCE Und das war der Donner! Drei Francs Strafe!

GRAF Verzeihen Sie mir noch einmal, Mademoiselle, ich begreife, wie indiskret ich gewesen bin, wie aufdringlich ...

REGIE Wer hat den Donner geschlagen? Der Chef rast!

GARANCE Ich war's!

REGIE Sie kennen ja den Tarif: drei Francs!

GARANCE Sie schulden mir drei Francs. Aber glauben Sie ja nicht, daß es eilt. Im Moment verdiene ich, was ich zum Leben brauche.

GRAF Ich wünsche mir sehnlichst, daß Sie die Wahrheit sagen, Mademoiselle. Aber erlauben Sie mir, Mademoiselle, daß ich mich jetzt zurückziehe, und falls ich Ihnen närrisch erschienen bin, bitte, verurteilen Sie mich nicht zu sehr – es war nur Ihre Schönheit, die mich so sehr verwirrt hat.

Ich glaube, ich habe mich noch nicht einmal vorgestellt. Das ist ein unverzeihlicher Fehler! Graf Edouard de Montray. Bitte behalten Sie dieses Kärtchen, Mademoiselle., man weiß ja nie! Das Unglück sieht nicht immer hin, wenn es an die Tür klopft. Und es könnte ja sein, daß Sie eines Tages meine Protektion brauchen.

Gleich, was immer auf Sie zukommen wird, vergessen Sie nicht, daß ich Ihnen immer ergeben sein werde und daß Sie zu mir jederzeit das absoluteste Vertrauen haben dürfen.

GARANCE Blumen! Eine Krone! Ich habe ihm gesagt, daß es eine Beerdigung ist.

BAPTISTE Meine vielleicht!

GARANCE Sie sind verrückt, Baptiste, warum sagen Sie das?

BAPTISTE Warum sollte Baptiste nicht seine kleine Beerdigung haben wie alle anderen auch. Tatsächlich, Garance, ich denke manchmal daran.

Ein hübsches Motiv für einen Maler! Baptiste nimmt sein Geheimnis mit ins Grab.

GARANCE Hören Sie auf! Warum erzählen Sie solche idiotischen Dinge?

BAPTISTE Ein Geheimnis, Garance, ein kleines Licht. Erinnerung an eine Nacht, in der ich glaubte glücklich zu sein, für immer.

Oh, machen Sie doch nicht so ein Gesicht. Im Grunde ist eine Beerdigung gar nicht so traurig. Es braucht nur die Sonne ein bißchen zu scheinen, und alle sind sie zufrieden.

Und wenn man es sich genau besieht, dann ist es immer noch fröhlicher als eine Hochzeit, bei der der Bräutigam alleine ist, ohne seine Braut. Ich mag diese Hochzeitsblumen nicht! Ich hasse diese Blumen, ich hasse die ganze Welt! Ich hasse diesen Mann! Ich hasse diesen Frédérick! Ich hasse mich!

GARANCE Baptiste!

BAPTISTE Baptiste! Wer ist denn dieser Baptiste? Die, die er liebt, die liebt ihn nicht. Er ist ein Nichts, ein Irrlicht, er ist ein Automat, ein Clown. Es ist aus mit Baptiste!

Hier ruht Baptiste! Das Leben gab ihm Stockschläge, eine Blume und einen weißen Sarg.

GARANCE Wer sagt Ihnen denn, daß ich Sie nicht liebe, Baptiste?

NATHALIE Ich!

GARANCE Was können Sie schon wissen!

NATHALIE Ich weiß alles, was Baptiste angeht, ich seh' es, ich begreif' es, ich errat' es.

BAPTISTE Nathalie, ich verbiete dir ...

NATHALIE Ich sage nur, was wahr ist, wie könntest du mir das verbieten. Natürlich, ich behaupte nicht, daß Sie lügen, aber ich weiß. Ich weiß, daß alle Liebe, die es für Baptiste auf dieser Welt geben kann, in mir und nur in mir ist. Es bleibt nichts mehr für andere. Es ist eingraviert, es ist eingegraben. Also habe ich alles genommen, daran ist nichts zu ändern.

Oh! Lächeln Sie ruhig!

GARANCE Ich lächle immer.

NATHALIE Da können Sie von Glück sagen. Ich lächle fast nie mehr. Und du auch nicht mehr, Baptiste. Du warst so fröhlich, hast nur an deinen Beruf gedacht.

BAPTISTE Genug, Nathalie! Ich bitte dich, hör auf! Laß mich in Ruhe, laß uns in Ruhe! Geh! Ich flehe dich an, geh!

NATHALIE Er redet nur Ihretwegen so. Verzeihen Sie, wenn ich Ihnen das alles gesagt habe. Nicht nur, weil ich eifersüchtig bin. Ich habe grenzenloses Vertrauen. Ja, ich weiß es ganz genau, Baptiste und ich, wir sind nur geboren, um miteinander zu leben, alle beide.

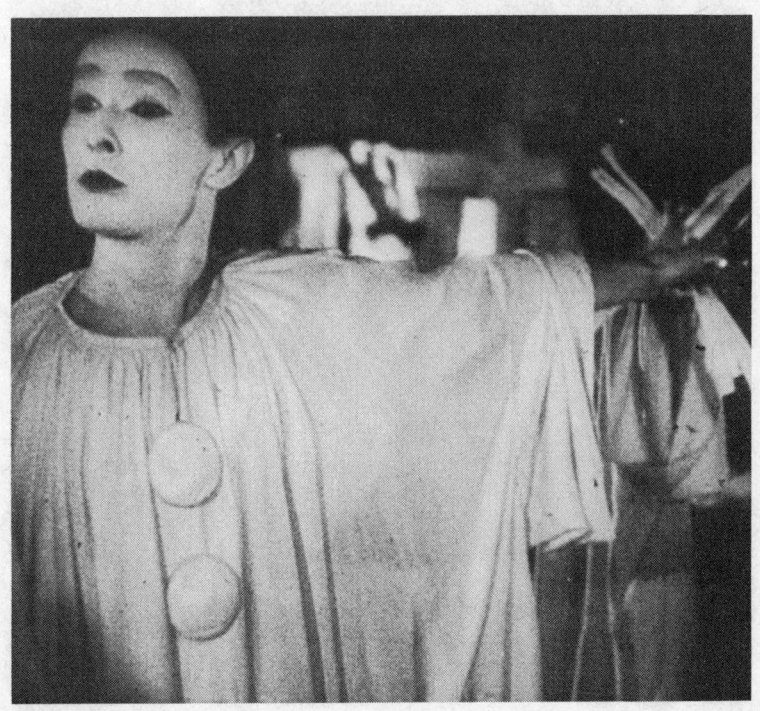

Pension »Grand Relais«

KASSIERER   Monsieur Forestier?!

HERMINE   Im ersten Stock.

KASSIERER   Danke.

LACENAIRE   Auf deinen Platz. Das Wild geht auf die Falle zu! Der Korb ist bereit, wundervoll!

AVRIL   Bei Ihnen läuft einem richtig ein Schauer runter, Monsieur Lacenaire.

LACENAIRE   Du hast ja verstanden, es klopft, ich öffne, dann klopfst du ... falls nötig, besorge ich den Rest.

HERMINE   Der kann aber von Glück reden. Gewöhnlich ist Monsieur Forestier nie zu Hause. Er wartet immer noch auf seine Möbel aus der Provinz. Die zwei Wochen, die er hier wohnt, seh' ich ihn heute das zweite Mal.

NACHBARIN   Wie ist er denn eigentlich?

HERMINE   Wundervoll! So was von distinguiert! Gewundert hat mich nur, daß er sich auf diese Garance berufen hat.

NACHBARIN   Sie mögen sie nicht, diese Mademoiselle Garance?

HERMINE   Ich ignoriere sie. Wenn ich bloß daran denke, wie sie den armen Monsieur Frédérick umgarnt hat. Ach, ich bin froh, daß ich das Appartement im ersten Stock vermietet habe. Das ändert so manches, endlich einen wohlerzogenen Mann im Haus.

KASSIERER   Mörder! Mörder!

HERMINE   Was ist los, Monsieur Forestier?

LACENAIRE   Nichts weiter! Im Treppenhaus prügeln sich Betrunkene. Ich hol' die Polizei!

KASSIERER   Mörder! Mörder!

Café »Aux Lionceaux du Temple«

LACENAIRE   Mein armer Avril, du warst wirklich nicht schön anzusehen, wie blaß du warst! Dabei warst du doch gar nicht das Opfer.

AVRIL   Trotzdem, Monsieur Lacenaire! Als ich seinen Kopf so dicht neben meinem sah, seine Augen.

LACENAIRE   Wenn du schneller zugeschlagen hättest, hättest du keine Zeit gehabt, seine Augen zu sehen.

KELLNER   Die Herren wünschen?

LACENAIRE   Ein Glas Alkohol, egal was.

AVRIL   Eine Tasse Kakao, aber mit viel Sahne.

Pension »Grand Relais«

KASSIERER   Wie ein Löwe, wie ein Löwe!

KOMMISSAR   Einen Moment Ruhe, wenn ich bitten darf!
Sie behaupten also, Madame, dieser sogenannte Monsieur Forestier kenne diese Demoiselle Garance. Komischer Name, nicht
wahr?

KASSIERER   Wie ein Löwe hab' ich mich verteidigt. Ich habe mich wie
ein Löwe an meine Geldtasche geklammert, da mußten sie schon
kräftig zuhauen. Der da ist aus Eiche!

KOMMISSAR   Ich muß doch sehr bitten!

KASSIERER   Und ob mein Schädel aus Eiche ist, er hat's ausge-
halten.

KOMMISSAR   Was sagten Sie noch, Madame?

HERMINE   Ich weiß nicht, was ich gesagt habe. Ich bin völlig durcheinander. Monsieur Forestier! Wer hätte das gedacht, ein so kor-
rekter Mensch, so gebildet. Und was das Kuriose war: Als ich
Mademoiselle. Garance fragte: »Kennen Sie ihn?«, hat sie geant-
wortet: »Monsieur Forestier, kenne ich nicht!«

73

1. GAFFER   Ich hab' gehört, sie hätten ihn aus dem dritten Stock geworfen. Ist das nicht furchtbar! Ein Vater von sechs Kindern!

2. GAFFER   Aus dem dritten Stock, hast du das gehört?

3. GAFFER   Mir hat man gesagt, er hätte sich selber aus dem Fenster
gestürzt, und zwar wegen einer Frau.

GARANCE   Was ist denn hier los?

GAFFER   Ein Mann hat seine Frau aus dem Fenster geworfen. Ist das
nicht furchtbar! Eine Mutter von sechs Kindern!

POLIZIST   Der Zutritt ist verboten!

GARANCE   Ich wohne hier.

HERMINE   Das ist sie!!

KOMMISSAR   Mademoiselle?

POLIZIST   Die kenn' ich doch! Die habe ich schon einmal verhaftet.
Es ging um eine goldene Uhr. Ich mußte sie laufen lassen, obwohl
die Sache unklar war.

KOMMISSAR   Es wird immer besser!
Ich mache Sie darauf aufmerksam, Mademoiselle, alles was Sie von
nun an sagen, kann gegen Sie verwendet werden.

GARANCE   Oh, ich bin nicht geschwätzig!

KOMMISSAR   Das werden wir ja sehen. Setzen Sie sich!
Wie rufen Sie sich?

GARANCE   Ich, ich rufe mich nie. Ich bin ja immer da, wieso sollte ich
mich rufen. Die anderen rufen mich Garance, wenn Sie das interessiert.

KOMMISSAR   Das ist doch kein Name.

GARANCE   Eine Blume heißt so. Mein richtiger Name, mein Mäd-
chenname, ist Claire.

KOMMISSAR   Claire wie?

GARANCE   Claire wie klar, klar wie der Tag, klar wie das Gebirgswas-
ser.

KOMMISSAR   Ich habe nach Ihrem Familiennamen gefragt!

GARANCE   Meine Mutter hieß Reine. Reine wie Königin. Sie hat
keine Familie gehabt. Sie war ein Findelkind, wie man sagt.

KOMMISSAR   Gut. Und was haben Sie für einen Beruf?

GARANCE   Ich bin Künstlerin. Daß Madame Ihnen das noch nicht
gesagt hat, wundert mich.

KOMMISSAR   Also gut, schreiben Sie »Künstlerin«.

POLIZIST   Künstlerin . . . im Schlafzimmer, was!

GARANCE   Warum sind Sie so grob zu mir?

KOMMISSAR   Wir sind doch nicht grob, wir machen ein Späßchen. Wo
sind Sie Künstlerin, Mademoiselle? Und seit wann sind Sie das?

GARANCE   Im Funambules. Seit etwa drei Wochen.

KOMMISSAR   Ein Zugvogel! Und vor dem Funambules, was haben
   Sie da gemacht?
GARANCE   Ich habe Malern Modell gestanden.
KOMMISSAR   Und zwar wo und bei wem?
GARANCE   Überall ein bißchen. Monsieur Ingres, zum Beispiel.
KOMMISSAR   Monsieur Ingres? Kenn' ich nicht.
GARANCE   Das wundert mich aber, er ist genauso einer wie Sie.
KOMMISSAR   Hä?
GARANCE   Ja, in seiner Freizeit hat er gegeigt und hat sich genauso
   vergeigt.
KOMMISSAR   Also, ich muß doch sehr bitten, diese Art Witze, das
   ist ...
GARANCE   Sie machen doch auch Späßchen!
KOMMISSAR   Ich glaube, es ist unnötig, Mademoiselle zu fragen, in
   welcher Aufmachung sie bei den Malern posiert hat.
KASSIERER   Das fragen Sie noch bei so einem hübschen Mädchen!
KOMMISSAR   Würden Sie mich bitte meine Untersuchung führen las-
   sen!

KASSIERER Deine Untersuchung! Deine Untersuchung! Deine Untersuchung ist zu Ende. Ich bin wieder heil und gesund.

GARANCE War er der Herr, der seine Frau aus dem Fenster geworfen hat? Er sieht gar nicht so aus.

KOMMISSAR Jetzt reicht's mir!

GARANCE Was wollen Sie eigentlich von mir? Was habe ich getan? Ich verstehe den ganzen Zirkus nicht!

KOMMISSAR Wir werden es Ihnen gleich verständlich machen. Vorher aber haben Sie die Freundlichkeit und sagen Sie uns, wer ist Monsieur Forestier?

GARANCE Das hat mich Madame schon gefragt, ich kenne keinen Monsieur Forestier.

HERMINE   Es ist doch nicht zu glauben!

KOMMISSAR   Natürlich nicht! Aber kennen Sie ihn vielleicht unter anderem Namen? Ein junger Mann, schwarz gekleidet, feine gepflegte Kleidung, er hat eine sehr gewählte Redeweise und trägt immer tadellose, blütenweiße Wäsche. Sagt Ihnen das nichts, die weiße Wäsche?

GARANCE   Ach, wissen Sie, weiße Wäsche, ich bin Wäscherin gewesen ...

KOMMISSAR   Aha, noch ein Beruf! Aber diesmal ein anständiger!

GARANCE   Ja, ein anständiger Beruf. Und es wäre sogar ein hübscher Beruf, Wäscherin, wenn die Leute sauberer wären.

POLIZIST   Chef, ich habe das Individuum gesehen, und zwar war der Kerl mit ihr. Und zwar habe ich die beiden an dem Tag gesehen, an dem sie die Uhr gestohlen hat.

KOMMISSAR   Ach, Mademoiselle arbeitet auch in der Uhrenbranche!

GARANCE   Sie wissen doch genau, daß ich es nicht war, sonst hätten Sie mich doch nicht freigelassen!

POLIZIST   Das hat mir auch noch sehr leid getan. Wenn Sie es nicht waren, wer dann? Und da die beiden zusammen waren, gibt es gar keinen Zweifel!

KOMMISSAR   Aber nicht doch!

Zieh nicht so ein Gesicht. Die Geschichte mit der Uhr war doch nur eine Dummheit, über die keiner mehr redet. Eine kleine Vorspeise. Reden wir doch lieber von der Hauptmahlzeit: versuchter, vorsätzlicher Mord, Mittäterschaft, das kann dich so fünf bis sechs Jährchen kosten.

Allen Ernstes, was wir dir gesagt haben, ist doch nur in deinem Interesse. Wir sind nett, liebenswürdig. Wir machen es dir leicht. Denk an die mildernden Umstände und pack aus.

GARANCE   Rühren Sie mich nicht an!

KOMMISSAR   Sollen wir dich mit Glacé-Handschuhen anfassen?

GARANCE   Warum nicht, ich bin unschuldig!

KOMMISSAR   Ach was, Schluß jetzt mit dem Gerede, die sacken wir ein, die bringen wir schon zum Sprechen!

GARANCE   Die sacken wir ein! Da kann ich nur sagen: Vorsicht! Zerbrechlich! Kunstgegenstand! Etwas mehr Takt, wenn ich bitten darf, etwas Zartgefühl! Sie wissen wahrscheinlich nicht, mit wem Sie es zu tun haben.

Seien Sie doch bitte so freundlich und informieren Sie diese Person, daß ich das Opfer eines Justizirrtums bin.

2. Teil   Der Mann in Weiß
(*L'Homme Blanc*)

»Einige Jahre später«

Auf dem Boulevard du Temple

FRÉDÉRICK   Das schlechteste Stück, das man je gewagt hat am Boulevard du Crime zu spielen.

1. MÄDCHEN   Warum spielen Sie es dann?

FRÉDÉRICK   Weil ich unterschrieben habe.

2. MÄDCHEN   Und warum haben Sie es unterschrieben?

FRÉDÉRICK   Ich brauche Geld.

1. MÄDCHEN   Aber Sie verdienen doch soviel, wie Sie wollen.

FRÉDÉRICK   Ein Mann wie ich verdient nie genug, ich gebe immer mehr aus, als ich einnehme.

Im Grand Théâtre – Frédéricks Garderobe

CONCIÈRGE   Beeilen Sie sich, Monsieur Frédérick, man wartet schon auf Sie! Die Dichter werden schon ungeduldig.

FRÉDÉRICK   Also beeilen wir uns, beeilen wir uns!

1. AUTOR   Wenn es wahr ist, daß die Pünktlichkeit die Höflichkeit der Könige ist . . .

ALLE DREI   . . . dann ist Frédérick Lemaître bestimmt kein König.

FRÉDÉRICK   Und so was nennt sich nun Dichter! Wirklich, ich frage mich, wieso bestehen ehrbare Leute darauf, Räuberpistolen zu schreiben? Im Gefängnis, im Zuchthaus, da wird Vernünftiges geschrieben. Da weiß man ja, worum es geht.

Gebt mir noch etwas zu trinken, meine Kätzchen. Habt doch Mitleid. Danke, mein Kleines.

Aber natürlich wäre das kein Erfolg. Armer Robert Macaire! Na, meine kleinen Kätzchen, was ist los? Ich höre euch nicht mehr.

78

1. MÄDCHEN   Wir sind traurig.

2. MÄDCHEN   Wir lieben Sie alle beide, und da wir gute Freundinnen sind, da ...

FRÉDÉRICK   Da?

1. MÄDCHEN   Da wollen wir uns nicht in die Haare kriegen. Was sollen wir machen?

FRÉDÉRICK   Was ihr machen sollt? Macht es wie ich, spielt Theater, das ist ja schließlich euer Beruf. Wenn ich spiele, dann bin ich immer sterblich verliebt, habt ihr gehört, sterblich verliebt! Aber sobald der Vorhang gefallen ist, nimmt das Publikum meine Liebe in die Welt mit hinaus. Versteht ihr, und ich schenke sie dem Publikum, meine Liebe. Und es ist damit sehr einverstanden und ich auch. Ich bin wieder gelöst, still, frei, ruhig wie Baptiste. Ha, da geht's schon wieder los: Baptiste, Baptiste und wieder Baptiste. Hast du Baptiste gesehen?! Sogar Théophile Gautier spielt schon verrückt: »Haben Sie Baptiste schon gesehen! Haben Sie seinen ›Kleiderhändler‹ gesehen, ein Meisterwerk!«
Pantomime und ein Meisterwerk! Théophile übertreibt. Nicht anfassen, das ist ein Souvenir, das sticht. Viper der Erinnerung, Schlangenbiß der Reue, rotes Feuer des Vergessens. Ah, das sind alles Dummheiten, Träume, Wind. Das, was ich liebe, das ist die Wirklichkeit.
Oh, Entschuldigung, das ist aus dem Stück, es waren nur zwei Akte, aber die waren sehr handfest. Den Dichtern mein Kompliment!

1. MÄDCHEN   Wie ordinär Sie nur sein können. Du mußt natürlich darüber lachen. Dir gefällt so was ja! Bei mir nicht, verstehst du, mir nicht!

2. MÄDCHEN   Jetzt haben wir uns schon gekracht.

FRÉDÉRICK   Bist du mir böse?

2. MÄDCHEN   Eähm ...

CÉLESTIN   Oh, pardon!

FRÉDÉRICK   Was ist, Célestin?

CÉLESTIN   Nichts. Ich wollte dich nur sanft darauf hinweisen, daß du erwartet wirst.

FRÉDÉRICK   Die armen Dichter!

CÉLESTIN   Ich rede gar nicht von den Dichtern. Die Dichter haben längst angefangen, ohne uns zu probieren.

FRÉDÉRICK   Ach, dann werden's wohl Verehrer sein?

CÉLESTIN   Ja ja, dann sind es wohl »Verehrer«.

FRÉDÉRICK   Also zeigen wir uns dem staunenden Volk! Bis gleich,

mein Herz! Wenn du alles durchgewühlt hast, leg alles wieder auf seinen Platz.

Dein Anzug sieht ja scheußlich aus, Célestin. Genauso scheußlich wie meiner.

REGISSEUR Der Direktor verlangt Sie dringend zu sehen, das ist ja nicht mehr zu ertragen.

FRÉDÉRICK Ja, ja, bin ja schon unterwegs. Wo sind unsere Raufbolde?

EIN GLÄUBIGER Wenn man Schulden macht, dann bezahlt man Sie. Anders kenne ich es nicht.

ANDERER GLÄUBIGER Sofort! Verstehn Sie, sofort. Ein paar Ohrfeigen, das ist alles, was er verdient hat.

FRÉDÉRICK Ich sehe schon, wer da ist. Eifersüchtige Ehemänner, renitente Gläubiger ...

CÉLESTIN Wie üblich!

FRÉDÉRICK ... Verbitterte, Unzufriedene. Ein Misthaufen!

CÉLESTIN   Und nun?

FRÉDÉRICK   Na ja, du gehst voran, und ich stürze mich in den Dreck. Wie üblich!

Also, meine Herren?

GLÄUBIGER   Ich will mein Geld!

FRÉDÉRICK   Hierher, Bertrand! Man tötet Robert Macaire! Hierher, Kürassiere! Man tötet Frédérick den Großen!

**Bühne des Grand Théâtre,
Probe zu »L'Auberge des Adrets«**

MARIE   Denn, wenn ich richtig verstanden habe, dann komm ich auf den Schuß hin aus der Herberge?

1. AUTOR   Ja, und Sie stürzen sich auf den Körper.

2. AUTOR   Beziehungsweise dahin, wo der Körper liegt, denn M. Lemaître läßt auf sich warten.

BRIGADIER   In Ordnung! Woll'n wir! »Die Stunde der Gerechtigkeit hat geschlagen. Sie entgehen Ihrer Strafe nicht. Peng!

MARIE   Wehe, Sie haben ihn getötet. Oh, Unglück dieses Lebens. Er war ja so schlecht, aber er war mein Mann.«

1. AUTOR   Bravo! Oh, Verzeihung, aber die Handlung hat mich mitgerissen. Trotzdem möchte ich ein bißchen mehr, ein bißchen mehr, ein bißchen mehr ...

ALLE DREI   Ein bißchen mehr Gefühl!

FRÉDÉRICK   Jawohl, das ist es, etwas mehr Gefühl und immer nur Gefühl. Und immer mehr Gefühl. Ha, ha, ha, ha. Ich wage zu hoffen, Messieurs, daß Ihnen mein Kostüm gefällt.

DIREKTOR   Nicht übel und originell.

1. AUTOR   Unmöglich, das ist ja wohl ein schlechter ...

ALLE DREI   ... Scherz!

FRÉDÉRICK   Bah, vergessen Sie nicht, Messieurs, Robert Macaire und seine Spießgesellen kommen nicht gerade vom Schneider, sie kommen vom Zuchthaus aus Toulon. Sie sind Verbrecher und keine Dandys.

1. AUTOR   Trotzdem, diese Augenbinde!

2. AUTOR   Sieht furchtbar aus!

FRÉDÉRICK   Vielleicht, aber das Auge unter der Binde ist noch fürchterlicher.

DIREKTOR   Ich bitte Sie Messieurs, wir wollen uns doch nicht schon wieder streiten. M. Frédérick ist da, probieren wir den zweiten Akt, eh, Szene neun, wenn Sie wollen?

FRÉDÉRICK   Also los! Ach, nein, nein, nein, die Szene mit dem Gendarm ist mir lieber, die finde ich lustiger.

1. AUTOR   Wir sind nicht hier, Monsieur, um die Leute zum Lachen zu bringen.

FRÉDÉRICK   Schade! Na gut, wenn Sie darauf bestehen … Also, meine kleine Latour, Szene neun.

MARIE   »Ach mein Sohn, nur du allein gibst mir die Kraft, den Anblick dessen zu ertragen, der die Ursache all unseres Unglücks ist.

FRÉDÉRICK   Himmel, mein Weib!

MARIE   Ja, Ihre Frau, Ihr Opfer, Marie, die traurige Marie!«

FRÉDÉRICK   Sie sieht wirklich nicht fröhlich aus.

1. AUTOR   Ich bitte Sie, ersparen Sie uns Ihre Bemerkungen.

FRÉDÉRICK   Gut, weiter, weiter. »Ich bin entdeckt, und du warst es, die mich verraten hat, Marie.

MARIE   Ja, um meinen Sohn zu retten.

FRÉDÉRICK   Um deinen Sohn zu retten, hast du seinen Vater verraten.

MARIE   O Schicksal!«

FRÉDÉRICK   Hmhm, täuschen wir jetzt Rührung vor. »Marie, meine arme Marie.

MARIE   Robert, mein armer Robert. Ist es denn möglich, daß du so viele Verbrechen begangen hast?

FRÉDÉRICK   Was will man machen, Marie. Jeder Mensch hat seine Fehler.«

DIE AUTOREN   Halt, dieser Satz steht nicht im Text.

FRÉDÉRICK   Natürlich nicht. Ihr Stück ist leer, das muß man ein bißchen aufmöbeln.

AUTOREN   Oh! Dazu hast du kein Recht.

FRÉDÉRICK   Dann nehm' ich mir es eben, es ist von vorne bis hinten leer, unseliges Stück. Bilden Sie sich ein, daß das Publikum sich zu essen und zu trinken mitbringt? Äpfel, ja, und Tomaten wird das Publikum mitbringen.
Und so was nennen Sie ein Drama. Armes Drama, und noch dazu in drei Akten. Einen für jeden, damit keiner zu kurz kommt. Drei Akte! Für mich sind das drei ganz faule Akte.

1. AUTOR   Ich bitte Sie, spielen Sie nicht mit Worten.

FRÉDÉRICK   Womit soll ich denn sonst spielen? Mit Ihren Einfällen vielleicht? Sie haben ja keine.

DIREKTOR   Frédérick, ich bitte Sie.

1. AUTOR   Oh, was könnte es uns überraschen, was könnte es uns überraschen von einem, der im Funambules sein Debüt gegeben hat.

ALLE DREI   Der auf seinen Händen aufgetreten ist.

FRÉDÉRICK   Auf den Händen, und warum nicht? Sie haben das Stück
ja auch mit den Füßen geschrieben.

1. AUTOR   Monsieur, Sie zwingen uns, was ich sehr bedaure, zu plum-
pen Mitteln zu greifen. Monsieur, Sie haben einen Vertrag unter-
zeichnet, jawohl, und Sie haben bereits ...

FRÉDÉRICK   ... Jawohl, alles ausgegeben!

AUTOREN   ... einen runden Betrag erhalten.

1. AUTOR   Sind Sie bereit, die vertraglich eingegangenen Verpflich-
tungen zu erfüllen? Sind Sie bereit, dieses unser Stück zu spielen?

FRÉDÉRICK   Aber selbstverständlich, meine Herren, unter der Be-
dingung, daß es sich spielen läßt.

Premiere »L'Auberge des Adrets« im Grand Théâtre

BRIGADIER   »Genug! Wir haben den Steckbrief des Schuldigen. Versuchen Sie nicht zu fliehen. Alle Ausgänge sind bewacht. Einer von
ihnen nennt sich Rémond. Aber wir wissen, wie er wirklich heißt.
Dieser Mann heißt Robert Macaire. Und dieser Robert Macaire ...

FRÉDÉRICK (ROBERT)   ... bist du! Beweise mir das Gegenteil, wenn du kannst. Was soll er mir jetzt antworten, das steht nämlich gar nicht im Stück.

ROBERT   Bis ihm etwas eingefallen ist, habe ich Zeit, noch einmal zu entfliehen.

Los, Médor, das Drama, es ist noch nicht zu Ende.

BRIGADIER   Frédérick, ich flehe Sie an, kommen Sie zurück. Verhaftet sie, legt sie in Ketten, sonst entkommen sie uns wieder.

ROBERT   Bravo! Bravo! Ha, ha, ha!

BRIGADIER   Versuchen Sie nicht zu fliehen. Sie sind umzingelt.

ROBERT   Aber ich bitte Sie, mein Herr, das eine Mal, daß ich ins Theater gehe.

BRIGADIER   Genug geredet. Ergeben Sie sich!

ROBERT   Ergeben, ich mich, wohin?

BRIGADIER   Also schließlich, jedenfalls, Sie sind entlarvt, Sie sind Robert Macaire.

ROBERT   Nein!

BRIGADIER   Nein? Wenn Sie leugnen, Robert Macaire zu sein, der aus Toulon entflohen ist, antworten Sie mir schnell und ohne zu zögern: Wer sind Sie dann?

ROBERT   Ich bin Frédérick Lemaître!

BRIGADIER   Sie lügen, Sie sind verhaftet!

ROBERT   Jetzt fängt der schon wieder an. Was machen wir mit ihm? Wollen wir ihn töten?

BERTRAND   Oh, um einen Gendarmen umzubringen, dazu muß man kein Gemütsmensch sein.

ROBERT   Fall um, Dummkopf, du bist doch tot!

MARIE   O weh, Sie haben ihn getötet. O unglückliches Leben. Er war ja so schlecht, aber er war mein Mann.

ROBERT   Beruhigen Sie sich, meine Witwe, das war blinder Alarm! Wisch deine Tränen ab, dein liebes Männchen lebt.

BRIGADIER   Aber nicht mehr lange!

ROBERT   Ah, es mußte ja einmal so kommen. Ich sterbe, adieu Marie! Vergib mir!

Nein, ich war kein schlechter Mensch. Ich hab mich nur verführen lassen. Ich war ja immer nur der Arm der Untaten, die Hand, die zuschlägt, der Fuß, dessen Spur im Sand des Verbrechens zurückbleibt.

Aber die wahren Verbrecher, die die im Dunkeln ihre Drähte gezogen haben. Auf sie wird die göttliche Gerechtigkeit mit dem Finger weisen. Die wahren Urheber dieses verbrecherischen Stückes, da sind sie!«

STIMMEN Bravo! Bravo! ...

DIREKTOR Ein unglaublicher Erfolg!

AUTOREN Eine Schande, wie sie noch nie da war!

FRÉDÉRICK Also, Messieurs, ich hoffe Sie sind zufrieden?

1. AUTOR Monsieur, Sie haben uns schändlich beleidigt. Nur Ihre Unwissenheit hindert Sie daran zu begreifen, wen Sie beleidigt haben.

ALLE DREI Die ganze dramatische Kunst, Sie haben sie auf das höchste beleidigt!

1. AUTOR Sie haben unser Werk vernichtet, Sie haben es mit Füßen getreten. Sie haben unsere Prosa zu Scherben zerstampft.

FRÉDÉRICK Scherben bringen Glück!

AUTOR Ungehobelter ...

ALLE DREI Wir verlangen Genugtuung!

FRÉDÉRICK Wo Sie wollen, wann Sie wollen, z. B. gleich morgen früh!

DIREKTOR Aber meine Herren, Sie werden sich doch nicht schlagen, das ist doch heller Wahnsinn!

FRÈDÈRICK Die Heilige Dreieinigkeit fühlt sich beleidigt, also wer-

den wir uns mit der Heiligen Dreieinigkeit schlagen. Tun Sie mir
den Gefallen, regeln Sie das für mich. Die Herren können ja unter-
einander Losbriefchen ziehen, ich schlage mich mit dem Gewinner.
Messieurs, die Wahl der Waffen überlasse ich Ihnen.

Morgen früh, bei Sonnenaufgang, bin ich der Châtaigneraie, mit
zwei Freunden, wenn's recht ist.

DIREKTOR   Nein, nein! Frédérick, Frédérick!

Frédéricks Garderobe

LACENAIRE   Ist das weise Voraussicht!

FRÉDÉRICK   Was machen Sie denn hier?
Wie sind Sie überhaupt hier hereingekommen? Vor allem, lassen
Sie das liegen, das ist ein Souvenir!

LACENAIRE   Für mich ist es vielleicht auch ein Souvenir? Kann man
das wissen?

FRÉDÉRICK   Wer sind Sie?

LACENAIRE   Mein Name würde Ihnen nichts sagen, und da Sie um so
bekannter sind, können wir die Vorstellung abkürzen. Kommen
wir zum Grund meines Besuches. Um es in zwei Worten zu sagen:
Ich brauche Geld!

FRÉDÉRICK   Oh, das geht jedem so, wissen Sie!

LACENAIRE   Mehr oder weniger!

FRÉDÉRICK   Ja, vielleicht, ich möchte gerne wissen, warum Sie sich
ausgerechnet an mich wenden, ich kenne Sie gar nicht.

LACENAIRE   Was macht das schon, ich kenne Sie ja, so wie ganz Paris
Sie kennt.

FRÉDÉRICK   Sie sind zu liebenswürdig, aber trotzdem, wir sollten
nicht übertreiben.

LACENAIRE   Ja natürlich! Sie sind sehr berühmt und zweifelsohne
reich. Ist es nicht Grund genug, daß ein Mann in seiner Verzweiflung sich in aller Bescheidenheit an Sie wendet?

FRÉDÉRICK   Sie sind verzweifelt?

LACENAIRE   Es geht um Leben oder Tod!

FRÉDÉRICK   Nein, im Ernst?

LACENAIRE   Seh' ich aus, als ob ich Spaß machen würde?

FRÉDÉRICK   Nein! Ich bin nicht reich. Aber vielleicht hat das Schicksal Ihnen meine Adresse gegeben. Vor acht Tagen, na ja ich habe in
der Lotterie gewonnen, und ich habe noch nicht alles ausgegeben.
Sie haben Glück. Wenn Sie mein Freund wären oder mein Bruder,
würde ich sagen, nimm alles, es gehört dir, aber da ich kaum die
Ehre habe, Sie zu kennen, kann ich nur sagen – teilen wir. Wenn

Ihnen mit dieser kleinen Summe gedient ist, biete ich sie Ihnen an –
in aller Bescheidenheit.

LACENAIRE Danke! Ich staune, man sagt doch sonst immer, Schauspieler wären geizig, vor allen Dingen große Schauspieler.

FRÉDÉRICK Das ist ja wundervoll. Da kann ich ja noch Fortschritte
machen.

LACENAIRE Das ist doch wohl ein merkwürdiges Metier, das Sie haben, nicht wahr?

FRÉDÉRICK Es ist das schönste!

LACENAIRE Zweifellos, aber sie ist zu bewundern, diese Fähigkeit,
jeden Abend sein Herz zum Schlagen zu bringen, zur selben
Stunde.

FRÉDÉRICK Sie haben überhaupt keine Ahnung! Das ist doch gerade
das Schöne, das Berauschende, zu fühlen, zu hören wie das Herz
klopft. Man selber und das Publikum, wir haben beide Herzklop-
fen.

LACENAIRE Was für ein Gleichklang! Wenn mein Herz hin und wieder einmal zu klopfen anfängt, dann pocht es so laut, daß ich einen
ganz besonderen Genuß dabei spüre, daß ich der einzige bin, der es
hört.

FRÉDÉRICK Darf man fragen, was der Besitzer eines solchen Herzens
im Leben macht?

LACENAIRE Wenn ich es Ihnen sagen würde, Sie würden es kaum
glauben. Ich schreibe Theaterstücke, das heißt in meiner Freizeit.

FRÉDÉRICK Ah, Sie sind Dichter? Und sicherlich ein verkannter?

LACENAIRE Ja, verkannt schon! Aber das ärgert mich nicht im ge-
ringsten. Ich schreibe überwiegend leichte Sachen, und heutzutage
steht ja nur das Drama hoch im Kurs. Allerdings habe ich auch
etwas zu Papier gebracht, an dem ich doch sehr hänge. Es ist ein
Einakter voller Fröhlichkeit, voller Melancholie, zwei Menschen,
die sich lieben, die sich verlieren, die sich wiederfinden, die sich
wieder verlieren.
Eine ganz kleine Dekoration, hellgrün, ein Garten, ein Brunnen.

FRÉDÉRICK Interessant! Aber sagen Sie, hier unter uns, jetzt wo wir
uns besser kennen, war das tatsächlich eine Frage von Leben und
Tod?

LACENAIRE Ja, für Sie!

FRÉDÉRICK Für mich?

LACENAIRE Ja, wenn Sie die Unvorsichtigkeit gehabt hätten abzu-
lehnen – und ich gebe Ihnen mein Wort: Das ist kein Theaterdolch.

FRÉDÉRICK Und Sie meinen, Frédérick hätte sich das gefallen lassen?

LACENAIRE   Oh, ich bin ja nicht allein gekommen. Avril!

FRÉDÉRICK   Na so was! Unerhört! Ganz wie vorhin auf der Bühne.

LACENAIRE   Na, Avril, zufrieden?

AVRIL   Und ob ich zufrieden bin!

LACENAIRE   Sie müssen wissen, daß dieser Dummkopf einer Ihrer glühendsten Bewunderer ist. Und der Gedanke, Sie ...

AVRIL   Ja, der hat mir das Herz umgedreht!

FRÉDÉRICK   Nein, wirklich? Das ist aber nett! Da sieht man es wieder: Brave Leute gibt es eben in jedem Metier. Und die Vorstellung, ich meine vorhin, hat sie Ihnen gefallen?

LACENAIRE   Oh, fragen Sie ihn nicht. Er gehört zu denen, die Angst vor der eigenen Courage haben.

FRÉDÉRICK   Und Sie? Waren Sie in der Vorstellung?

LACENAIRE   Ja.

FRÉDÉRICK   Na und?

LACENAIRE   Es war interessant! Selbstverständlich übe ich keine Kritik!

FRÉDÉRICK   Ich flehe Sie an. Man hat nicht jeden Tag das Glück, sich mit einem Spezialisten, mit einem Kenner zu unterhalten. Und das so unverhofft. Das ist wundervoll. Machen Sie mir die große Freude und essen Sie mit mir. Ich hatte es zwar für die Dichter bestellt, aber ich glaube heute abend ...

AVRIL   Oh, Monsieur Frédérick!

LACENAIRE   Sie sind sehr liebenswürdig, aber wir möchten nicht stören. Sie sind vielleicht müde?

FRÉDÉRICK   Ich und müde? Überhaupt nicht! Hunger hab' ich! Also, keine Fisimatenten, zu Tisch!

LACENAIRE   Da Sie darauf bestehen!

FRÉDÉRICK   Übrigens muß ich zu Kräften kommen: Ich habe ein Duell, morgen früh. Es muß was Furchtbares sein, nüchtern zu sterben.

LACENAIRE   Sie wollen sich duellieren? Mit wem?

FRÉDÉRICK   Mit so einem Dummkopf!

LACENAIRE   Ich will hoffen, Sie werden ihn töten?

FRÉDÉRICK   Oh, wenn man alle Dummköpfe gleich töten wollte!

LACENAIRE   Allerdings! Dabei würde das so vieles vereinfachen.

Eine Lichtung des Kastanienwäldchens

DIREKTOR   Ausgerechnet im Augenblick eines solchen Triumphs. Überlegen Sie, wenn Sie Frédérick töten, töten Sie die Henne, die die goldenen Eier legt.

1. AUTOR Überlegen Sie, daß die Henne mit den goldenen Eiern drauf und dran ist ...

2., 3. AUTOR ... uns zu töten!

1. AUTOR Ich muß doch bitten, Messieurs, Sie vergessen, daß ich der einzige bin, der sich schlägt.

2., 3. AUTOR Es ist nicht unsere Schuld, daß Sie der einzige sind, der mit einer Pistole umgehen kann.

1. AUTOR Ach, mit einer Pistole umgehen kann! Mit einer Pistole um ...

2., 3. AUTOR Da ist er! Und zum erstenmal pünktlich!

DIREKTOR Aber er ist ja betrunken!

FRÉDÉRICK Messieurs, verzeihen Sie mir, ich hatte leider keine Zeit mehr, mich in Schwarz zu werfen.
Wir hatten die ganze Nacht geplaudert. War 'ne nette Unterhaltung. Aber die Zeit rann so dahin. Doch wir sind ja nicht hier, um

Höflichkeiten auszutauschen, sondern Blei. Darf ich vorstellen: Meine beiden Zeugen – zwei Persönlichkeiten. Aus politischen Gründen müssen Sie mir gestatten, ihre Namen zu verschweigen.

DIREKTOR Aber das geht doch nicht! Das ist doch nicht Ihr Ernst? Sie sind doch nicht in normaler Verfassung!

FRÉDÉRICK Meine normale Verfassung ... kenn' ich nicht!

DIREKTOR Aber, ich bitte Sie, Sie schwanken, Sie können schon nicht mehr geradeaus laufen.

FRÉDÉRICK Und wenn schon! Ich will ja nicht weit laufen. Übrigens, bei solchen Veranstaltungen, da ist die Schußlinie die direkteste Verbindung von einem Punkt zum anderen. Stimmt's? Ja?

Im Funambules

KARTENVERKÄUFER Wenn ich es Ihnen sage, es ist alles ausverkauft. Für morgen auch, alles ausverkauft.

EIN HERR So was habe ich auch noch nicht erlebt, ein Billettverkäufer, der keine Billetts verkauft!

KARTENVERKÄUFER Oh, Monsieur Frédérick, sind Sie verletzt?

FRÉDÉRICK Das ist beim Taubenschießen passiert, eine hat mich gebissen.

KARTENVERKÄUFER Dafür werden Sie eine andere verpaßt haben. Spielen Sie deshalb heute nicht?
Bei Ihrem Stück scheint es gestern abend ein Malheur gegeben zu haben. Auf dem Boulevard wird von nichts anderem geredet. Sehen Sie, es geht Ihnen wie Baptiste. Erst wollte es nicht so recht klappen, aber auf einmal streitet sich ganz Paris, wer seinen Hintern zuerst auf die Bank setzen darf.

FRÉDÉRICK Für mich wirst du wohl noch einen Platz finden?!

KARTENVERKÄUFER Das ist schwer! – Ich habe eine Idee! Kommen Sie! Wie ich Ihnen sage. Eine junge Dame aus der besten Gesellschaft. Die kommt jeden Abend, immer allein, incognito, nur um Baptiste zu sehen.

FRÉDÉRICK Glücklicher Baptiste! Ist sie hübsch?

KARTENVERKÄUFER Was weiß ich, sie trägt einen Schleier. Sie kommt und geht, ohne jemanden zu sehen. – Verzeihen Sie bitte, Madame! Einmal ist keinmal: Treten Sie doch ein kleines Plätzchen im Hintergrund ab, es ist für einen Verwundeten. – Es hat geklappt!

Eine Loge im Funambules

FRÉDÉRICK Garance!

GARANCE Frédérick! Wie kommen Sie hierher?

FRÉDÉRICK Paris ist so klein für zwei so Verliebte wie wir ... Aber das gibt es ja gar nicht, du sagst »Sie« zu mir, Garance?

GARANCE Ist es so verwunderlich? Ich hab' schon so lange zu keinem mehr »Du« gesagt.

FRÉDÉRICK Oh, Desdemona, treuloses Geschöpf, das mich eines schönen Tages einfach auf der Straße stehen läßt. – »Bis gleich, Frédérick.« Sprach's und war für Jahre verschwunden. Und als sie geruht zurückzukommen, fragt sie mit Unschuldsmiene: »Wie kommen Sie hierher?« Ich komme hierher, weil ich immer hier war. Ich wußte, du würdest wiederkommen, also hab' ich hier gewartet, auf diesem Stuhl, Jahr um Jahr.

GARANCE Du hast dich nicht verändert, Frédérick.

FRÉDÉRICK »Sie« sich auch nicht, Garance. Aber nein. Du hast dich verändert. Du bist noch viel begehrenswerter geworden als früher. Und dann, ich weiß nicht, du bist ...

GARANCE Ich bin auch distinguierter geworden, nicht wahr? Du bist verletzt?

FRÉDÉRICK Oh, nichts weiter. Das ist schon verheilt. Es gibt Verletzungen, die länger brauchen, bis sie heilen. Die Verletzungen der Eigenliebe vielleicht, aber das sind auch nur Verletzungen. – Mit diesem Mann also, Desdemona, mit diesem Mann, der den Arm voller Blumen hatte, mit dem bist du fortgegangen? Wohin hat er dich entführt, dieser Nabob? Nach Indien?

GARANCE Ich bin tatsächlich in Indien gewesen. Aber ich bin nicht lange dort gewesen. Ich habe vor allem in England gelebt, in Schottland.

FRÉDÉRICK Ist es schön, dieses Schottland?

GARANCE Ja! Aber es ist weit! Und ich liebe nur Paris!

FRÉDÉRICK Paris mit seinen Erinnerungen. Baptiste zum Beispiel, seinetwegen kommst du ja jeden Abend hierher. Man könnte glauben, Sie haben nicht gewußt, daß Frédérick Lemaître auch jeden Abend spielt.

GARANCE Sieh dir den Olymp an, Frédérick! Genauso habe ich früher auch gelacht. Ich konnte völlig grundlos lachen, nur um zu lachen. Aber jetzt …

93

FRÉDÉRICK Du bist traurig.

GARANCE Nein, aber ich bin auch nicht froh. In der Spieldose ist eine kleine Feder gesprungen. Sie spielt noch, aber sie klingt anders.

FRÉDÉRICK Er ist wirklich großartig.

GARANCE Wie kann er, der die Sanftmut selbst ist, einen so grausamen Blick haben!

FRÉDÉRICK Du liebst ihn sehr?

GARANCE Seit dem Tag, an dem ich fortgegangen bin, ist kein Tag vergangen, an dem ich nicht hätte an ihn denken müssen.

FRÉDÉRICK Weiß er, daß du jeden Abend hierher kommst, um ihn zu sehen?

GARANCE Nein. Er lebt sein Leben und ich meines. Wozu also?

FRÉDÉRICK Es ist unglaublich, was mir da widerfährt. Es ist zum Krämpfekriegen, zum Losbrüllen.

GARANCE Was hast du?

FRÉDÉRICK Ich glaube, ich bin eifersüchtig. Nein, ich weiß nicht ... ich habe so etwas noch nie erlebt. Das kriecht, ah, es ist widerlich. Das kriecht einem ins Herz. Der Kopf will sich wehren ... und hopp – schon ist es auch im Kopf.

Hast du das gehört, Garance, eben, hier und jetzt, deinetwegen und wegen Baptiste, ich bin eifersüchtig geworden. Ja, eifersüchtig. Ich! Und dann ganz plötzlich ... die Reue. Dieser Mann, dieser Reisende, der dich entführt hat, und ich, der ich dich hatte gehen lassen. Und dazu noch, um das Maß voll zu machen, dieser Baptiste, er spielt wie ein Gott.

Natürlich habe ich ihm nicht gewünscht, daß er wie eine gesengte Sau spielen sollte, du verstehst schon, wenn er nur ein bißchen ...

GARANCE   Ich verstehe dich schon. Wenn er nur richtig schlecht ...

FRÉDÉRICK   Nein, nicht mal schlecht. Mittelmäßig! Das hätte mich gefreut. Es ist bloß ein Glück, daß es aufhört, wenn man darüber redet.

GARANCE   Siehst du, es war gar nicht schlimm. Ein bißchen weinen und schon bist du geheilt.

FRÉDÉRICK   Geheilt! Warum willst du, daß ich so schnell geheilt werde? Wenn es mir nun gefallen würde, wenn es nun gut für mich wäre, eifersüchtig zu sein, nützlich, vielleicht sogar nötig.

Danke, Garance, dank dir, dank euch allen werde ich vielleicht endlich Othello spielen können! Ich habe diese Figur gesucht, ich habe sie nie gepackt. Sie war für mich ein Fremder. Jetzt ist sie ein Freund, ein Bruder. Ja ... Jetzt kenn' ich dich, jetzt hab' ich dich, Othello. Selbstverständlich nach dir, Desdemona! Ich werde Baptiste an mein Herz drücken, das bin ich ihm schuldig. Willst du, daß ich ihm etwas sage?

GARANCE   Ich bitte dich, Frédérick!

FRÉDÉRICK   Ich frage im Ernst. Ja, ich bin zwar eifersüchtig, aber ich kann dich auch verstehen, und übrigens ist er ja verheiratet, hat ein Kind. Das tröstet mich.

Dagegen dieser andere, dieser andere ...

Also, Garance?

GARANCE   Erzähl ihm etwas von mir! Und wenn du das Gefühl hast, daß er es gern Wort, dann sag ihm, ich bin vorübergehend in Paris ...
... ich reise bald wieder ab, und ich bin glücklich, ganz furchtbar glücklich, wenn er kommt und mir guten Tag sagt.

Hinter der Bühne

DIREKTOR   Nein, du bist's, Undankbarer, nach so vielen Jahren! Trotzdem machen wir einem verlorenen Sohn, der ins Vaterhaus zurückkehrt, keine Vorwürfe.

REGISSEUR   Inspizient, daß ich es nicht vergesse: Alexis hat die Bühne in betrunkenem Zustand betreten, er hat randaliert, eine Vase zerschlagen. Fünf Francs Strafe!

FRÉDÉRICK   Habt ihr eure Tarife erhöht?

DIREKTOR   Was will man machen, noblesse oblige, wir haben einen Erfolg nach dem anderen.

Aber, du ja auch, mein Kleiner, bei dir scheint es ja auch bestens zu klappen. Das ist ja wunderbar. Baptiste! Baptiste!

BAPTISTE   Frédérick!

FRÉDÉRICK   Baptiste!

BAPTISTE   Frédérick, daß du gekommen bist!

FRÉDÉRICK   Du siehst, ich habe den ersten Schritt getan, noch dazu auf einer Hand.

BAPTISTE   Oh, den ersten Schritt hast du nicht getan, ich habe dir schon applaudiert; und zwar schon oft.

FRÉDÉRICK   Nein! Und da hast du nicht guten Tag gesagt?

BAPTISTE   Ich habe es nicht gewagt. Und dann war ich jedes Mal so erschüttert, so bewegt. Du bist wirklich ein großer Schauspieler, Frédérick, vielleicht der größte überhaupt.

FRÉDÉRICK   Oh, sag das nicht.

BAPTISTE   Oh, doch, doch, doch. Wie du spielst, ist wirklich wundervoll.

FRÉDÉRICK   Wie du spielst, ist wundervoll. Große Schauspieler gibt es so viele, zumindest einige. Aber Mimen, die hat es vor dir noch nicht gegeben.

Das ist phantastisch, du bist der einzige, es ist deine Erfindung.

BAPTISTE   Ich freue mich, daß dir meine Arbeit gefällt.

FRÉDÉRICK   Das ist ja Nathalie! Oh, wie schön Sie geworden sind, Nathalie!

NATHALIE   Ich bin nicht schöner geworden, Frédérick, ich bin nur glücklich, das wird es sein.

FRÉDÉRICK   Das Glück und die Schönheit – sie gehen Hand in Hand. Nein, dieser kleine Mann, ist das eurer? Wie heißt du denn?

KIND   Baptiste!

FRÉDÉRICK   Baptiste, natürlich wie sein Vater.

ANSELME DEBUREAU   Eine erstaunliche Familie, nicht wahr? Ich begrüße dich, Frédérick, ich markiere diesen Tag mit einem weißen Kreuz, jenen Tag, an dem der größte Schauspieler Europas und anderer Gegenden endlich den unbestrittenen Meister der Pantomime besucht. Den Meister der Pantomime auf dieser Welt.

FRÉDÉRICK   Sieh da, sieh da!

JERICHO   Salut allerseits! Hier ist Jericho, genannt das Wildschwein, genannt der Schlaf-Allein.

BAPTISTE   Da ist er wieder. Ich kann diesen Menschen nicht ausstehen. Seine Stimme, sein Anblick ekeln mich an. Komm!

JERICHO Na, da bist du ja, du Straßenräuber, du Strauchdieb!

ANSELME DEBUREAU Sie fangen doch wohl nicht schon wieder an?

JERICHO Du solltest dich schämen! Mir mein Aussehen zu nehmen, meine Persönlichkeit.

ANSELME DEBUREAU Sie sind von Sinnen. Es gibt nicht nur einen Kleiderhändler in Paris. Und außerdem haben Sie mir selber die Kleider besorgt. Also!

JERICHO Ich habe nicht gewußt, was Sie damit machen wollten. Wenn ich mir überlege, daß Baptiste jeden Abend einen alten Mann wie mich umbringt, noch dazu, um die Leute zu amüsieren. Was für ein Beispiel!

ANSELME DEBUREAU Hören Sie auf, mein Freund. Sie sind betrunken und wissen nicht, was Sie daherreden. Sie sollten sich lieber schlafen legen.

JERICHO Vielleicht bin ich betrunken, was mich aber nicht daran hindert, noch etwas zu besitzen, nämlich Moral!
Warum sagst du nie guten Tag zum guten alten Papa Josua? Du bist wie dein Vater. Du verachtest mich, du siehst über mich hinweg.
Was hat er denn gegen mich, dein Baptiste, he, Nathalie, was denn?

NATHALIE Gar nichts. Nur warum müssen Sie sich immer um anderer Leute Dinge kümmern.

JERICHO Und weiter? Was geht ihn das an, was mich angeht? Ich habe immer ganz allein gelebt, da ist es doch ganz natürlich, daß man sich für andere interessiert. Wenn man immer allein ist, dann bleibt das doch nicht aus.
Nie hat mich jemand gemocht, keiner, null, nichts. Wenn ich wenigstens Witwer wäre, hätte ich meine Erinnerungen. Aber mich hat ja keine gewollt. Die haben sich ja alle bloß für die Windbeutel, für die Liederjane interessiert.
Hör zu, Nathalie. Ich will dir etwas sagen. Selbstverständlich geht es mich nichts an, aber es ist ja doch nur zu deinem Besten.

NATHALIE Lassen Sie mich mit Ihren Geschichten in Ruhe!

JERICHO Hör sie dir trotzdem an. Sie ist ganz kurz: Hier ist sie: Garance ist wieder da, sie ist hier, Loge 7, und sie wartet auf Baptiste.

NATHALIE Garance!

JERICHO Ja, wie die Blume! Loge 7, vergiß es nicht!

NATHALIE Baptiste!

KIND Ja, Mama!

NATHALIE Paß auf ...

FRÉDÉRICK Ja, es stimmt schon. Ich habe sehr oft ans Funambules denken müssen, und du, hast du die Zeit, die wir zusammen aufgetreten sind, in guter Erinnerung behalten?

BAPTISTE   Aber ja, Frédérick, in bester Erinnerung!

FRÉDÉRICK   Du nimmst mir also nichts mehr übel?

BAPTISTE   Ich? Was soll ich dir heute noch nachtragen?

FRÉDÉRICK   Garance!

BAPTISTE   Garance! Was vorbei ist, ist vorbei. Das ist jetzt alles so weit weg.

Eine Loge im Funambules

GARANCE   Herein!

KIND   Guten Tag, Madame! Ich soll Ihnen etwas bestellen. Ich soll Ihnen ausrichten, daß wir alle drei sehr glücklich sind: Papi, Mami und ich.

GARANCE   Hat dich dein Vater geschickt, mir das zu sagen?

KIND   Nein, meine Mami hat mich geschickt. Aber, ob Mami oder Papi, das ist doch egal. Und was Mama sagt, das stimmt.

GARANCE   Was hat sie denn gesagt?

KIND   Daß du sehr schön bist! Wenn ich groß bin, werde ich auch mal heiraten! Dann nehm' ich mir eine, die so aussieht wie du ... oder wie Mami! Wenn es das gibt.

GARANCE   Du bist ein netter kleiner Junge.

KIND   Sind Sie verheiratet?

GARANCE   Nein!

KIND   Und du hast keinen so kleinen Jungen?

GARANCE   Nein. Ich habe keinen kleinen Jungen.

KIND   Dann bist du ganz allein?

GARANCE   Ja, ich bin ganz allein.

Hinter der Bühne

FRÉDÉRICK   Und sie hat dich nie interessiert, diese Frau, die jeden Abend hierher kommt, nur um dich zu sehen? Bist du schon so sehr daran gewöhnt?

REGISSEUR   Du bist gleich dran, Baptiste!

FRÉDÉRICK   Hör zu, Baptiste, ich hätte es dir früher sagen sollen: Diese Frau ist Garance!
Sie ist zurückgekommen. Sie wird wieder abreisen. Naja, und sie möchte dich sehen.

Auf der Bühne

NATHALIE   Was hast du, Baptiste?
ZUSCHAUER   Baptiste! Baptiste! Baptiste! Baptiste! ...

Im Haus des Grafen

LACENAIRE   Guten Tag, mein Engel!
GARANCE   Pierre-François!
LACENAIRE   Wie bitte? Ah ja, Pierre-François! Verzeihen Sie mir,
   Garance, aber ich habe so viele Namen, daß ich sie selber alle nicht
   mehr weiß. Übrigens eine überflüssige Vorsicht, Ihre Polizei ist mi-
   serabel. Im Gegensatz zu meiner. Ich erfahre alles, was ich will,
   zum Beispiel, wann Sie zurückgekommen sind, zum Beispiel, wo
   Sie gelebt haben, mein Engel, und mit wem Sie gelebt haben.
GARANCE   Man kann Ihnen eben nichts verbergen.
LACENAIRE   Ich weiß auch, daß man meinen Engel in einen Käfig
   gesperrt hat, in den schönsten Käfig von Paris. Aber ich werfe deshalb keinen Stein auf Sie. Ich habe die letzte Zeit im Gefängnis
   verbracht, und noch dazu in der Provinz. Was, nicht der Anflug

eines Lächelns? Es gab Zeiten, da konnte ich Sie noch amüsieren. Haben Sie Ihre Fröhlichkeit verloren, oder sind Sie unangenehm berührt, mich wiederzusehen?

GARANCE Nein. Ganz im Gegenteil, es macht mir Spaß. Ja, es erinnert mich ...

LACENAIRE An eine ganze Epoche!

GARANCE Ja, an leichtlebige Jahre, an glückliche Tage, ein Leben voll Freude.

LACENAIRE Vorsicht, mein Engel, man blickt nicht zurück. Man wendet sich nach der Vergangenheit zurück, und schon springt sie einen an, wie ein tollwütiger Hund!

GARANCE Immerhin hatte ich Gelegenheit, glücklich zu sein, trotz allem.

LACENAIRE Damals!

GARANCE Sagen Sie keine Dummheiten. Damals und jetzt ist dasselbe. Was hat die Zeit mit dem Glück zu tun?

LACENAIRE Tatsächlich? Und dieser Mann in Weiß, Ihr Freund aus dem Funambules, glauben Sie, daß der auch glücklich ist? Wenn ich mir überlege, daß ich nahe daran war, diesen Gaukler aus dem Funambules umzubringen, was für ein Unsinn! Genauso könnte man auf einen Luftzug schießen, auf einen Mondenstrahl. Und der andere, tja, Frédérick, stellen Sie sich vor, mein Engel, an den habe ich auch gedacht. Ich bin sogar zu ihm gegangen unter einem amüsanten Vorwand.

GARANCE Darf man ihn wissen?

LACENAIRE Aber natürlich! Ich habe mir gedacht: »Ich kenne ihn nicht, ich bitte ihn um Geld, er wird mir nichts geben und ...«

GARANCE Und er hat es Ihnen gegeben?

LACENAIRE Ja, sogar einen großen Betrag. Er hat mich verblüfft.

GARANCE Sie sehen – es gibt immer noch selbstlose Leute.

LACENAIRE Leute! Schauspieler sind keine Leute, sie sind alles und niemand auf einmal.

Leute! Leute von Welt, das sind Leute! Graf Edouard de Montray zum Beispiel, einer der brillantesten und reichsten Leute Frankreichs.

GARANCE Sie haben sich verändert, Pierre-François!

LACENAIRE Ich?

GARANCE Aber ja. Früher haben Sie doch immer nur von sich gesprochen. Erzählen Sie mir lieber, was aus Ihnen geworden ist.

LACENAIRE Ich bin ein berühmter Mann geworden. Ja, mir sind ein paar Missetaten geglückt, durch die der Name Lacenaire bei den Richtern einen guten Klang bekommen hat. Lacenaire, den die

Polizei in der Provinz sucht, während er doch hier ist: bei seinem Schutzengel in seinem guten alten Paris.

GARANCE Das ist eben der Ruhm, Pierre-François.

LACENAIRE Ja, das ist ein Anfang. Aber wenn ich nachdenke, wäre mir ein literarischer Erfolg doch lieber gewesen.

GARANCE Sie sind aber auch nie zufrieden, Pierre-François!

LACENAIRE Man sagt, der Graf de Montray interessiere sich sehr für die Künste, er sei ein großzügiger Mäzen. Es würde mich freuen, ihn kennenzulernen.

GARANCE Glauben Sie, das wäre nützlich?

LACENAIRE Beruhigen Sie sich. Ich werde ihn um nichts bitten, aber ich möchte den Mann kennenlernen, der die kühle Hand des Reichtums auf die weißen Schultern meines Engels gelegt hat.

GARANCE Beruhigen Sie sich. Man hat mich ohne Bedingungen gekauft.
Ich bin noch frei!

LACENAIRE Vielleicht, aber das ist es ja, was mich ärgert. Sie können sich nicht vorstellen, wie quälend es für mich ist, Sie wiedergefunden zu haben, Sie so unverändert wiedergefunden zu haben.
Ich hätte Sie viel lieber wiedergesehen zugrunde gerichtet, verdorben, geknechtet, enttäuscht, verdummt vom Geld! Dann hätte ich wenigstens weiterleben können mit meinem ruhigen, kleinen Gewissen und mit meiner hübschen Meinung, die ich habe von den Leuten!

GARANCE Mein armer Pierre-François!

LACENAIRE Sie halten mich für ein Ungeheuer, nicht wahr?

GARANCE Vielleicht, aber Sie sind nicht das einzige.

LACENAIRE Leider!

GRAF Monsieur!

LACENAIRE Edouard de Montray, wenn ich nicht irre?

GRAF Das bin ich!

LACENAIRE Ich habe darauf gebrannt, Sie kennenzulernen, Monsieur! Nun ist es geschehen, Sie sehen: Ich bin entzückt.

GRAF Amüsant! Ja, amüsant und unerwartet. Darf ich fragen, mit wem ich die Ehre habe?

LACENAIRE Oh, mit niemandem, Monsieur, mit niemandem. Es ist so unwichtig.

GRAF Ich hoffe, es wird Sie nicht überraschen, wenn ich mir die Bemerkung erlaube, daß mir Ihr Benehmen auf das äußerste mißfällt. Was machen Sie hier, Monsieur, und wer sind Sie?

LACENAIRE Finden Sie nicht, daß es töricht ist, die Leute zu fragen, wer sie sind?

GRAF   Wie bitte?

LACENAIRE   Deshalb antworten sie ja auch alle an der Frage vorbei. Ja, ja, sie machen es sich leicht: Name, Vorname, Titel. Aber das, was sie wirklich sind, ich meine wirklich, auf dem Grunde ihrer selbst, das verschweigen sie, das verstecken sie.

GRAF   Ich nehme an, Sie sprechen von sich?

LACENAIRE   Nein, ich spreche von allen, also auch von Ihnen. Ich finde Ihr Benehmen tatsächlich äußerst indiskret. Sie kennen mich nicht, und Sie erlauben sich trotzdem, mich zu fragen, wer ich bin. Das ist unglaublich!

GRAF   Hören Sie auf, Monsieur. Sagen Sie mir lieber, wo zwei meiner Freunde Sie morgen ...

LACENAIRE   Unnötig! Ich bin kein Mann, mit dem man sich duelliert. Absolut nicht!

GRAF   Es wird immer besser, das erklärt die Situation.

LACENAIRE   Oder ich behalte mir, wie immer, die Wahl der Waffen vor. Ja, ich wähle immer eine, eine einzige, und die behalte ich für mich und bei mir. Ich töte nur, wenn ich ganz sicher bin und wenn es mir Spaß macht.

GRAF Aber natürlich, das ist ohne Risiko.

LACENAIRE Jedem seine Methode.

GRAF Gewiß! Ich glaube, daß wir uns unter diesen Umständen nichts mehr zu sagen haben.

Valentin!

LACENAIRE Ich mache Sie darauf aufmerksam, ich bin nicht der Mann, der sich hinauswerfen läßt, und es wäre mir sehr unangenehm, wenn ich einen Domestiken töten müßte.

GRAF Machen Sie sich keine Gedanken! Valentin ist ein alter Diener, an dem ich sehr hänge.

Valentin, begleiten Sie den Herrn hinaus!

Garances Boudoir

GRAF Guten Abend, Garance!

GARANCE Guten Abend, mon ami!

GRAF Es ist eigenartig, Garance, wenn ich nicht da bin, singen Sie. Kaum betrete ich das Zimmer, schweigen Sie.

GARANCE Sie lieben nun mal schwere Musik, mon ami.

GRAF Was soll man tun. Wir haben nun mal nicht denselben Geschmack. Darf ich Sie fragen, wo Sie diesen Abend verbracht haben, Garance?

GARANCE Im Funambules, mon ami.

GRAF Schon wieder.

GARANCE Und Sie, Edouard, ich bin sicher, Sie haben schon wieder bei diesen entsetzlichen Kämpfen zugesehen.

GRAF Entsetzlich ist ein großes Wort. Drei Doggen, denen man einen räudigen Bären vorgeworfen hat, das war kein Sport, das war ein Schlachtfest. Das war ein unerfreulicher Abend.

Gedenken Sie, noch oft ins Funambules zu gehen?

GARANCE Nein, mon ami, das ist vorbei, ich gehe nicht mehr hin.

GRAF Oh, ich bin entzückt.

GRANCE Sie sollten über das Funambules nicht so schlecht sprechen. Vergessen Sie nicht, daß wir uns dort begegnet sind.

GRAF Zweifellos ist das der Grund, daß Sie seit unserer Rückkehr jeden Abend dorthin wallfahren.

GARANCE Nein, mon ami!

GRAF Es hätte mich auch sehr gewundert. Darf ich Sie fragen, Garance, wie der Mann heißt, der vorhin bei Ihnen war, und haben Sie mit ihm den Abend im Funambules verbracht?

GARANCE Dieser Mann? Ach, ja, den meinen Sie. Ich kenne ihn von früher. Er wollte mir nur guten Tag sagen.

GRAF Er ist eine merkwürdige Erscheinung, gelinde gesagt. Wer ist er? Was macht er?

GARANCE Er schreibt, und um Ihnen nichts zu verschweigen, damals, als ich ihn kannte, hat er auch ein bißchen gestohlen ... Ich glaube, er hat auch ein bißchen gemordet.

GRAF Ich wage zu hoffen, Garance, daß zwischen Ihnen und diesem Individuum damals nichts gewesen ist. Sie wissen ja, daß ich Ihnen absolut vertraue.

GARANCE Das ist nicht unbedingt Ihr Verdienst, bis jetzt hatte ich noch nicht die geringste Gelegenheit, Sie zu belügen.

GRAF Das ist wahr. Aber trotzdem, wäre ich Ihnen sehr verpflichtet, wenn Sie derartige Leute so wenig wie möglich wiedersehen würden.
Schauspieler mögen ja noch angehen, aber Dieb und Mörder ist ein bißchen schockierend, finden Sie nicht?

GARANCE Erinnern Sie sich noch an den Schotten, den Sie voriges Jahr zum Duell gefordert haben?

GRAF Ja, ich erinnere mich genau. Warum?

GARANCE Dieser junge Mann war ein viel schlechterer Schütze als Sie, nicht wahr?

GRAF Natürlich, das war ja stadtbekannt.

GARANCE Trotzdem haben Sie ihn getötet.

GRAF Gefühle, Garance, in einem Ehrenhandel!

GARANCE Das alles nur, weil ich ihn angelächelt habe.

GRAF Ja, und zwar in der Öffentlichkeit und wiederholt.

GARANCE Aber ich hatte Ihnen doch gesagt, daß ich an einen anderen gedacht habe, als ich ihm zulächelte.

GRAF Garance, verstehen Sie mich! Ich möchte so sehnlichst, daß Sie mich lieben.

GARANCE Um Ihretwillen.

GRAF Ich bitte Sie, Garance, warum quälen Sie mich. Sie wissen, wozu ich für Sie fähig bin, Ihretwegen fähig bin.

GARANCE Meinetwegen!

GRAF Ich liebe Sie, Garance, wie kein anderer Mann ...

GARANCE ... Sie jemals lieben können wird. Worüber beklagen Sie sich also?

GRAF Ich möchte, daß Sie mich lieben!

GARANCE Aber ich liebe Sie ja, mon ami. Sie sind anziehend, Sie sind reich, Sie haben sehr viel Esprit, Ihre Freunde bewundern Sie, die anderen fürchten Sie, Sie sind ein Frauentyp.
Kurz, alle Welt liebt Sie. Ich müßte schon sehr kompliziert sein, wenn ich nicht zu Ihnen so sein würde wie alle Welt.

GRAF Schweigen Sie, Garance, Sie wissen genau, was ich begehre, was ich wünsche.

GARANCE Sie sind erstaunlich, Edouard. Sie sind nicht nur reich, Sie verlangen auch noch, daß man Sie liebt, als ob Sie arm wären. Und den Armen? Ganz ernsthaft, mon ami, denen soll man doch nicht alles nehmen.

GRAF Garance, versuchen Sie, mich zu verstehen!

GARANCE Ich verstehe Sie, Edouard, ich habe alles getan, und ich werde alles tun, um Ihnen gefällig zu sein. Aber verlangen Sie nichts Unmögliches. Trotzdem, wenn Sie es möchten, wenn es Ihnen Freude macht, dann wird morgen ganz Paris wissen, daß ich Sie nicht nur liebe, daß ich auf Sie versessen bin, ja, daß ich auf Sie versessen bin.
Ich werde es jedem sagen. Ich werde es von den Dächern rufen. Aber Ihnen, Ihnen allein, mon ami, Ihnen werde ich das sagen: Ich habe einen Mann geliebt, und ich liebe ihn noch. Ich bin nach Paris gekommen, um ihn wiederzusehen. Er hat mir sagen lassen, er habe mich vergessen, und jetzt habe ich nur noch einen Gedanken, abzureisen, fortzugehen.

»Grand Relais«, im ehemaligen Zimmer von Garance

BAPTISTE   Herein!

HERMINE   Da ist Ihr Abendbrot, Monsieur Baptiste!

BAPTISTE   Danke, Madame Hermine, ich habe keinen großen Hunger.

HERMINE   Sie sind wirklich unvernünftig.

BAPTISTE   Ja, das stimmt, ich bin unvernünftig.

HERMINE   Sich so abzusondern, sich einzuschließen, fast wie ein Mönch.

BAPTISTE   O nein! Mönche beten, ich schlafe, ich träume.

HERMINE   Und inzwischen sucht Sie alle Welt.

BAPTISTE   Alle Welt ist zuviel gesagt.

HERMINE   Aber überlegen Sie sich doch: Das Funambules ist geschlossen, und Ihre Frau, Ihr kleiner Junge, Ihr Vater, das ganze Ensemble, das ist doch nicht möglich, daß Sie sie alle auf einen Schlag vergessen haben.

BAPTISTE   Nein, aber ich konnte nicht mehr so weiterleben. Wie ein Idiot in einer Anstalt. Sie alle, sie alle starren einen an und flüstern: »Aber was hat er auf einmal? Ist er krank?«
Ich habe sogar zum Doktor gehen müssen, damit sie zufrieden waren.

HERMINE   Und was hat er gesagt?

BAPTISTE   O, daß ich völlig gesund bin. Der Blutdruck wäre ein bißchen zu niedrig, ich wäre ein bißchen überarbeitet. »Sie brauchen nicht einmal Mittel. Aber einen guten Rat gebe ich Ihnen: Sehen Sie sich diesen Baptiste an, das bringt Sie auf andere Gedanken.«
Wenn ich nun aber keine anderen Gedanken haben will. Was für ein Tag ist heute?

HERMINE   Donnerstag.

BAPTISTE   Donnerstag!?

HERMINE   O, heute ist im Grand Théâtre die Premiere von *Othello* mit Monsieur Frédérick. Da sollten Sie hingehen, das bringt Sie auf andere Gedanken. Oh, Pardon!

BAPTISTE   Man könnte aus *Othello* eine hübsche Pantomime machen. Ein Mann tötet seine Liebe, der Ärmste geht daran zugrunde. Eine sinnlose, triste Geschichte, wie so viele andere, wie meine, wie Ihre, Madame Hermine ... Ihr Dasein ist so leer wie Ihre leeren Zimmer, und Ihr Herz ist genauso leer!

HERMINE   Monsieur Baptiste!

BAPTISTE   Ach, es ist alles so absurd und trist. Wie ich! Der ich vor Jahren hier stand, vor diesem Bett, in diesem Zimmer. Und sie, sie war auch hier, lächelnd, glücklich, sie war schön in der Kühle der Nacht, und sie sagte: »Liebe ist doch so einfach.« Ich habe nicht auf sie gehört. Ich habe sie nicht in meine Arme genommen. Nein, ich habe Bedingungen gestellt: »Lieben Sie mich so, wie ich Sie liebe!« Und ich habe die Tür zugeschlagen, diese Tür zwischen mir und meiner Liebe.
Was wollen Sie noch? Wenn ich schon Selbstgespräche führe, dann nicht mit Ihnen.

HERMINE   Oh, Monsieur Baptiste!

BAPTISTE   Verzeihen Sie, Madame Hermine. Ich wollte nicht unhöflich sein. Es stimmt schon, Sie haben mir geholfen, Sie waren immer sehr diskret.

HERMINE   Das ist doch selbstverständlich.

BAPTISTE   Ich kann nicht mehr, ich kann nicht mehr hier bleiben, allein.
Ich muß raus, ich muß laufen.

Vor der Pension

NATHALIE Madame Hermine, hat er gegessen?

HERMINE Er wird essen.

NATHALIE Das ist sehr gut. Ich bin Ihnen dankbar, daß Sie mich benachrichtigt haben, ich war sehr in Sorge.

HERMINE Aber ich bitte Sie. Unter Frauen ist das doch selbstverständlich.

NATHALIE Er braucht die Einsamkeit. Man muß ihn in Ruhe lassen, verstehen Sie, er ist nicht wie die anderen.

HERMINE Selbstverständlich.

NATHALIE Sie wissen ja bestimmt, wie das mit Schlafwandlern ist. Wenn man sie ruft, stürzen sie vom Dach. Baptiste ist ähnlich. Man darf ihn nicht rufen, man muß ihn lassen, man muß warten, bis er sich beruhigt hat, bis er aufwacht. Wenn er aufgewacht ist, kommt er zurück.

Im Grand Théâtre

OTHELLO »Verschaff' mir Gift, Jago, diese Nacht! Ich will sie nicht mehr zur Rede stellen, damit ihre Gestalt und Schönheit meinen Zorn nicht wieder entfesselt.

JAGO Tut es nicht mit Gift. Erdross* sie in ihrem Bett. Im selben Bett, das sie entehrt hat.

OTHELLO Mag sie verfaulen und verderben und zur Hölle fahren zur Nacht. Denn sie soll nicht leben. Nein, mein Herz ist zu Stein geworden. Ich ...«

GRAF Dieses sinnlose Ungestüm, diese Maßlosigkeit, ich schätze diesen Monsieur Shakespeare nicht. Heutzutage geht man nicht wegen eines Stücks ins Theater, sondern um die Schauspieler zu sehen.

GARANCE Vergessen Sie nicht, mon ami, Sie haben darauf bestanden.

GRAF Ich hatte meine Gründe.

OTHELLO »Ich sage nur, was sie ist. Wie schade, oh, Jago, wie schade!«

GRAF Herein! Sie erlauben, Garance?

GARANCE Aber natürlich.

GRAF »Desdemona ist heute abend gekommen. Othello ist nicht mehr eifersüchtig. Othello ist geheilt. Danke.«
Was hab' ich gesagt.

GARANCE Nein, nein, mon ami, Sie täuschen sich.

GRAF Aber natürlich, Garance, wenn sich einer täuscht, bin ich es, und Sie können ja nichts dafür. Und Othello kann es auch nicht. Aber bitte, Garance, sagen Sie mir die Wahrheit, ist er es?

GARANCE Aber nein, mon ami, er ist es nicht.

OTHELLO »Das Tuch, das ich so wert hielt und dir schenkte, du gabst es Cassio.

DESDEMONA Nein, bei Seel' und Leben! Ruf ihn herbei und frag ihn.

OTHELLO Behüte dich, behüte dich, behüte dich vor Meineid! Du liegst auf deinem Sterbebett.«

GRAF Sterben ist schnell gesagt. Aber schneller noch getan.

GARANCE Warum lachen Sie, mon ami?

GRAF Ich mußte gerade daran denken, daß, wenn wir uns morgen früh schlagen, dieser Schauspieler morgen abend nicht mehr vom Tod sprechen kann.

GARANCE Sie sind verrückt, Edouard!

GRAF Aber was macht es denn schon, wenn er es nicht ist, den Sie lieben.

DESDEMONA »Töte mich morgen. Laß mich heute noch leben!

OTHELLO Nein, kein Sträuben!

DESDEMONA Nur ein Stündchen ...

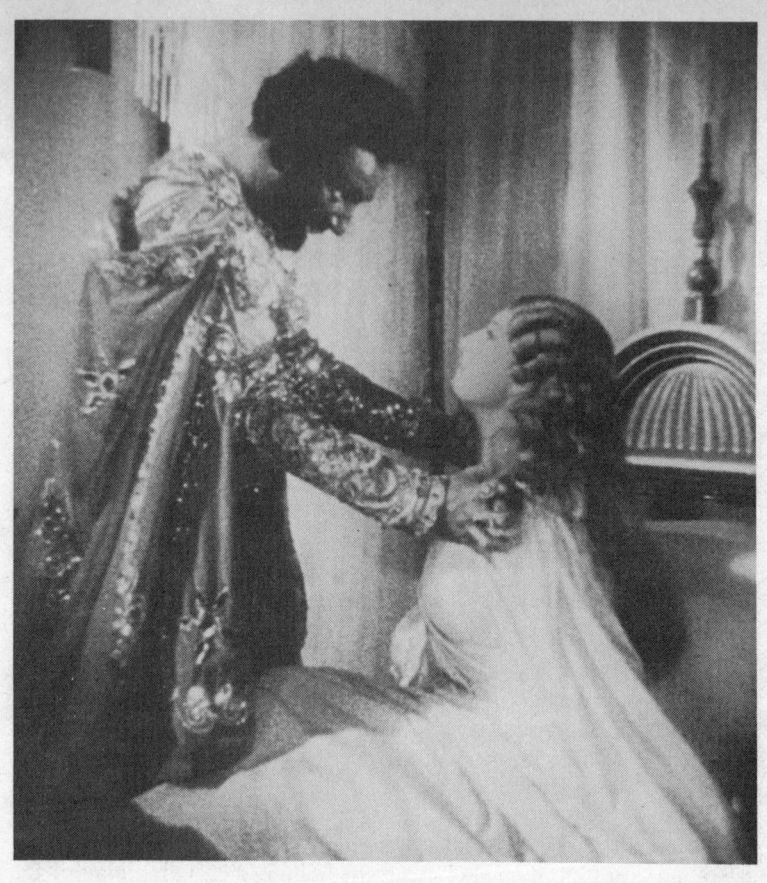

OTHELLO Ist's getan, braucht's kein Zögern!
DESDEMONA Nur bis ich noch gebetet ...
OTHELLO Es ist zu spät!«

Im Foyer des Grand Théâtre

ALTER HERR Ich bitte Sie, das ist nicht der Ausgang!
DANDY Wir gehen auch gar nicht hinaus. Wir gehen ins Foyer.
GRAF Machen Sie sich keine Mühe, Garance, ich möchte diesen ›äu-
ßerst bemerkenswerten‹ Schauspieler beglückwünschen.

110

GARANCE   Wenn Sie das tun, Edouard, werden Sie mich nie wiedersehen.

GRAF   Und er sieht Sie auch nicht wieder!

GARANCE   Baptiste!

BAPTISTE   Kommen Sie!

GARANCE   Wohin?

BAPTISTE   Ich weiß es nicht. Irgendwohin!

GRAF   Tatsächlich, Monsieur, Sie haben die Rolle dieses bornierten und blutrünstigen Viehs mit außerordentlicher Natürlichkeit gespielt.

FRÉDÉRICK   Zu liebenswürdig, Monsieur. Aber ich hoffe vor allem, daß ich sie so gespielt habe, wie Shakespeare sie geschrieben hat: Das wäre das Natürlichste der Welt.

GRAF   Eine merkwürdige Figur, dieser Monsieur Shakespeare. Ich habe mir sagen lassen, er habe in der Literatur debütiert, als er beim Metzger noch an der Fleischbank stand.

FRÉDÉRICK   Und warum nicht?!

GRAF   Das würde immerhin den gewalttätigen, bestialischen Charakter seiner Dramen erklären und natürlich auch, weshalb er zu Lebzeiten bei Matrosen und Knechten solchen Erfolg hatte ...

FRÉDÉRICK   Und bei Königen!

GEORGES   Oh, jetzt verstehe ich, warum mir das Stück überhaupt nicht gefallen hat, mich eher schockiert hat. Ich werde morgen abend meinen Kutscher herschicken. Das Experiment sollte man wagen.

FRÉDÉRICK   Ich hoffe, Sie erlauben mir das Vergnügen, Ihnen eine Proszeniums-Loge für Ihre Pferde anzubieten. Das Experiment sollte man wagen!

Auf einem Balkon des Grand Théâtre

GARANCE   Und ich habe gedacht, Sie wollten mich nie wiedersehen.

BAPTISTE   Und ich habe befürchtet, ich hätte Sie für immer verloren.

GARANCE   Ich habe Sie nie vergessen. Selbst in meinen Träumen waren Sie immer da. Ihnen habe ich zu danken, daß ich nicht gealtert bin, daß ich nicht zerstört wurde, daß ich nicht zugrunde gegangen bin.
Mein Leben war leer, ich fühlte mich immer allein. Aber ich habe mir gesagt: »Du hast kein Recht traurig zu sein, im Gegenteil, sei glücklich, du bist einmal geliebt worden.«

BAPTISTE   Aber ich liebe Sie noch. Ich habe nie aufgehört. Und Sie,

111

Garance, lieben Sie mich? Nein. Antworten Sie mir nicht, ich verlange nichts. Sie sind da. Das ist das einzig Wichtige. Ja, Sie sind da, lebendig, ich halte Sie fest, wie das erste Mal. Nein, ich begehre nichts. Ich sehne mich nur nach der Wärme Ihres Körpers an meinem.

Dieser Mund, dieser Ihr Mund! Diese Augen, diese Ihre Augen!

Im Foyer

LACENAIRE   Mein Kompliment, Frédérick, Sie waren bemerkenswert.

FRÉDÉRICK   Messieurs, darf ich bekannt machen . . .

GRAF   Unnötig! Ich bin diesem Menschen schon einmal begegnet, und das war schon einmal zuviel.

FRÉDÉRICK   Das war aber sehr amüsant. Stellen Sie sich vor, diese Herren versuchen schon seit einer ganzen Weile, sich zu streiten. Sie machen das sehr vornehm, das gebe ich zu.

LACENAIRE   Es versucht eben jeder auf seine Art, sich die Zeit zu vertreiben.

FRÉDÉRICK   Ernsthaft, Messieurs, Sie haben unrecht, wenn Sie meinen Freund Pierre-François nicht schätzen. Ich kenne ihn zwar noch nicht lange, aber ich muß schon sagen, in seiner Art ist er bemerkenswert . . . er hat sehr viel Talent!

GRAF   Jedes Talent, zweifelsohne!

LACENAIRE   Man braucht von jedem etwas, um eine Welt zu bauen oder um sie zu zerstören.

GEORGES   Amüsant! Es ist zwar nur ein Bonmot, aber amüsant.

ANDERER   Sehr amüsant!

GRAF   Tatsächlich, Sie finden ihn amüsant?
Also, Messieurs, amüsieren wir uns! Übrigens, Messieurs, Sie riskieren nichts: Dieser Monsieur hält sich selbst für nicht satisfaktionsfähig.

LACENAIRE   Absolut nicht!

GRAF   Darf man wissen, mein Freund, wo Sie im Augenblick versuchen, Ihre Talente anzuwenden?

LACENAIRE   Da es Sie schon interessiert: Ich lege gerade letzte Hand an eine Geschichte, an eine ganz außergewöhnliche Geschichte, die Staub aufwirbeln wird.

GRAF   Sicher eine Tragödie?

LACENAIRE   Nein, ein Lustspiel, eine Farce. Oder eine Tragödie, wenn Sie unbedingt wollen. Es ist alles dasselbe. Es macht keinen

Unterschied, oder so gut wie keinen. Zum Beispiel: Wenn ein König betrogen wird, dann ist das eine Tragödie, ein Drama der Reue. Dann ist es ja nicht seine Frau, die ihn betrügt.

FRÉDÉRICK Sondern sein Schicksal!

LACENAIRE Ja, sein Schicksal. Aber wenn es sich um einen armen Teufel handelt, so wie Sie oder mich, Monsieur de Montray, und wenn ich von mir spreche, dann ist das nur ein Bonmot, dann ist das keine Tragödie mehr, dann ist das eine Posse, die erbärmliche Geschichte eines Hahnrei.

FRÉDÉRICK Obwohl es natürlich dieselben Hörner sind – unter dem Hut des Armen wie unter der Krone des Königs. Das morsche Holz der Liebe, das auf dem Kopf all derer verfault, die nicht geliebt werden.

LACENAIRE Das sind immer dieselben Hörner, dieselben Geschichten, dieselben Tränen. In meinem Stück spielt die Gattung keine

Rolle, das Wichtigste ist, daß es amüsant ist und daß der Autor als erster darüber lacht.

GEORGES   Wenn man das spielt!

LACENAIRE   Seien Sie gewiß, Monsieur, man wird es spielen. Es wird bereits gespielt. Falls Sie eine Rolle haben möchten ...

GEORGES   Sehr drollig!

LACENAIRE   Ja, das ist sehr drollig! Aber ich warne Sie, es wird darin gemordet, und ich mache Sie darauf aufmerksam, wenn der Vorhang gefallen ist, wird keiner der Ermordeten wieder aufstehen, um sich zu verbeugen.

GRAF   Dieser Mensch ist bis zum Überdruß langweilig. Ich halte es für das Beste, wir werfen ihn hinaus.

DIE ZWEI FREUNDE   Glänzende Idee!

LACENAIRE   Sie machen einen Fehler, wenn Sie versuchen, mich zu beleidigen. Außerdem könnten Sie es gar nicht. Ich spiele in diesem Lustspiel nicht mit, im Gegensatz zu Ihnen.
Bitte, der Beweis!

FRÉDÉRICK   Was Sie da eben gemacht haben ...

GRAF   ... geht Sie nichts an!

LACENAIRE   Messieurs, ich habe einen Augenblick seltenen Genusses gehabt.
Ihr Pech, Edouard de Montray, ich hatte Sie gewarnt, ich bin nicht der Mann, den man ungestraft hinauswirft.

GRAF   Ich bedaure, Ihnen wiederholen zu müssen, daß der Vorgang von eben Sie nichts angeht.

FRÉDÉRICK   Was wollen Sie denn? Wenn die Frauen schon keinem gehören, dann gehört wenigstens einem die Eifersucht.

Auf dem Balkon

GARANCE   Sie werden sich schlagen!

BAPTISTE   Unsretwegen?

GARANCE   Nein, meinetwegen. Aber sie schlagen sich nicht vor morgen früh.

BAPTISTE   Also?

GARANCE   Also haben wir noch die ganze Nacht vor uns, mit uns, ja, für uns.

Im Foyer

GRAF   Wenn ich nicht zu Hause bin, bin ich im türkischen Bad. Ich hoffe sehr, dort das Vergnügen zu haben ...

115

FRÉDÉRICK ... Meine Freunde werden Sie aufsuchen. Glauben Sie mir, Monsieur, daß ich die Ehre, die Sie mir antun, zu schätzen weiß: einen Menschen in eine Welt zu befördern, die nicht die Ihre ist!

Vor dem Grand Théâtre

LACENAIRE   Avril, vor dir steht ein Mann, den man ohne viel Federlesens hinausgeworfen hat.

AVRIL   Oh, Monsieur Lacenaire!

LACENAIRE   Ich schwöre dir, ich bereue nichts. Wenn ich mir überlege, daß sich diese feinen Herren morgen früh wegen einer Frau die Gurgel durchschneiden werden, meinetwegen, tatsächlich, das tröstet mich!

AVRIL   Monsieur Lacenaire, sollen wir da wieder Zeugen spielen?

LACENAIRE   Nein, diesmal bezweifle ich, daß man uns nimmt.

AVRIL   Das ist aber schade, Duelle machen mir immer Spaß.

LACENAIRE   Vielleicht läßt sich das noch arrangieren. Wenn es auch nicht direkt ein Duell sein wird, so hast du doch alle Chancen, bei

etwas anderem zu sekundieren. Immerhin bin ich bei diesem Ehrenhändel, ich, Lacenaire, der Beleidigte. Jawohl, der Beleidigte, der Gedemütigte, der Beschimpfte, dann hat man mich auch noch auf die infamste Weise vor die Tür gesetzt.

»Grand Relais«, im ehemaligen Zimmer von Garance

GARANCE   Wie schön das Mondlicht ist! Sehen Sie nur, Baptiste, es leuchtet für uns wie am ersten Abend. Und wie am ersten Abend ist das Fenster weit auf. Es ist wunderbar. Es ist alles noch so wie es war. Nichts hat sich geändert. Der Tisch steht immer noch an derselben Stelle. Das Bett, in dem ich schlief.

BAPTISTE   Sie, Garance, haben sich auch nicht verändert. In Ihrer Stimme ist immer noch dieselbe Süße, in Ihren Augen ist immer noch dasselbe Licht.

GARANCE   Ein kleiner Schimmer!

BAPTISTE   Ihr Herz schlägt unter meiner Hand.

GARANCE   Baptiste!

BAPTISTE   Sie hatten recht, Garance, die Liebe ist so einfach.

Im türkischen Bad

LACENAIRE Der Karneval, Avril, das Leben ist schön!

BEDIENSTETER Messieurs, möchten Sie ein Bad?

LACENAIRE Nein, wir möchten nur mit dem Grafen de Montray sprechen.

BEDIENSTETER Um die Zeit schläft er!

LACENAIRE Wir werden erwartet!

BEDIENSTETER Ach so, würden Sie mir bitte folgen!

GRAF Was gibt's?

BEDIENSTETER Zwei Herren möchten Sie sprechen, sie sagen, sie würden erwartet.

GRAF Zwei Herren? Das ist richtig. Bitten Sie sie herein.

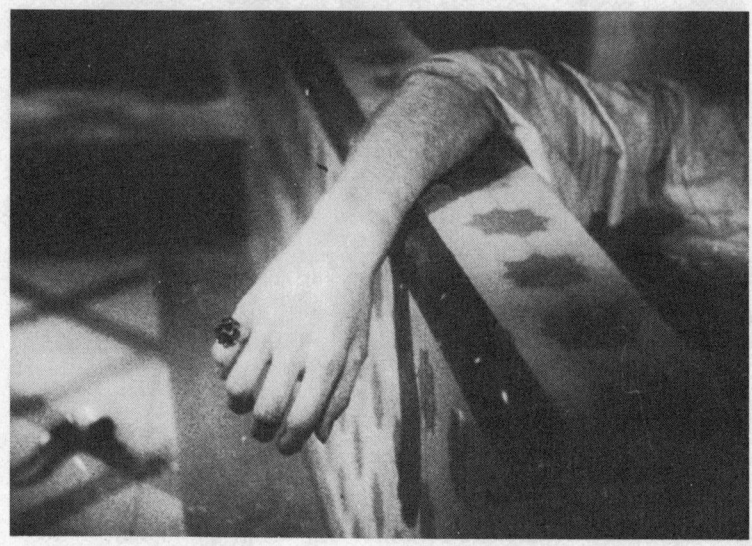

AVRIL Monsieur Lacenaire!

LACENAIRE Mein armer Avril! Das Stück ist aus. Du kannst gehen. Ich gebe dir sogar den guten Rat, geh für eine Weile aufs Land.

AVRIL Und Sie?

LACENAIRE Oh, ich! Ich werde natürlich bleiben. Ein Mann wie ich kann keinesfalls das Risiko eingehen, von einem Henker in der Provinz gerichtet zu werden. Und zwar keinesfalls!

»Grand Relais«, im ehemaligen Zimmer von Garance

GARANCE Es war eine wunderschöne Nacht. Aber jetzt muß ich gehen! Es wäre schrecklich, wenn Frédérick meinetwegen sterben müßte.

BAPTISTE Was hast du vor?

GARANCE Ich werde zu Edouard gehen, ich werde ihm sagen, daß ich eine Dummheit begangen habe. Ich werde ihn bitten, sich nicht mit ihm zu schlagen.

BAPTISTE Und er wird auf dich hören?

GARANCE Ja, wenn ich ihm sage, daß ich nur ihn liebe.

BAPTISTE Du kannst nicht lügen, er wird es dir nicht glauben!

GARANCE Ach, ob es wahr ist oder nicht, das ist ihm gar nicht so wichtig. Ich kenne ihn: Ihm genügt schon, wenn ich es ihm sage. Im Grunde ist es ihm egal, ob ich ihn liebe, wenn ich nur keinen anderen liebe. Das ist seine Liebe!

BAPTISTE Und wenn er verlangt, daß du mit ihm fortgehst?

GARANCE Werde ich mit ihm fortgehen. Aber vielleicht komme ich zurück. Ich werde eines Tages sowieso fortgehen.

BAPTISTE Aber warum?

GARANCE Das weißt du sehr gut. Du hast einen sehr netten kleinen Jungen.

BAPTISTE Ach, schweig!

GARANCE Und du liebst diesen kleinen Jungen. Und genauso liebst du deinen Beruf und Nathalie.

BAPTISTE Ich liebe dich, Garance, dich!

Vor der Pension

NATHALIE Warte auf mich und sei lieb!

KIND Bleibst du lange?

NATHALIE Nein, ich komme gleich wieder und hole dich.

KIND Was willst du machen?

NATHALIE Das kann ich dir nicht sagen, das soll eine Überraschung sein.

Im ehemaligen Zimmer von Garance

BAPTISTE Ich will nicht, daß du mich verläßt. Das wäre furchtbar für mich.

GARANCE Und für mich, ich hab' ja auch nur dich!

NATHALIE Verzeih mir, Baptiste, ich bin gekommen ... Ich habe ge-

119

dacht, du wärst allein, ganz allein. Und du weißt ja, heute ist ein Festtag, Karneval. Der Kleine hat sich so gefreut.

Also bin ich gekommen. Er geht als Husar. Es ist wirklich ein hübsches Kostüm.

Ich bitte euch, laßt mich nicht so da stehen. Das ist furchtbar. Antwortet mir, sagt etwas, ganz gleich was. Sagt mir, ich soll gehen. Lacht meinetwegen über mich, aber laßt mich nicht so stehen!

BAPTISTE Nathalie!

NATHALIE Ist das alles, was du mir zu sagen hast?

Nein!

GARANCE Ich muß wirklich gehen!

NATHALIE Schon wieder. Wie einfach das doch für Sie zu sein scheint.

GARANCE Was ist einfach?

NATHALIE Einfach fortzugehen und einfach wiederzukommen. Sie gehen, und man trauert Ihnen nach. Die Zeit arbeitet für Sie. Sie kommen zurück, geschönt, verklärt, verjüngt durch die Erinnerung. O ja, das muß sehr einfach sein, aber zu bleiben, mit einem Menschen zu leben, all die kleinen Sorgen des Alltags mit ihm zu teilen, das ist etwas anderes. Jawohl, das ist etwas, und dagegen kommen Sie nicht an. Sechs Jahre, begreifen Sie, sechs Jahre habe ich mit ihm zusammengelebt.

GARANCE Ich auch!

NATHALIE Sie auch?

GARANCE Ja, ich auch, überall, wo ich auch gewesen bin, Tag für Tag, selbst nachts, jede Nacht, die ich bei einem anderen verbracht habe, jede Nacht war ich bei ihm.

BAPTISTE Garance!

NATHALIE Laß sie weiterreden, ich will alles von euch wissen. Ich will wissen, ob etwas für mich bleibt, was ihr mir zum Leben übrigläßt. Ob Sie lügen oder nicht, was könnte mich das stören. Sie zählen nicht, Sie existieren nicht für mich.

Baptiste, hör mir zu, antworte mir, hab keine Angst, mir weh zu tun. Was wäre das schon, alle Leute auf der Welt leiden. Aber ich will es wissen. Ich will, daß du mir sofort, ohne zu zögern, antwortest! Sieh mich an!

Hast du immer an sie gedacht, während du mit mir zusammengelebt hast? Du wagst nicht, mir zu antworten.

Aber du sagst ja so vieles, indem du schweigst. Dein Schweigen ist so beredt.

BAPTISTE Garance!

NATHALIE Antworte mir, Baptiste, warst du immer bei ihr, hast du

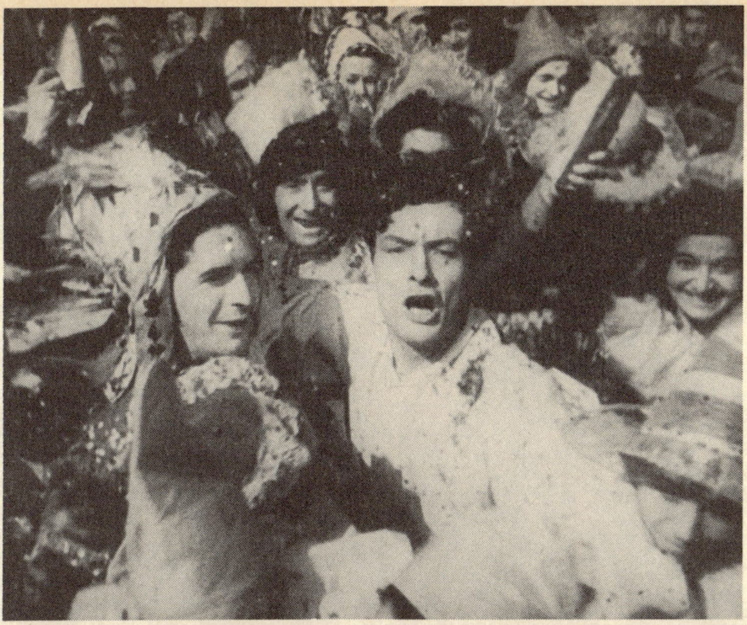

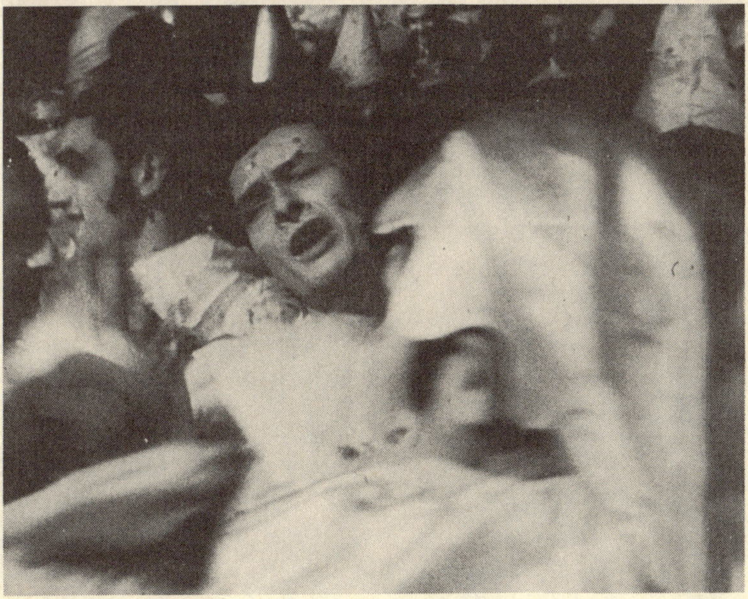

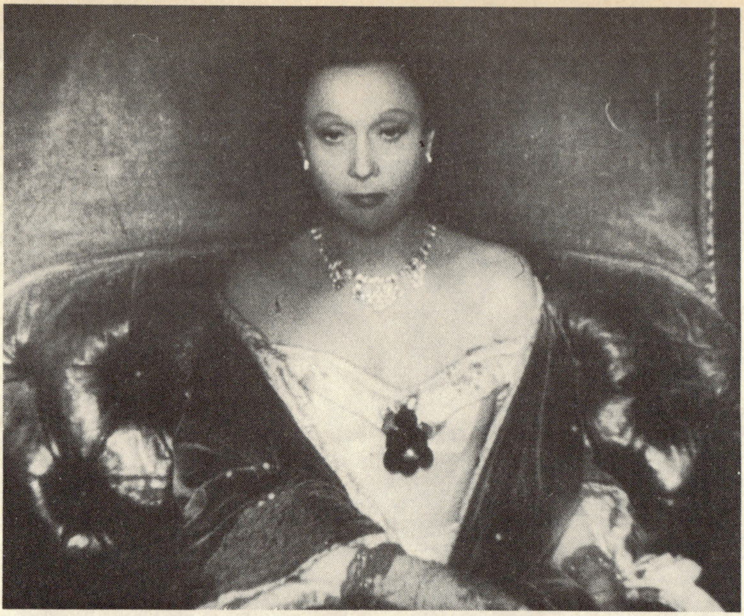

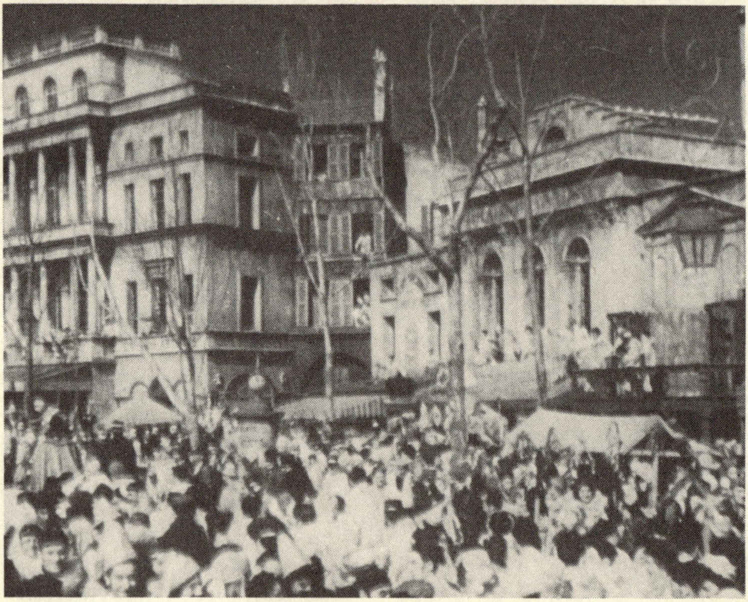

immer an sie gedacht, sogar in der Nacht? Antworte mir, sogar in der Nacht?

BAPTISTE Garance!

NATHALIE Garance! Und ich, Baptiste, und ich?

BAPTISTE Garance. Garance! . . .

Auf dem Boulevard du Temple

JERICHO Garance! Ah, ah, ah, mach keine Geschichten, Baptiste. Geh nach Hause!

BAPTISTE Laß mich!

JERICHO Du solltest dich schämen!

So wahr ich der Schlaf-Allein bin, der Jungfräuliche, der Schamhafte, weil ich so eine große Vorliebe für die guten Sitten habe.

BAPTISTE Laß mich los, du ekelst mich an.

JERICHO Ah, ah, ah . . .

BAPTISTE Garance!

Laßt mich!

Vorhang

III Skizzen und Profile aus einer Epoche des Theaters

Der *Boulevard du Crime*: Geschichte der Spektakel und Spektakel der Geschichte

»Sie können mich doch nicht so mir nichts dir nichts allein lassen auf dem *Boulevard du Crime*«: Mit diesen Worten versucht der Bühnen- und Lebenskomödiant Frédérick – eines der großen Kinder des Olymp – die schöne Garance davon abzuhalten, zu ihrem Rendez-vous abzuschwirren, nachdem sie nicht gleich in den Fallstricken seines Verführercharmes hängenblieb.

Frédéricks Worte sind ein letzter Theaterscherz, denn diese Straße mit dem gefährlich klingenden Namen *Boulevard des Verbrechens* verdankt ihre Bezeichnung der Unzahl von Leichen, die – theatralisch entseelt – auf den vielen diesen Boulevard säumenden Bühnen zu beklagen waren. Der geistreiche Ursprung dieser Taufe liegt möglicherweise in einer Statistik des *Almanach des Spectacles* aus dem Jahre

(Eau-forte de Martial.)

Der *Boulevard du Temple* um 1630

125

Der *Boulevard du Temple* um 1830

1823 vergraben, wo ein Bühnenkriminologe die Theaterverbrechen der letzten zwanzig Jahre sorgfältig aufgelistet hat:

> Tautin wurde 16302mal erdolcht, Marty ist 11000mal verschiedenen Giften zum Opfer gefallen, Fresnoy wurde 27000mal durch Varianten des Mordens ausgelöscht, Fräulein Adèle Dupuis hat 75000mal die Qual von Unschuld, Verführung, Entführung oder Ertränken durchlitten, 6400 schwere Angriffe erfuhr die Tugend von Fräulein Levesque, und Fräulein Olivier, die eben erst ihre Karriere begonnen hat, mußte bereits 16000mal den Becher des Verbrechens und der Rache leeren. Das sind genau 151702 Verbrechen, die sich auf sechs Personen verteilen. Freilich erfreuen sie sich insgesamt der besten Gesundheit und des allgemeinen Wohlwollens[1].

Mit bürgerlichem Namen hieß diese Straße, die in den *Kindern des Olymp* als romantischer Kinoschauplatz wiederaufersteht, *Boulevard du Temple*. In der ersten Hälfte des vergangenen Jahrhunderts pflegten seine Theater das ganze Spektrum populärer Vergnügungen, Schauspiel, Farce, Melodram, Pantomime, Zirkus, Varieté, denen wir noch heute im Begriff des *Boulevardtheaters* begegnen. Die Straße selbst war eine langgestreckte Schaubude: Die ersten Szenen

126

des Films halten auch noch die einfachen, jahrhundertealten Spielarten der Jahrmarktbelustigungen fest: Seiltänzer, Tierdressuren, Kraftartisten, Schaustellereien von Monstern oder Frauen: Die Bude, worin Garance allen, »die nicht auf ihren Augen sitzen«, die unsichtbare Wahrheit ihres Geschlechts vorführt, erscheint heute wie eine kirchenfromme Vorahnung unserer Peep-Shows. Diese Straßenspektakel gab es tatsächlich einmal auf dem *Boulevard du Temple* zu sehen, in der versunkenen Epoche, da sich noch nicht die Technik in den Dienst der visuellen Lüste gestellt hatte. Ein Blick auf den Stadtplan von Paris gibt nur noch eine beschränkte Anschauung von der Lage dieser Allee, die sich in den Bogen der nördlichen Pariser Boulevards einfügt, der sich von der Place de la Bastille bis zur Madelaine erstreckt. Der Boulevard Beaumarchais geht über in den Boulevard des Filles-du-Calvaire; an ihn schließt sich der *Boulevard du Temple* an, der in die Place de la République mündet, von wo aus der Boulevard St. Martin weiterführt. Doch in der großen Epoche des Theaterboulevards gab es die Place de la République und die Straße gleichen Namens noch nicht. Die Baumaßnahme, die hier 1862 eine ganze Reihe von Theatern und Cafés in Schutt legte, schloß auch die große Epoche des Pariser Volkstheaters, die ihren Standort über diese Linie geführt hatte. Unter der Place de la République liegt also die Archäologie von rund zweihundert Jahren Pariser Geschichte vergraben – Militärgeschichte, Revolutionsgeschichte, Stadt- und Kulturgeschichte. Die Bewegungen und der Lärm dieser Zeiten schwingen auch in dem artifiziellen Leben unseres Films noch nach.

Die Boulevards in Paris waren – wie ihr verballhornter Name »Bollwerk« noch zu sagen versucht – ursprünglich Befestigungsanlagen. Der Fortschritt der Militärtechnik machte solche Anlagen obsolet. Sozusagen dem Gelächter der modernen Kanonen verdankten diese Straßen ihre großzügige Anlage: Erst wurden sie planiert, dann bepflanzt und gepflastert. Anfang des 18. Jahrhunderts wurden die Boulevards dann zur Stätte eines neuartigen Vergnügens der mondänen Städter: Wer sich für *angesehen* hielt – und das sind schon immer die Glücklichen, die sich leisten können, das Leben als Schauspiel aufzufassen –, der promenierte auf den breiten Alleen, was freilich hieß: Er ließ sich in eleganten Kutschen *sehen*. Eine Chronistin, die Gesellschaftsschriftstellerin Mme de Genlis, hat das festgehalten:

> Seit den Tagen Ludwigs des XV. bis zur Revolution führte an schönen Sommertagen die abendliche Promenade in frischer Luft nach der Oper auf die Boulevards. In hocheleganten Wagen sah man die schönsten Frauen des Hofs und aus der Stadt in herrlichstem

Schmuck. Die Wagen bildeten zwei lange Reihen, während sie langsam vorbeizogen. Auf den Mittelstreifen, zwischen den Wagenreihen spazierten die vornehmsten jungen Leute und junge Blumenverkäufer, die in riesigen Körben die schönsten Blumen trugen[2].

Parade vor einem Theater des *Boulevard du Crime*. Auf diesem berühmten Stich erkennt man das Modell für die erste Szene vor den *Funambules* sowie das erste Kostüm von Baptiste

Spazierengehen, Promenieren, Flanieren sind ein moderner Zeitvertreib, und die Boulevards, die Alleen, die Ausstellungsstraßen der Muße, der Eitelkeit und des Amüsements, brachten eine ganze kleinbürgerliche Vergnügungsindustrie zur Blüte: Fliegende Händler, Trödelkrämer, Verkäufer von Eis, Früchten, Kuchen, Getränken, die dann bald feste Etablissements gründeten: Cafés, Kneipen, Restaurants. Mit ihnen erschienen die Unterhaltungskünstler, Clowns, Seiltänzer, Musikanten, Tänzer und Sänger, und die Unternehmer unter diesem Spielmannsvolk wagten dann später die Errichtung von Buden oder gar den Einzug in feststehende Häuser. Als einen der ersten Konjunkturoptimisten solcher Louis-Quinze-Shows nennen die Chroniken Jean-Baptiste Nicolet, der mit seinen Marionettenvorführungen ein immer größeres Publikum begeisterte, bis er sich entschied, auf dem *Boulevard du Temple* ein eigenes Haus zu beziehen.

1764 wurde es unter dem Schild »C'est ici Nicolet« eröffnet. Umbauten und Umtaufen ließen an der gleichen Stelle 1792 das *Théâtre de la Gaîté* entstehen, das dann mehr als siebzig Jahre Bestand haben sollte. Auf dem gleichen Boulevard eröffnete bis zur Französischen Revolution noch 1769 Audinots *Théâtre de l'Ambigu Comique*; sein großes Ansehen verdankte es der Tatsache, daß der hochmelancholische König Ludwig XVI. bei einer Vorstellung gelächelt haben soll. Im Jahre 1774 kam das neugegründete *Théâtre des Associés* in Mode. Die Gründer und »Assoziierten« waren der zu Geld gekommene berühmte Grimassenschneider Vienne und sein Direktor Salé. Seit 1785 lockte noch das *Théâtre des Délassements comiques* mit größeren Belustigungen. Am östlichen Ende des Boulevards beschloß das Wachsfigurenkabinett des Sieur Curtius die Parade der Spektakel. Doch auch in die entgegengesetzte Richtung grassierte das Gründungsfieber: An der Porte-Saint-Martin, auf der man den fetten Ludwig XIV. als Herkules stilisiert hatte, entstand in diesen Jahren das *Théâtre de la Porte-Saint-Martin*, das einzige aus jener Zeit, das heute noch existiert. 1791 erfaßte die erste große Liberalisierungswelle der Revolution auch die Theater, die nun von allen gesetzlichen Restriktionen ausgenommen wurden. Eine ganze Reihe von neueröffneten Häusern lockte dann mit patriotischen Bühnenamüsements; doch der ständige

Die Reihe der Theater am *Boulevard du Temple*. – Anhand solcher Stiche aus dem 19. Jh. hat Alexandre Trauner die Entwürfe für die große Kulisse des *Boulevard du Crime* gestaltet

Personalwechsel auf dem politischen Schauplatz in den folgenden Jahren forderte zu rasche Umstellungen und Programmänderungen, so daß die neuen Theater ebenso schnell wieder dahinstarben.

Doch nicht nur die Ereignisse von 1789, sondern auch das Direktorium, Konsulat, Empire, die Restaurationszeit, das Bürgerkönigtum nach 1830, die Umwälzung von 1848 – alle großen Bewegungen der französischen Geschichte warfen ihre Schatten auf die Konjunktur der Theater und auf die Programme der Bühnen. Wir können – in einem Filmbuch mag das erlaubt sein – die Jahrzehnte nur im Zeitraffer vorbeilaufen lassen. In künstlerischer Hinsicht, aber auch als Kulisse wichtiger politischer Ereignisse erlebte der *Boulevard du Crime* seine große Zeit in den Jahren nach 1830, während der romantischen Epoche, die auch in den *Kindern des Olymp* beschworen wird: Die großen Namen der französischen Literatur, Balzac, Victor Hugo, George Sand, Casimir Delavigne, Alfred de Vigny, Eugène Sue, Théophile Gautier führen die Liste der prominenten Autorennamen an, die sich in die Programmtitel der vielen Theater einschrieben, begleitet und gefolgt von dem großen, heute namenlosen Heer der Verfasser von Komödien, Vaudevilles, Farcen, Melodramen, das den ungeheuren Konsum des Publikums an Bühnenkarneval, Herzensseligkeiten und Tränenkatarakten zu beliefern sucht. Auf dem *Boulevard du Crime*, in dem Milieu von Kunstavantgarde, Vergnügen, Snobismus, versammelten sich freilich auch die Prominenz der Kriminellen, die intellektuelle Elite und die führenden Köpfe der republikanischen Opposition. Daß die Übergänge zwischen diesen Gruppen fließend waren, zeigt die Gestalt des dichtenden Verbrechers und Gesellschaftsverächters Pierre-François Lacenaire. Die Politik selbst war bisweilen ein blutiges Melodram. Immer wieder wurde das Pflaster vor den Theatern und Cafés heiß. 1830 und 1848 sah man nicht zufällig gerade dort die ersten Barrikaden. Die revolutionäre Tradition dieser Straße soll aber bis in die Tage des Bastillesturms zurückreichen. Der Theaterhistoriker Georges Cain erzählt, wie am 12. Juli 1789 eine Gruppe erregter Bürger in das Wachsfigurenkabinett des Sieur Curtius eindrang, die Köpfe des verhaßten Necker und des Herzogs von Orléans an sich brachte und diese, schwarz umflort, durch die Straßen trug[3].

Der so blutig niedergeschlagene Republikaneraufstand im Anschluß an den Trauerzug für den liberalen Deputierten General Lamarque im Juni 1832 nahm seinen Anfang auf dem Theaterboulevard, nachdem die Republikaner den Zug gezwungen hatten, diesen Weg einzuschlagen. Frédérick Lemaître, der an der Porte-Saint-Martin wohnte, wurde entsetzter Zeuge von Greueltaten der Nationalgarde[4].

Ein Kleiderhändler des *Boulevard du Crime*. –
Sein dämonisiertes Abbild ist die Figur des Jericho

Am 28. Juli verübte der Korse Joseph Marie Fieschi aus dem Fenster
eines kleinen Hauses am *Boulevard du Crime* sein Attentat auf den
König Louis-Philippe. Mit einer selbstgebauten Mitrailleuse schoß er
auf den vorbeireitenden Monarchen, der aber nur leicht verletzt

wurde, während sieben Menschen aus seinem Gefolge ihr Leben ließen. Und auch im März 1848, als die Republikaner erneut gegen das Juste Milieu revoltierten, floß auf dem Theaterboulevard das erste Blut.

So haben auf dem *Boulevard des Verbrechens* nicht nur Hekatomben von Bühnentoten ihr maskiertes Leben ausgehaucht, sondern es sind dort viele Menschen den politischen Umwälzungen, den gewalttätigen sozialen Konflikten zum Opfer gefallen. Dort waren die Übergänge zwischen Spiel und Ernst kaum markiert. Den Pariser Karneval, der auf dem *Boulevard du Crime* seinen wilden ausgelassenen Höhepunkt suchte, im Anschluß an den von den Metzgern traditionell veranstalteten Umzug des fetten Ochsen, dieses ausgelassene, lärmende, betäubende Fest, erlebte Heinrich Heine daher stets als eine Art Generalprobe der sozialen Revolution. Im berühmten 42. Artikel seiner *Lutetia* heißt es:

Es sind aber nicht bloß die geschlechtlichen Beziehungen, die auf den Pariser Bastringuen Gegenstand ruchloser Tänze sind. Es will mich manchmal bedünken, als tanze man dort eine Verhöhnung alles dessen, was das Edelste und Heiligste im Leben gilt ..., und wie diese trostlose Anschauungsweise durch Robert Macaire repräsentiert wird, so gibt sie sich auch kund in dem Tanze des Vol-

Der *Boulevard du Temple* 1862 während der Abrißarbeiten

132

kes, der als eine eigentliche Pantomime des Robert-Macairetums zu betrachten ist. Wer vom letztern einen ungefähren Begriff hat, begreift jetzt jene unaussprechlichen Tänze, welche ... nicht bloß die geschlechtlichen Beziehungen verspotten, sondern auch die bürgerlichen, sondern auch alles was gut und schön ist ..., und gar besonders ist dies der Fall in den Karnevalstagen, wo der tolle Mummenschanz die dämonische Lust bis zum Ungeheuerlichen steigert ... Hier musiziert Beelzebub mit vollem Orchester und das freche Höllenfeuer der Gasbeleuchtung zerreißt einem die Augen ...[5].

Bedenkt man diese Erfahrungen, so erscheint es als plausibel, daß der *Boulevard du Crime* auch aus strategischen Gründen einer stadtplanerischen Umgestaltung unterzogen wurde: Der vom Kaiser Napoléon III. eingesetzte Präfekt von Paris, der Baron Georges Eugène Haussmann, wollte durch großzügige Straßenanlagen den Bau von Barrikaden unmöglich machen. Der Errichtung der großen Place de la République und dem Durchbruch der Avenue de la République fielen zahlreiche Theater und Cafés zum Opfer. Es war der 15. Juli 1862, an dem das *Théâtre de la Gaîté*, die *Folies Dramatiques*, das *Théâtre Lyrique*, der *Cirque Imperial*, die *Funambules*, die *Délassements Comiques* und das kleine *Lazary* verschwanden. So wurden die neuen Boulevards wieder zu Befestigungen, ohne daß man es ihnen ansehen konnte.

Das *Théâtre des Funambules*: Daten und Anekdoten

Zentraler Schauplatz der *Kinder des Olymp* ist das kleine Theater, das in seinem Namen auch noch seinen Ursprung bewahrt hat: »Funambules« sind Seiltänzer, und Akrobaten stellten die ersten Akteure auf dieser Bühne. Die »Kinder des Olymp« waren die ärmsten, treuesten und leidenschaftlichsten Besucher der Veranstaltungen in den *Funambules*; sie saßen und standen oben auf der Galerie, dem »Olymp« oder dem »Paradies«, auf den billigsten Plätzen. Diese einfachen Besucher des Theaters sind einmal die Helden des Films, der durch den Doppelsinn seines Titels jedoch zu verstehen gibt, daß auch hier die Akteure die Trennungslinie zwischen dem Leben und dem Theater nicht mehr recht wahrhaben.

Heinrich Heine, der Chronist der Pariser Karnevalsexzesse, hat auch in den dreißiger Jahren die Parade der Theater am *Boulevard du Crime* abgenommen, dessen Häuserflucht der Zuschauer im Kino am Anfang und Ende des Films zu sehen bekommt. In der Artikelreihe über die *Französische Bühne* schreibt Heine:

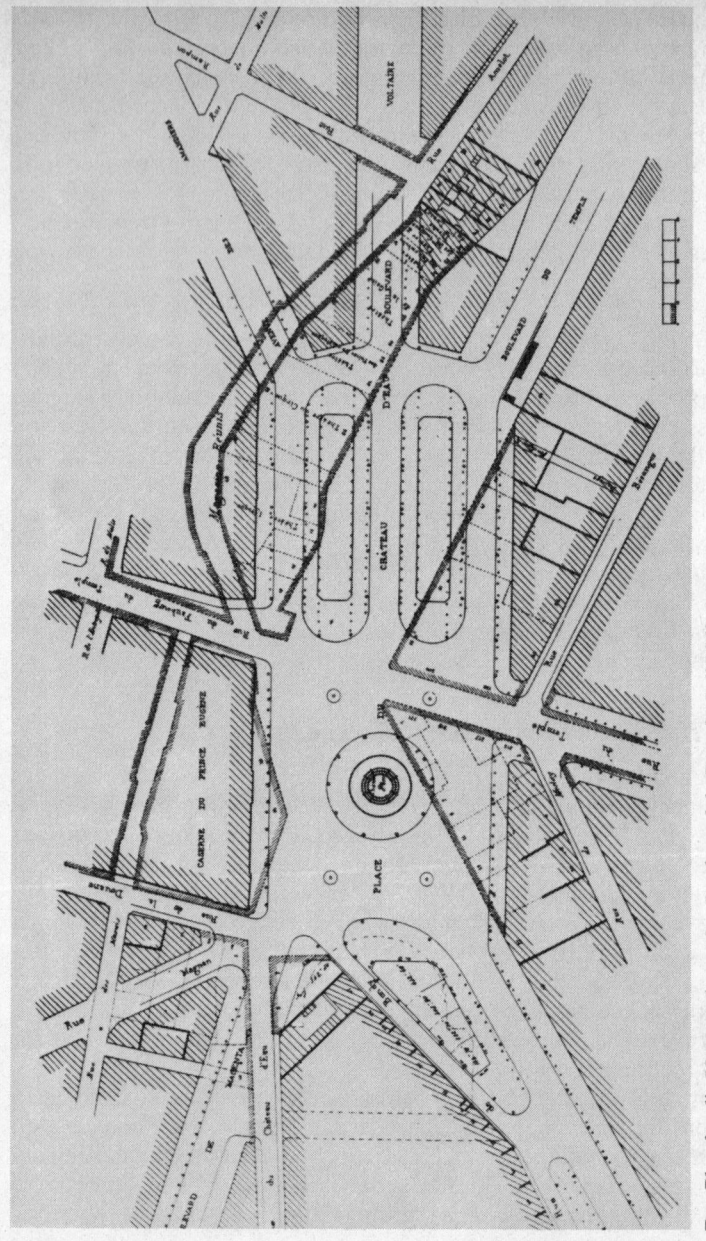

Der Plan für die Umgestaltung des *Boulevard du Temple*, Juli 1862

Die Theater des Boulevards ... sind die eigentlichen Volkstheater, welche an der Porte-Saint-Martin anfangen, und dem Boulevard du Temple entlang, in immer absteigendem Werte sich aufgestellt haben ... Erst kommt das Schauspielhaus, welches den Namen Porte-Saint-Martin führt, und für das Drama gewiß das beste Theater von Paris ist, die Werke von Hugo und Dumas am vortrefflichsten gibt und eine vortreffliche Truppe ... besitzt. Hierauf folgt das Ambigu-Comique, wo es schon mit Darstellung und Darstellern schlechter bestellt ist, aber noch immer das romantische Drama tragiert wird. Von da gelangen wir zu Frankoni, welche Bühne jedoch in dieser Reihe nicht mitzurechnen ist, da man dort mehr Pferde- als Menschenstücke aufführt. Dann kommt das Gaité, ein Theater, das unlängst abgebrannt, aber jetzt wieder aufgebaut ist, und von außen wie von innen seinem heiteren Namen entspricht. Das romantische Drama hat hier ebenfalls Bürgerrecht, und auch in diesem freundlichen Hause fließen zuweilen die Tränen und pochen die Herzen von den furchtbarsten Emotionen; aber hier wird doch schon mehr gesungen und gelacht, und das Vaudeville kommt schon mit seinem leichten Geträller zum Vorschein. Dasselbe ist der Fall in dem danebenstehenden Theater les Folies dramatiques, welches ebenfalls Dramen und noch mehr Vaudevilles gibt; aber schlecht ist dieses Theater nicht zu nennen ... Nach den Folies dramatiques, dem Werte wie dem Lokale nach, folgt das Theater von Madame Saqui, wo man ebenfalls noch Dramen, aber äußerst mittelmäßige, und die miserabelsten Singspäße gibt, die endlich bei den benachbarten Funambulen, in die derbsten Possenreißereien ausarten ..., wo einer der vortrefflichsten Pierrots, der berühmte Debureau, seine weißen Gesichter schneidet ...[6].

»Das Théâtre des Funambules – das war Deburau, oder vielmehr: Deburau war ganz allein das Théâtre des Funambules«, schreibt sein Chronist Louis Péricaud[7]. Es ist jener Deburau, der im Film als Baptiste gleichfalls »weiße Gesichter schneidet«, dank der schauspielerischen Kunst von Jean-Louis Barrault. Der Drehbuchautor Jacques Prévert hat die anekdotenreiche Geschichte dieses kleinen Theaters für den Film kräftig genutzt. Wir wollen sie hier auch ein wenig anführen, wenigstens die Gründungsgeschichte. Der Gründer der *Funambules*, Nicolas Michel Bertrand, war einer solchen Anekdote zufolge ursprünglich Butterhändler. Den Mehrwert seiner Geschäfte soll er in ein kleines Droschkenunternehmen gesteckt haben, wo er treu seine Rendite trug, bis Bertrand eines Tages das Ehepaar Saqui, beide Akrobaten und Theaterunternehmer am *Boulevard du Temple*, von Vincennes nach Paris kutschierte. Dabei geriet man über den Fahr-

Das *Théâtre des Funambules* um 1820

preis in Streit, und die berühmte Seiltänzerin soll den ehrenwerten Bertrand als Roßtäuscher, groben Klotz, als einen Butterhändler von Kälberfett und als Straßenräuber bezeichnet haben. Voller Wut schwor Bertrand Rache und beriet sich mit seinem Freund Jean Jacques, genannt Fabien, der, so will es die Kaprice dieser Geschichte, mit Regenschirmen sein Geld verdiente. Fabien hatte den Einfall: Man wird es der Madame Saqui dadurch vergelten, daß man direkt neben ihrem Theater ein Konkurrenzunternehmen eröffnet. So wurden die *Funambules* errichtet.

Es ist eine schöne Geschichte, und ihr kleiner Nachteil, daß sie rein erfunden ist, wiegt nicht schwer in einer Historiographie von Stätten der Illusion. Die Ergebnisse des gewissenhaften Aktenstudiums, die Tristan Rémy vorgelegt hat, sind weniger unterhaltsam: Es war das Jahr 1812, als Bertrand und Fabien das Grundstück erwarben, auf dem sie dann den Theatersaal für die *Funambules* errichten ließen. Zuvor schwankte auf dem gleichen Terrain eine Baracke, wo Hundedressuren vorgeführt wurden, im Wind und im geringen Publikumsinteresse. Nach ihrer amtlichen Lizenz vom 8. 12. 1813 durften Bertrand und Fabien lediglich Seiltanz, Falltürsprünge und Kraftübungen vorführen, die den sprechenden Namen »Forces d'Hercule« trugen. Gut ein Jahr später, im März 1815, wurde eine zusätzliche Lizenz zur Präsentation von Harlekinspantomimen gestattet, mit der gestrengen

Die *Funambules*

Auflage, jedes gesprochene Wort und erst recht Dialoge zu unterlassen. Und Rémys Dokumente stellen auch etwas anderes richtig: Es waren die *Funambules*, denen die Madame Saqui Konkurrenz machte, als sie nämlich im Dezember 1816 ihr *Spectacle des Acrobates* gründete, nur ein Haus weiter. Mme Saqui trug den Namen einer traditionsreichen Artistenfamilie, und so reagierten die besorgten Besitzer der *Funambules* rasch, indem sie ihrerseits eine erfolgreiche Seiltänzergruppe engagierten: Es war die Truppe des Philippe Germain Deburau, des Vaters von Baptiste. Die Geschichte der beiden benachbarten Theater ähnelt in manchen Zügen der Beziehung der beiden Familien Montague und Capulet in Shakespeares *Romeo und Julia* – Rivalitäten, Haß, Bündnisse und heimliche Liebesverhältnisse. Die Akten des Innenministeriums, dem die gesamte Theateraufsicht oblag, quellen über von Klagen und Hinterträgereien der Saquis: In den *Funambules* sollen Shows gezeigt werden, die durch die Lizenz nicht gedeckt seien. Das war gefährlich, denn die Polizei-Aufsicht verhängte bisweilen ohne Skrupel die härteste Sanktion: Schließung des Theaters. Die Strenge, mit der in dem Film der Direktor der *Funambules* jedes auf der Bühne gesprochene Wort ahndet, müssen wir nach der von Rémy gegebenen Aktenlage als gerechtfertigt ansehen. In diesen Papieren fand Rémy auch zahlreiche Anträge des *Spectacle des Acrobates*, mit der Konkurrenz gleichgestellt zu werden, d. h. auch Pantomimen spielen zu dürfen. Als dies 1820 bewilligt wurde, schwirrten wieder neue vergiftete Pfeile zwischen den beiden Unternehmen hin und her. Doch was heute nur noch Gesetzen und Richtern gelingt, schaffte in der romantischen Epoche allein schon die Liebe: Es gab nicht nur verwandtschaftliche Beziehungen, sondern auch Leidenschaften und Liaisons zwischen Mitgliedern der verfeindeten Häuser: Im November 1820 heiratete Félix Charles Balthasar Chiarigny, der langjährige Pierrot der *Funambules*, seine Cousine Constance Saqui, die Schwester des Chefs im Nachbartheater, und die Direktoren Bertrand und Fabien fungierten gar als Trauzeugen. Man ahnt es: Ein Kartell bahnte sich an: Im Mai 1821 übertrugen die Saquis die Führung ihres Theaters den Konkurrenten von nebenan. Doch dieses unerhörte Zusammenspiel unterbanden die Behörden im August 1823: Das *Spectacle des Acrobates* mußte zur Strafe für zwei Jahre schließen. Und danach begann das Theater erneut zwischen dem Hause *Funambules* und dem Hause *Saqui*.

Das Jahr 1825 verdient daher auch besondere Erwähnung: Da nämlich Félix Chiarigny in das Unternehmen seiner Frau eintrat, konnte Jean Gaspard Deburau in den *Funambules* endlich die Rolle des Pierrot übernehmen. Mit ihm setzte die klassische Epoche des kleinen

Artistentheaters ein, dessen einfache, aber herzbewegende Pantomimen die Zuschauer in Scharen herbeilockten. Und es wurde auch etwas geboten: Anselme Deburau macht es im Film ganz so, wie es die »Aboyeurs« der kleinen Theater tun mußten, so laut und wortgewaltig wie nur möglich die Sensationen anpreisen, die den Zuschauer erwarteten, geschickt das Juckpulver der Neugierde in alle Krägen streuen. Die Rolle der »Aboyeurs«, der Spektakelschreier, verkümmerte dann später zur Rhetorik der Theaterzettel. Das las sich dann so, um ein Beispiel aus den *Funambules* anzuführen: »Phaëton oder die Unglücksfälle, die durch eine schlecht gesteuerte Sonne entstehen können. Große Pantomime in fünf Akten mit vielen pyrotechnischen Effekten.«

Es war tatsächlich ein Publikum kleinbürgerlicher und proletarischer Herkunft, das sich an solchen Spektakeln ergötzte. Dennoch hat der furchtbare Gestank, der nach der Bemerkung eines zeitgenössischen Besuchers aus den paradiesischen Höhen der *Funambules* ins Parterre herabsank, die Elite der romantischen Literatur keineswegs daran gehindert, den Künsten Baptiste Deburaus, seiner Kollegen und Maschinisten ihre Reverenz zu erweisen. Charles Nodier, einer der Übersetzer von Goethes *Faust*, Journalist, Lyriker, Romancier und Wortführer des ersten romantischen »Cénacle«, zu dem auch Alfred de Musset, Victor Hugo, Alfred de Vigny zählten, hat vermutlich Deburau als erster entdeckt. Nodier verfaßte selbst anonym eine Pantomime, die 1828 für mehrere Wochen den Saal füllte: »Der güldene Traum oder: der Harlekin und der Geizkragen. Englische Pantomime in elf Bildern.« Tristan Rémy hat das Manuskript dieser Pantomime, die Théophile Gautier als das »Wunderbarste vom Wunderbaren, was je von einem Menschenhirn hervorgebracht worden ist« rühmte, im Pariser Nationalarchiv entdeckt[8].

Baptiste Deburau war mitsamt dem berühmten Paul Legrand ein unbestrittener Star der Theaterszene am *Boulevard du Crime*. Überhaupt hatten die kleinen Theater dieser Straße den Zuschnitt eines Kinos im 19. Jahrhundert, und es erstaunt daher nicht, daß der Stummfilm in seiner Thematik und Stilistik an die Pantomime anschloß, die mit Deburau und den *Funambules* einen künstlerischen Höhepunkt erreichte.

Aber seine Gründer wurden alt: 1843 ging das kleine Theater für eine Summe von 182228 Francs in die Hände eines Schilderfabrikanten namens Charles Louis Billion über. Ein solcher Name ist eine Hypothek für einen Kaufmann. Billion ist auch nicht sehr erfolgreich gewesen. Am letzten Abend ihres Bestehens spielten die *Funambules* in Erinnerung an ihren längst gestorbenen größten

Die Kinder des Olymp nach einer zeitgenössischen Karikatur

Mimen *Memoirs du Pierrot*. Der letzte Besitzer dieses Theaters erhielt für den Abriß von der Stadt Paris eine Entschädigung von 580000 Francs.

Jean-Gaspard Deburau: Die Passionen eines Pierrot

Die Gestalt dieses sagenhaften Pantomimen lieferte die erste Idee zu dem Film *Die Kinder des Olymp*. Die Anregung stammte natürlich von Jean-Louis Barrault. Das Drehbuch von Jacques Prévert stützt sich vornehmlich auf die Hommage des seinerzeit einflußreichsten Pariser Theaterkritikers Jules Janin, der 1832 eine kleine Broschüre über den Star des *Théâtre des Funambules* veröffentlichte. Janins Schrift erhob zugleich im Namen dieses poetischen Künstlers einen romantischen Protest gegen die Staubschluckerei, die die etablierten Pariser Theater mit ihrem klassizistischen Repertoire den Zuschauern allabendlich verordneten.

Tristan Rémy hat auch das Bild des melancholischen, umjubelten Mimen in vielen Punkten korrigiert. Die schönsten Anekdoten hat er den Götzen der historischen Wahrheit zum Fraß vorgeworfen. Doch kein Archivar kann die hübsche Geschichte dementieren, daß Deburau einmal wegen Melancholie und anderer Clownsleiden einen Arzt aufsuchen mußte, der den berühmten Schauspieler nicht erkannte. Und der kluge Arzt empfahl dem Patienten zur Linderung seiner Depressionen den Besuch einer Vorstellung Deburaus. Der Baptiste des Films erzählt diese Geschichte der Madame. Hermine, die ihren Pensionsgast dann in eine Vorstellung des *Othello* mit Frédérick Lemaître schickt.

Wie aber sieht die historische Wahrheit aus? Jean-Gaspard Deburau war der Sohn eines Artisten, der bereits im alten *Théâtre Nicolet* aufgetreten sein soll, ehe er, von einer der vielen Schicksalsmächte der Revolution erfaßt, aus Frankreich verschwand. 1794 stand er jedenfalls als Soldat in Diensten des 11. österreichischen Infanterieregiments, als er in Böhmen eine Catherine Graff heiratete. 1796 wurde der Sohn Jean-Gaspard geboren. Ein (im Auge der Historiker freilich nicht hinreichend seriöses) Dokument hält das Datum und den Ort der Taufe Jean-Gaspards fest, den 31. 7. 1796 in Neu-Kolin (Böhmen)[9]. Vater Deburau, der auch das Metier des Barbiers beherrschte, erschien 1811 mit einer Artistentruppe, die sich vornehmlich aus Familienmitgliedern rekrutierte, am *Boulevard du Crime*. Neben Vater und Mutter Deburau gehörten die Söhne Etienne und Jean-Gaspard, die Tochter Dorothée und ein Franz Niemenczek zum Aufgebot. 1816

Jean-Gaspard Deburau nach einer Miniatur
eines unbekannten Künstlers

– nach einigen Jahren Straßentheater und Städtetourneen – erhielt die
Truppe ihren ersten Kontrakt. Für ein Honorar von 116 Francs pro
Woche banden sie sich an das *Théâtre des Funambules*, wo man mit
den böhmisch-französischen Seiltänzern gegen die neue Konkurrenz
der Madame Saqui antreten wollte. Der zwanzigjährige Jean-Gaspard begann seine Karriere jedoch ganz unten als Statist und Bühnenarbeiter. Nichts allerdings spricht dafür, daß ihn sein Vater – wie es
der Anselme Deburau des Films lauthals verkündet – für einen mond-
süchtigen Idioten gehalten hat.

Die Karriere eines Pantomimen im 19. Jahrhundert nahm ihren Ausgang nicht in einer staatlichen Hochschule, sondern hinter der Bühne
als Diener und Gerätewart. Daß Jean-Gaspard in diesen ersten Jahren zugleich als Handwerker gearbeitet hat, wie so viele Schauspieler
dieses Boulevards, ist mehr als wahrscheinlich. Die Löhne eines
Theatergehilfen waren minimal, und selbst die Berühmtheiten der
Theaterepoche befanden sich nicht selten in Geldnöten. Jean-Ga-

Deburau in seiner Version des Pierrot-Kostüms:
»Mehlgesicht« und schwarze Kappe

spards Jahre verrannen als Wartezeit: Erst wenn der Besitzer der
Charge, die man begehrte, krank wurde oder wegging, dann kam der
Augenblick. Die Typen der alten Komödien waren beinahe Beamten-
stellen. Für Jean-Gaspard dauerte es bis 1825, ehe der etatmäßige
Pierrot Chiarigny zur Konkurrenz wechselte. Seine ersten Auftritte
waren so erfolgreich, daß er schon im Jahre 1826 einen Vertrag erhielt, der ihn von 1828 bis 1831 erst einmal an das *Théâtre des Funambules* binden sollte: Deburau, der sich von nun an Baptiste nannte,
trat zugleich die Rolle des Pierrot an und übernahm die Rolle des
Accessoiristen, d. h. er hatte die beweglichen Teile jeder Inszenierung zu besorgen und zu warten. Profaner Beginn einer ruhmrei-
chen Laufbahn.
Baptiste Deburau markierte das Erscheinen eines neuen Pierrot auf
der Bühne auch durch eine kleine, aber bedeutungsvolle Verände-
rung des traditionellen Kostüms. Er legte den alten weißen Hut des
Pierrot ab und setzte sich statt dessen die kleine schwarze Kappe auf,

die so einen harten Kontrast zu seinem weißen Mehlgesicht bildete. Verschwunden war auch der große Kragen, den man noch von dem einzigartigen Clown Gilles kennt, den Antoine Watteau Anfang des 18. Jahrhunderts gemalt hat. Das veränderte Kostüm steuerte die Blicke der Zuschauer. Es hielt sie auf der Gesichtsfläche fest, von wo nun die sprachlosen Mitteilungen des Pierrot an die Welt ergingen. Schon im Vertrag mit Bertrand waren Baptiste alle Springereien erspart worden. Jetzt konnte er die jedermann verständlichen Zeichen der Leiden und Leidenschaften der armen Leute im »Paradies« aus einem Spiel hervorsprühen lassen, eine ebenso einfache wie fesselnde Mimik und Gestik, die die romantischen Schriftsteller in wahres Entzücken versetzte. Sie hatten schon immer nach unbekannten, ausdrucksvollen Sprachen gefahndet, sie hatten die Hieroglyphen der Natur entziffert, die Stimmen der Vögel vernommen, die Ikonogramme der Steine gelesen, das Murmeln der Bäche übersetzt, das Rauschen der Bäume ging durch Tausende von Versen. Die Poeten von 1830 – und ihre gedankenlosen Psychologie-Adepten heute – hielten die Körpersprache des Menschen für einen Code der Natur, so wie man das Volk selbst für Natur hielt. Ein Zitat aus dem Hymnus, den Jules Janin 1832 auf Baptiste verfaßt, macht das deutlich:

Also nur los, mein lustiger Gilles! Gilles heißt nicht diese oder jene Person mit einem Eigennamen und einer bestimmten gesellschaftlichen Stellung; Gilles ist das Volk. Gilles, mal fröhlich, mal traurig, mal krank, dann wieder bei Kräften, heute Sieger, morgen geschlagen, aber immer voller Musik und Poesie; er ist kindlich und stets arm wie das Volk, und dieses Volk ist es, was Deburau in allen seinen Bühnengeschichten verkörpert; vor allem besitzt er das Gefühl des Volkes: Er weiß, worüber die Leute lachen, was ihnen Spaß macht, was sie erbost; er weiß zutiefst, was das Volk bewundert, was es liebt, wie es ist; er hat das Volk studiert wie Mazurier die Affen, ihm gehört es ganz und gar. Also, um solch ein Volk zu sein: verprügle deine Frau, betrink dich, streichle deine Kinder, mach Schulden, bezahl deine Schulden, verheirate deine Tochter, spotte über deinen Arzt und deinen Beichtvater, nimm dich in acht vor dem Polizeikommissar, weine, wenn es dir danach ist, und heule nur richtig; und dann spiel den Spaßmacher, den Grazioso, den Schönschwätzer, den hübschen Burschen, den gemachten Mann; um richtig Volk zu sein, wirst du deine großen Augenblicke haben, den guten Ton in den besseren Häusern, das galante Tänzchen in der Kneipe, das elegante Duell in den hintersten Winkeln, einen unerschöpflichen Vorrat an gefälligen und boshaften Wendungen. Nun, meine Herren von der Comédie, ihr dagegen kennt nur eine Rolle und seid stolz auf diese Rolle, die überdies fertig ist, der Misanthrop, Tartuffe, Typen – ach, wie klein seid ihr, verglichen mit meinem Helden[10].

Deburau kam in Mode – das zeigt eine zweite Broschüre über ihn 1836, deren beide Auflagen bald vergriffen waren. Deburau kam in Mode, die Stars der modernen Literatur besuchten seine Vorstellungen regelmäßig, in den Salon der großen Schriftstellerin George Sand, wo Chopin Klavier spielte und Tee kochte, wurde er eingeladen. Dennoch blieb Baptiste ein Held allein des *Boulevard du Crime*. Anders als Frédérick Lemaître, den ja – wie auch der Film zeigt – seine Karriere in die großen Theater führte, konnte Baptiste nicht in den gutbürgerlichen Theatern Fuß fassen. Ein Auftritt 1832 im *Théâtre du Palais-Royal* wurde zum Mißerfolg. Die Komödianten von den *Funambules* spielten in einer Benefizvorstellung *Der weibliche Kobold*: Doch die feinen Leute verzogen keine Miene, als Baptiste in der Rolle eines Schuhflickers seine vielen weißen Gesichter schnitt. Théophile Gautier hat die Gründe dieses Reinfalls analysiert, und seine Überlegungen, die ihrerseits einen Hymnus auf die »Kinder des Olymp« anstimmen, sollen hier zitiert werden:

Deburau wurde geschaffen für das Publikum in kurzen Jacken, in Kitteln, in Hemden, ja, oft sogar ohne Hemden, mit nackten Armen, die Mütze überm Ohr. Für diejenigen, die ihm, mit einer erkalteten Pfeife zwischen den Zähnen, aus dem Paradies Beifall klatschten, für Leute, die von karamelisierten Äpfeln klebten, die ihre Nachbarn neckten, ohne Angst vor den Nationalgardisten, die auf der Galerie aufpassen. Und er wurde nicht geschaffen für die Langweiler in mehr oder minder gelben Handschuhen, für all diese verbrauchten, blasierten Feuilletonisten, für all diese Marquis aus der Rue Helder, die keine andere Sorge haben als ihre Toilette und ihre Blumensträußchen.

Das Publikum des Boulevard du Temple war gutgläubig wie ein Kind, dem man das Märchen vom Blaubart erzählt, und es überließ sich einfach der Erfindung des Dichters – ja, des Dichters –, indem es alles glaubte, wenn es nur unterhalten wurde. Das nenne ich ein wahres Publikum, das mit wunderbarer Leichtigkeit die Spiele der Phantasie begriff, das ohne Vorbehalte alles zuließ: den gestiefelten Kater, das kleine Rotkäppchen von Ludwig Tieck, die funkelnden Vorführungen des Venezianers Gozzi, wo das in den eigenwilligsten Farben ausgelegte Reich der italienischen Farce wimmelt und grimassiert und sich mit den bezauberndsten Märchenspielen verquickt. Wenn man jemals in Frankreich den Sommernachtstraum, den Sturm, das Wintermärchen von Shakespeare aufführen

145

Deburau in verschiedenen Kostümen: als Pierrot – in der Uniform der Nationalgarde – als Lumpensammler – in der Rolle des Robert Macaire

wird, dann wird es ganz gewiß nur auf diesen armseligen, von Holz-
würmern zernagten Brettern geschehen und vor diesen zerlumpten
Zuschauern[11].

Zu dem einen Mißerfolg gesellten sich für Baptiste noch andere, pri-
vate Unglücksfälle. Zwar erzählen Deburaus Biographen von keiner
so unglücklichen Liebe zu einer Garance, wie sie der traurige Kino-
Held Baptiste erleiden muß; aber der berühmte Pantomime hatte den
Frauen auch reichlich Glück und Unglück zu danken: Seine erste
Frau, Jean Adelaide Dubray, starb noch im Jahr der Hochzeit 1819.
Louise Eudoxie Boucher, eine Floristin und Schauspielerin, schenkte
Deburau drei Kinder, aber 1832 erregte sie offenbar die Eifersucht
des kränkbaren Baptiste, und sie mußte sein Haus verlassen. Aus der
1835 geschlossenen Ehe mit der Handschuhschneiderin Marie Trioul-
lier ging ein Kind hervor, das aber bald starb. Im gleichen Jahr, da er
Louise verstieß, mußte Baptiste sich vor einem Richter gegen den
Vorwurf des Totschlags verantworten. Deburau hatte auf einen jungen Arbeiter, der ihn erst belästigt und anschließend mitsamt seiner
Begleiterin laut geschmäht hatte, mit seinem Spazierstock eingeschla-
gen. Die Verletzung, die er ihm zufügte, war tödlich. Der Prozeß
gegen den stummen Schauspieler wurde – so wollten es die Anekdoten-
erzähler – zu einer Sensation in den Kreisen des Theaterboulevards,
weil man sagte, daß Baptiste vor dem Richter zum ersten Mal seine
Stimme ertönen lassen würde. Die Wahrheit wiederum hält fest, daß
Baptiste auch früher schon auf der Bühne gesprochen hat. Der emp-

Deburau auf der Bühne der *Funambules*, Lithographie von Bouquet

Deburau, Porträt von Bouquet

findliche, traurige Pierrot erlebte den Prozeß und den Freispruch zutiefst bedrückt.

Es waren Unglücksfälle, die der historische Schauspieler nicht einfach in seine allabendlichen Pantomimen mit hineinnehmen konnte wie der Baptiste in den *Kindern des Olymp*: Dort sind *Der Palast der Wunder oder der in den Mond Verliebte* sowie der *Chand d'Habits* stumme Darstellungen, ironische Verdoppelungen der persönlichen Lebens- und Liebesnöte. Dieser Kino-Baptiste erleichtert sich von seinen Narrenbeschwerden, indem er im Theater in das Weiß des Pierrot eintaucht. Das Stück aus dem Film mit dem Titel *Chand d'Habits* ist aber tatsächlich aus dem Spielplan des *Funambules* genommen und stammt aus der Feder des Theaterleiters Cot d'Ordan[12]. Diese Geschichte eines Pierrot, der wegen seines übergroßen Appetits vom Meister, einem Goldschmied, an die Luft gesetzt wird, hat sich reichlich an Motiven der romantischen Schauermärchen bedient: Pierrot geht den Weg seines Schicksals, weil er sich als armer Schlucker in eine vornehme Kundin verliebt hat. Um sich der schönen Dame auf einem Ball der höheren Welt nähern zu können, tötet er einen Kleiderhändler, indem er ihm einen Degen von hinten durch die Brust bohrt. Die vornehme Garderobe seines Opfers verschafft Pierrot Eingang zum Ball, wo er seiner Angebeteten mit den besten Auspizien den Hof macht. Aber plötzlich tritt das Gespenst des Erschlagenen dazwischen, und nur mit Mühe kann Pierrot es wieder verjagen. Doch man kennt die Zähigkeit solcher Ungeheuer: Beim Trauungsakt erscheint das Gespenst als knöcherner düsterer Geist der Rache erneut, und, grauenhaft anzusehen, immer noch steckt ihm der Degen in der Brust und schaut vorne blitzend hervor. Beim Hochzeitswalzer zieht das Gespenst den armen Pierrot in den Reigen und drückt ihn so an seine Brust, daß auch dieser durchbohrt zu Boden sinkt. Aus solchen Stoffen waren die magischen Schaustücke, die den Zuschauern im Parkett und auf den Galerien die Tränen und das Lachen auf die Gesichter trieben. In den *Kindern des Olymp* ist es die erfundene Gestalt des Jericho, der als Kleiderhändler in vielen Szenen seinen Ruf ertönen läßt. Jericho ist bereits in den ersten Filmaugenblicken zu vernehmen, und auch noch in den letzten Einstellungen steigert er die Verzweiflung des von den Wogen der Menschen abgetriebenen Baptiste mit seinen sarkastischen Kommentaren. Jericho, den Baptiste so haßt und mit dem er in seiner Version des *Chand d'Habits* eine Rechnung begleicht, ist im Film eine Verkörperung des unberechenbaren Schicksals, des namenlosen oder des in unzählige Namen verschlossenen Zufalls. Der Drehbuchautor Jacques Prévert wollte in der ersten Version des Films, daß Baptiste diesen Jericho am Ende erschlägt.

Das Theaterschicksal des Jean-Gaspard Deburau erfüllte sich im Jahre 1846. Ein Unglücksfall, ein unglücklicher Sturz durch eine Falltür – hunderttausendfach praktizierter Bühneneffekt –, bei dem sich Pierrot leicht verletzte, war nicht die Ursache seines Todes, sondern ein langjähriges Asthmaleiden. Sein Tod am 17. 6. 1846 fand in den Feuilletons der Pariser Zeitungen ein ebenso geräuschvolles und aufrichtiges Echo der Trauer wie auf dem Theaterboulevard, wo ihm Kollegen und Bewunderer einen großen festlichen Trauerzug bereiteten. Deburaus Kunst fand ihre Fortsetzung zunächst in seinem Sohn Charles, der viele Jahre noch in den *Funambules* die Erinnerung an Baptiste wachhielt. Später waren es die Schriftsteller und gar Dichter – wie etwa Sacha Guitry –, die dem legendären Schauspieler jenes Andenken bewahrten, das heute ein unsterblicher Film in sich beschließt.

Frédérick Lemaître und Robert Macaire

Das Filmporträt des Frédérick Lemaître in den *Kindern des Olymp* nimmt getreu viele der Züge des großen Schauspielers auf, der auf nahezu allen Pariser Bühnen geglänzt hat, obgleich er zeitlebens dem *Boulevard du Crime* zugehörte. Das hängt damit zusammen, daß Lemaître einem Prototyp der Epoche zum Leben verholfen hat: dem gewissenlosen, geldgierigen Verbrecher Robert Macaire. Anders als Deburau, der sich in die zwiespältige Aura des unglücklichen, melancholischen Einzelgängers hüllte, war Frédérick eine kraftvolle, strahlende, siegreiche Erscheinung auf dem Theaterboulevard. Victor Hugo, der allerdings auch dann, wenn es nur um ein Gänseblümchen ging, sämtliche Instrumente seines poetischen Orchesters zum fortissimo winkte, rühmte Frédérick nach dessen Tod als ewigen Weltmeister aller Komödianten; er sagte:

> Ich grüße an diesem Grab den größten Schauspieler dieses Jahrhunderts, den herrlichsten Komödianten vielleicht aller Zeiten. Diese machtvollen und einzigartigen Geister, die das Glück haben, für die Menge zu leuchten und auf dem Theater die großen Schöpfungen der Dichter in lebendige Bewegung zu versetzen, bilden gleichsam eine Familie und Erbfolge. Diese große Ahnenreihe beginnt mit Thespis, führt über Roscius und gelangt zu uns durch Talma. In unserer Epoche war aber Frédérick Lemaître der strahlende Nachfolger. Zeitlich gesehen, ist er der letzte in dieser Reihe großer Schauspieler, dem Ruhme nach ist er freilich der erste[13].

Das sind Töne, wie sie der überaus selbstbewußte Kino-Lemaître über sich selbst hätte sprechen können. Doch auch dem wirklichen

Der junge Frédérick Lemaître

Frédérick hat es nicht an Selbstbewußtsein gemangelt. Ihm war zu
Lebzeiten bereits ein ungeheurer Ruhm beschieden, und er hat sich
daran ebenso kräftig berauscht wie an den exquisiten Bordeaux-Wei-
nen, die er während jeder Vorstellung flaschenweise in seiner Garderobe leerte.
Als Sohn eines Architekten im Jahre 1800 in Le Havre geboren, kam

Prosper Lemaître 1809 mit seiner eben verwitweten Mutter nach Paris. Dort entglitt er bald der Aufsicht der Familie und schien sich zielstrebig auf die Laufbahn eines Vagabunden vorzubereiten. Doch ein Theatererlebnis mit dem berühmten Schauspieler Joanny, den man den »Talma der Provinz« nannte, weckte die Leidenschaft seines Lebens. Prosper Lemaître, so lautete der Taufname, schrieb sich als Zuhörer im Pariser Konservatorium ein, wo die Schauspieler für die klassische Bühne ausgebildet wurden. 1815 nahm er kurz an dem letzten Feldzug Napoleons teil, ehe er sich am *Théâtre Français* zu einem Aufnahmetest anmeldete. Zwar fiel er durch, doch der berühmte Talma, Lieblingsschauspieler Napoleons, der nach Alexander dem Großen den ausgeprägtesten Sinn für die Theatralik von Bühnen und Schlachtfeldern besaß, stimmte für die Aufnahme des jungen Kandidaten. Aber für sich hatte Prosper seine Entscheidung getroffen, und als Frédérick – wie er sich nun nach seinem Onkel nannte – begann er seine Theaterkarriere ungefähr am untersten östlichen Ende des *Boulevard du Crime* – dort, wo Heine die Theaterwelt mit Brettern zugenagelt sah –, um innerhalb eines Jahrzehnts den westlichen Gipfel, das *Théâtre de la Porte-Saint-Martin*, zu erreichen.

Seine erste Rolle als Löwe erhielt er nicht, wie der Film erzählt, in den *Funambules*; seinen ersten, gleich überaus wirkungsvollen Theaterschrei tat Frédérick in einer Inszenierung von *Pyramos und Thisbe* in den *Variétés Amusantes*. Die Rolle und sein eindrucksvolles Gebrüll verhalfen ihm zu seinem ersten Engagement und zu dem biographischen Bonmot, daß er seine ersten Schritte auf dem Theater auf vier Pfoten getan habe [14]. Die zweite Station auf dem Weg zum westlichen Ende des Theaterboulevards bildete allerdings das *Théâtre des Funambules*. Es war Ende 1816, kurz nachdem die Truppe des alten Deburau ihren Kontrakt erhalten hatte, als Frédérick dort aufzutreten begann. Baptiste, sein Kino-Freund und -Rivale, war damals noch ein kleiner Kulissenschieber. Er spannte noch das Seil für die Akrobaten und schmierte die Scharniere der Falltüren, während Frédérick schon als »falscher Eremit« die ersten Lorbeerblätter in sein Haar flocht. Die nächste Etappe für Lemaître war das *Cirque Olympique*, wo nach Heines Wort mehr Pferde- als Menschenstücke gegeben wurden. Aber Frédérick glänzte dort schon in einer Zirkus-Version des *Othello*, der Rolle, die ihm Jacques Prévert dann zur Lebensrolle zuschnitt. Etwa dreihundert Meter hatte er damit schon vom unteren Ende in Richtung Westen zurückgelegt. 1819 und 1820 bemühte sich Lemaître erneut, und wiederum von Talma unterstützt, um ein Engagement am *Théâtre Français*. Zwar wurde er schließlich aufgenommen, aber die großen Rollen, von denen er träumte, ließen auf sich

Lemaître in der Rolle des Robert Macaire

warten. Vom Hunger nach Erfolg und Ruhm verzehrt, verzichtete Frédérick auf die Chargen, die man ihm nicht geben wollte, und kehrte auf den *Boulevard du Crime* zurück. Diesmal engagierte man ihn im *Théâtre de l'Ambigu-Comique*, wo er dann mit einem Schlage berühmt werden sollte. Es war die Rolle des Robert Macaire in dem gräßlichen Melodram *L'Auberge des Adrets* von Benjamin Antier, Saint-Amand und Polyante, deren Namen nur durch Frédéricks geniale Travestie ihres Machwerks noch nicht im Abgrund des Vergessens versunken sind. Wir kennen die Geschichte aus dem Film, wie Frédérick mit seinem Kollegen Firmin die vor sentimentalen Klischees strotzende Handlung in ihr groteskes Gegenteil verkehrt. In einer Herberge zwischen Grenoble und Chambéry sind Macaire und sein Spießgeselle Bertrand eingekehrt. Sie ermorden in der Nacht einen »reichen« Gast. Doch zufällig wohnt auch Macaires seit achtzehn Jahren verlassene Frau, umsorgt von der Nächstenliebe der Herbergsbesitzer, in diesem Haus, und der Verdacht fällt auf sie. Als Macaire – nach einer doppelten Erkennungsszene – die Tat auf seinen Komplizen lenkt, erschießt ihn dieser, und sterbend gesteht Macaire das Verbrechen und reinigt seine arme Gemahlin von jedem Verdacht. Aber hören wir Lemaîtres eigene Erinnerung an das Stück *L'Auberge des Adrets* und an die Idee der Travestie:

Das war nicht einmal mehr ein Melodram, abgenudelt und aus der Mode, eben noch einen Fingerbreit von jenem Vergessen entfernt, in das die Natur alle Dinge gnädig schickt. Das Stück war seine schlagartige Einäscherung.

Ich war an den Punkt gelangt, wo ich tatsächlich nicht mehr wußte, woran ich mich halten könnte, als sich mir eines Abends beim Hin- und Herblättern in den Manuskriptseiten plötzlich alle Situationen und alle Sätze in den Rollen von Robert Macaire und Bertrand zu ungeheuren Possenreißereien verwandelten, sofern man sie nur mit komischem Blick auffaßte. Ich erzählte Firmin, der ein geistreicher Junge war und der sich wie ich höchst unglücklich in der ernsten Rolle eines Bertrand fühlte, von der eigenartigen, verrückten Idee, die mir durch den Kopf gegangen war. Er fand sie köstlich! Allerdings mußte man sich vor dem Gedanken hüten, eine solche Umgestaltung den Autoren vorzuschlagen, da die fest davon überzeugt waren, einen neuen »Cid« verfaßt zu haben.

Wir waren allerdings fest entschlossen, unseren Plan um jeden Preis zur Ausführung zu bringen, und so behielten Firmin und ich unsere Einfälle für uns, ohne ein Sterbenswörtchen davon zu sagen, und am Abend der Premiere erschienen wir in einem Kostüm auf der Bühne, wie wir es bei keiner der Proben gezeigt hatten.

Robert Macaire und Bertrand in *L'Auberge des Adrets*,
Zeichnung von Honoré Daumier

Als man dann sah, wie die zwei Banditen sich in der Pro-
szeniumsloge aufstellten ..., ausstaffiert mit ihren inzwischen le-
gendär gewordenen Kostümen: Bertrand in seinem grauen Über-
wurf mit den riesengroßen Taschen, die Hände über dem Griff des
Regenschirms gekreuzt, unbeweglich dem Macaire gegenüber,
der ihn mit verächtlichen Blicken traktierte, mit seinem schiefsit-
zenden, deckellosen Hut, seinem grünen, nach hinten geworfenen
Mantel, in einer mit Flicken übersäten Hose, mit einer schwarzen
Binde überm Auge, mit seiner spitzenbesetzten Brustkrause und
seinen Tanzschühchen, da war die Wirkung umwerfend.
Nichts entging der Aufmerksamkeit und dem Scharfsinn eines Publikums, das durch dieses neue, unerwartete Spektakel aufs äußerste erregt war. Die Bertrand großzügig verabreichten Fußtritte, die
in grellen Farben leuchtende Tabaksdose von Macaire, alle Arten
von Anspielungen wurden mit einer Heiterkeit quittiert, die um so
größer war, als der übrige Teil des Stücks von den Schauspielern

Frédérick Lemaître, Karikatur von Carjat

mit dem ganzen Ernst und der ganzen Bedeutsamkeit gespielt wurde, den ihre Rollen eigentlich vorsahen ...[15].

Diese Travestie des Robert Macaire begründete nun Frédéricks Ruhm als »Talma des Boulevards«. Vom Erfolg mitgerissen, fühlten sich auch die Autoren – bis auf Polyante – keineswegs beleidigt; das Duell, das der Frédérick des Films im Morgengrauen zu bestehen hat, gehört in der Biographie des Schauspielers an eine andere Stelle. Im *Ambigu Comique* machte *L'Auberge des Adrets* Furore, zumal sich Lemaître und Firmin bei jeder Vorstellung neue Possen ausdachten, die das Publikum mit Beifallsstürmen honorierte. Die Theaterleitung schickte nun Frédérick in immer neuen Verbrecherrollen auf die Bühne. Nacheinander mußte er den Cardillac, Cagliostro, Cartouche verkörpern. Später kam noch Balzacs Vautrin hinzu. Kein Wunder, daß bei einer solchen Konjunktur der romantischen Theaterverbrecher schließlich auch ein leibhaftiger Mörder und Betrüger auf den Pariser Straßen selbst auftauchte: Pierre-François Lacenaire.

In den zwanziger Jahren jedoch verschrieb sich Lemaître einige Zeit so vollständig dem eigentlich schon vom Keim des Vergessens befallenen Melodram, daß er sich auch als Autor versuchte. Eines seiner Stücke mit dem Titel *Der alte Künstler oder die Verführung* verfaßte er jedoch für sich und die Schauspielerin Sophie Hallignier, die in dem Stück seine Tochter und in den nächsten Jahren die Rolle seiner Ehefrau spielte.

Endlich, im Jahre 1827, als das *Ambigu Comique* einem Feuer zum Opfer fiel, erreichte Frédérick den höchsten Punkt des Theaterboulevards, das *Théâtre de la Porte-Saint-Martin*. Dort jauchzte und schluchzte zu dieser Zeit zwar auch noch das Melodram, aber nach 1830 wurde es die Triumphstätte des romantischen Theaters. Am Erfolg vieler dieser Dramen hatte Lemaître maßgebenden Anteil; manchen eher papiernen Stücken hat er, um Victor Hugos Wort pragmatisch zu nehmen, das zeitweilige Leben auf der Bühne überhaupt nur ermöglicht. Besonders wirkungsvoll agierte Frédérick etwa als Concini in Alfred de Vignys *Maréchale d'Ancre*, als Titelheld in Alexandre Dumas' *Richard d'Arlington* oder als Gennaro in Hugos Schmachtstück *Lucrèce Borgia*. Die Rolle seines Lebens schrieb ihm jedoch Alexandre Dumas mit seinem *Kean*, einem Bühnenporträt des großen englischen Trinkers und Schauspielers, das ein Jahrhundert später Jean-Paul Sartre bearbeitet hat. Doch auch in den dreißiger Jahren wurde immer wieder *L'Auberge des Adrets* gegeben: Robert Macaire avancierte dank Frédéricks satirischem und komischem Talent, aber auch durch das blühende Genre der Karikaturen von Gustave Doré und Honoré Daumier, zum Prototyp des gewissenlosen, geldgierigen Bourgeois, den die Bankiers-Regierung Louis-Philippes mit aller Kraft des Gesetzes und der Militärmacht hofierte, so daß zuletzt Karl Marx den König selbst als »Robert Macaire auf dem Thron« titulierte [16]. Ludwig Börne, neben Lessing einer der Begründer

der Theaterkritik in Deutschland, lebte nach der Julirevolution als politischer Beobachter in Paris; er war 1832 Zeuge einer solchen Vorstellung, und er vermittelte in seinen *Briefen aus Paris* einen lebendigen Eindruck davon:

... gab man den Abend noch ein Melodram »L'Auberge des Adrets«, eine ganz gemeine sentimentale Mörder- und Räubergeschichte. Aber ein Schauspieler namens Frédéric (!) führte eine komische Rolle vortrefflich durch. Ich habe lange nicht so sehr gelacht. Das Merkwürdige bei der Sache ist, daß das Komische gar nicht in der Rolle liegt, sondern in dem selbsterfundenen Spiele des Schauspielers, und das zu seinem Charakter und den Reden, die er führt, gar nicht paßt. Es ist ein zerlumpter, niederträchtiger, boshafter, ganz gemeiner Dieb, Räuber und Mörder. Er bringt einen Mann im Stücke selbst um, ihm sein Geld zu nehmen. Und Frédéric macht einen gutmütigen Schelm daraus, der höchst ergötzlich ist. Zuletzt freilich werden die Possen, doch wahrscheinlich, dem Pöbel und der Kasse zu gefallen, etwas gar zu weit getrieben. Stellen Sie sich vor: Am Ende werden beide Räuber von Gendarmen gepackt, sie entspringen aus dem Zimmer, die Gendarmen ihnen nach. Der Vorhang fällt. Das Stück ist aus. Auf einmal gewahre ich, daß die Leute nach der Galerie hinaufsehen und lachen. Ich hebe den Kopf in die Höhe und sehe in einer Loge des zweiten Ranges die beiden Räuber mit den sie verfolgenden Gendarmen sich herumbalgen. Endlich wird ein Gendarm (ein ausgestopfter) von einem der Räuber hinab ins Orchester gestürzt ...[17].

An der Ausbeutung dieser Erfolgsfigur beteiligten sich nicht nur Theater und Karikaturisten, sondern auch Romanciers: Im Jahre 1834 erschien anonym ein Roman in vier Bänden, der zahllose neue Episoden über Robert Macaire und seinen Komplizen Bertrand erzählte. Als Frédérick erfuhr, daß der Verfasser sein eigener Freund Maurice Alholy war, überredete er diesen und zwei der Autoren des *Auberge des Adrets*, ein Fortsetzungsstück mit dem Titel *Robert Macaire* zu verfassen. Am Leitfaden von Frédéricks eigenen Ideen brachten diese drei dann ein brillantes Erfolgsstück zustande. Der neue *Robert Macaire* war freilich von vornherein als Kriminalburleske angelegt[18]. Die Handlung in Kürze:

Macaire und Bertrand haben – die Böcke ernennen sich selbst zu Gärtnern – eine Versicherung gegen Diebstahl gegründet. Ihre Geschäftserfolge machen den Baron de Wormspire sowie dessen Tochter Eloa auf sie aufmerksam. Wormspire ist freilich kein Baron, sondern ein Betrüger, und seine Tochter ist in Wahrheit eine gemeine Dirne, die er auf der Straße aufgelesen hat. Worm-

Frédérick Lemaître, Photographie

spire läßt sich durch die Großzügigkeit und die guten Manieren Macaires blenden; ebenso geht Macaire den Reden Wormspires auf den Leim, der sich als Besitzer riesiger Reichtümer ausgibt. So bewirbt sich Macaire um die Hand Eloas und erhält sie. Nachdem die Parteien anläßlich der Hochzeit zwei fiktive Vermögenstitel ausgetauscht haben, beginnen sich die beiden Gauner doch zu be-

Frédérick Lemaître, nach einer Photographie

argwöhnen. Als Schwiegersohn und -vater bei einer Partie Karten
sitzen, kommt es zur Entlarvung: Beide ziehen einen Trumpf nach
dem anderen, und beide müssen erkennen, daß sie es mit einem
Betrüger zu tun haben, der mit gezinkten Karten spielt. Da er-

scheint die Polizei, verhaftet Bertrand, den »Baron« und Eloa. Sie werden einem Untersuchungsrichter vorgeführt. Dieser, mit Richterhut und dunkler Brille ausstaffiert, ist aber kein geringerer als Macaire selbst. Eine Flut von Verwünschungen ergeht aus seinem Mund über den falschen Baron und dessen nicht minder falsche Tochter, und die beiden Angeklagten bleiben die Antwort nicht schuldig. Aber zuletzt löst sich alles in einem erstaunten Wiedererkennen auf: Bertrand findet in Eloa seine Tochter, und Wormspire entdeckt, daß Macaire sein Sohn ist, den er dreißig Jahre zuvor in einem Spinatfeld ausgesetzt hatte. Da erscheint die Polizei erneut und verfolgt die Verbrecherfamilie bis auf einen öffentlichen Platz, wo sich Bertrand und Macaire ihrem Zugriff entziehen, indem sie in einem Ballon entschwinden.

Der Uraufführung am 14. 6. 1834 in den *Folies Dramatiques* folgten noch 78 Aufführungen, bis das Verbot durch die Zensur nach dem Attentat Fiescis auf den König dem Kassenklingeln ein Ende setzte. Tatsächlich hat man in diesem *Robert Macaire* eine Wiederaufnahme von Beaumarchais' berühmter *Hochzeit des Figaro* gesehen. So wie Figaro der Französischen Revolution einige aufsässige Töne vorpfiff, so enthielt auch der *Robert Macaire*, die Travestie der Julimonarchie, zahlreiche revolutionäre Signale. Die beiden Spitzbuben sind dank Frédérick und Honoré Daumier in die Galerie der Prototypen dieser Epoche eingegangen. Théophile Gautier nannte sie »Don Quichotte und Sancho Pansa des Verbrechens«, Gustave Flaubert verglich Robert Macaire mit »Don Juan«. Die Epoche, die Robert Macaire repräsentiert und die Frédérick als Darsteller dieses Typus travestiert hatte, sie endet auch um 1848, als der königliche Robert Macaire seinen Thron räumen mußte. Das alte romantische Theater war am Ende, und die Nachfolger der Dumas und Hugo waren die neuen Könige der Operette, Augier, Meilhac und Halévy – der große Jacques Offenbach ist auch dazuzuzählen. Frédérick Lemaître war auch nach 1848 ein erfolgreicher, vielbewunderter Schauspieler, aber als er am 26. Januar 1876 starb, war er lange Zeit nur noch ein großer Überlebender gewesen.

Pierre-François Lacenaire: Der Poet als Mörder

Die Gestalt dieses »romantischen Verbrechers« hat vor allem Jacques Prévert angeregt. Stammen Deburau und Lemaître aus dem Album von Jean-Louis Barraults Idolen, so hat Prévert dem anarchistischen Mörder und Dichter den Einzug in das Drehbuch ermöglicht. Ur-

Pierre-François Lacenaire

sprünglich hatte Prévert einen eigenen Film über diesen Mann aus der Familie der »Poètes maudits« geplant. Jetzt bewahren *Die Kinder des Olymp* etwas auf von seiner Faszination für diesen erstaunlichen Mann.

Was in *Robert Macaire* eine groteske Ausgeburt der satirischen Phantasie war, was Frédérick lebenslang als lachende Travestie der bourgeoisen Scheinanständigkeit ausagierte, das hatte Pierre-François Lacenaire am eigenen Leib erlitten und, wie er sich ausdrückte, gerächt: die scheinheilige Macht des Unrechts und das Unrecht der Macht. So wurde er, wie es das Drehbuch von Jacques Prévert festgehalten hat, ein Philosoph und Psychologe des Verbrechens. Zuletzt erhob sich Lacenaire gar zum Theoretiker und Ästheten des Mordes, der freilich mit Thomas de Quinceys Überlegungen über das *Verbrechen als eine der schönen Künste* nicht übereingestimmt hätte. Lacenaire hatte Frédérick in den beiden Robert-Macaire-Stücken gesehen und zeigte sich in einem Gespräch darüber ganz und gar degoutiert:

> Diese beiden gemeinen Werke hätten mir nur einen Ekel vor dem Verbrechen inspirieren können, zumal der eine nur durch Angeberei und der andere durch Dummheit hervorstechen. Niemals tötet man unter Lachen. Kaltblütig – ja, das entsprach meiner Art und meinen Grundsätzen; aber töten aus reinem Vergnügen am Mord, das ist ein primitives Vergnügen. Nur der Haß oder das Rächeramt dürfen uns die Waffe in die Hand geben; und die Gelegenheit muß abgewartet werden ... die Gelegenheit des Geldes [19].

Lacenaire hat nicht nur eine Lebensbeschreibung hinterlassen, die in der deutschen Übersetzung den schönfärberischen Titel *Memoiren eines Spitzbuben* trägt, sondern auch zahlreiche Gedichte, Couplets, Briefe. Sie zeigen, daß die Liebe zur Poesie, der er nach eigenem Bekenntnis die »schönsten Stunden« [20] verdankte, eine durchaus glückliche Beziehung gewesen ist. Lacenaires Selbststilisierung als Poet und Philosoph des Verbrechens hat die Zeitgenossen fasziniert, und da er sie auch noch angesichts der Guillotine bewahrte, darf man sagen, daß Baudelaires *Blumen des Bösen* aus der Erde seines Grabes gewachsen sind.

In seinen *Memoiren* gibt Lacenaire eine kühle, wenn auch nicht leidenschaftslose Darstellung seiner Verbrecherkarriere. Das Modell dieser Selbstdarstellung ist Rousseaus *Emile* entnommen, den Lacenaire mit Vergnügen gelesen haben will, weil er voller »Wahrheiten« steckte. Mit dem Anspruch auf vollständige Wahrheit notiert er alle Daten seiner unglücklichen Entwicklung. 1800 als Sohn eines wohlhabenden Kaufmanns in Lyon geboren, wuchs er unter dem Unstern auf, daß seine Eltern den älteren Bruder in jeder Hinsicht bevorzugten. Der Bruder wurde von der Mutter gestillt, François hingegen nicht; der Bruder genoß alle Aufmerksamkeit und Liebe der Eltern, François erhielt eine Ziehmutter; der Bruder wurde von einem Hauslehrer unterrichtet, François sah sich in ein Pensionat gesteckt. Seine ganze Jugend sah Lacenaire durch diese Erfahrung der ungleichen elterlichen Zuwendung verdüstert. Und er analysierte sie ganz wie ein psychologisch aufgeklärter Erzieher: Ungleichheit der Behandlung, Ungerechtigkeit, Zwang zur Hypokristie, Vertreibung in die unwahre Welt der Phantasmen – dies sind die Verstöße der Erzieher gegen die Rousseausche Doktrin. Die fatalen Folgen hießen: ungewöhnliche Kränkbarkeit, unbestechlicher Blick für menschliche Schwächen, Rachebedürfnis und Isolation. Und selbst der Trost, den die Lektüre und die Poesie dem jungen Pierre-François boten, stand auch in keinem Zusammenhang mit der Idee der »natürlichen« Erziehung des *Emile*. Doch damit nicht genug: In den Pensionaten, Kollegs und Erziehungsinstituten, die er durchlief, wurden nach Lacenaires Darstellung immer wieder ungerechtfertigte Strafen und Relegationen gegen ihn ausgesprochen. Allmählich wuchs unter dem Herzen des aufgeweckten und hübschen Kindes ein Haß, der seine Sprengkraft aus einer langen Reihe von Kränkungen gewann.

Nach der Schulausbildung erhielt Pierre-François durch Vermittlung des Vaters eine Stelle in einem Anwaltsbüro. Kurze Zeit darauf brach er mit seinen Eltern, arbeitete jedoch vorerst in diesem Büro weiter. Später wechselte er zu einem Notar und schließlich in ein Bankhaus, wo er sich die Anregungen für seine späteren Delikte holte, die im wesentlichen aus Wechselbetrügereien bestanden. In Paris versuchte Lacenaire dann später als Literat Fuß zu fassen; als dies nicht gelang, bekam er Lust, sich als Soldat zu verdingen. Er meldete sich aber unter falschem Namen, desertierte bald wieder, handelte mit Spirituosen, verspielte dann sein Geld. Nun ging es erst richtig los mit dem Wechselbetrug, und bald auch lag sein erstes Opfer tot zu seinen Füßen: Lacenaire erschoß in Verona aus Rache und Wut einen Mann, dem er zuvor geholfen hatte, der ihn aber denunzierte.

Daraufhin kehrte er nach Paris zurück, um das kriminelle Gewerbe systematisch zu studieren; die Memoiren des ehemaligen Sträflings und späteren Polizeichefs Vidocq hatten ihn dazu inspiriert. Nach einer Gefängnisstrafe für den Diebstahl einer Kutsche ernüchtert, versuchte sich Lacenaire erneut in einem honetten Beruf als Schreiber. Er arbeitete einige Zeit tatsächlich als »Ecrivain Public«, wie ihn eine der ersten Szenen der *Kinder des Olymp* zeigen. Das Scheitern dieser Versuche schilderte Lacenaire in seinen *Memoiren* wie folgt:

> ... schließlich setzte ich mich über Demütigungen hinweg und wurde einem von ihnen, M. H., gegenüber so hartnäckig, daß ich ihn nachgerade zwang, für die Miete eines Schreibbüros zu bürgen, das ich auf eigene Rechnung im Justizpalast betreiben wollte. Ich hatte nur um eine Kaution gebeten, weil ich meinte, alles selbst

bezahlen zu können. M. H. streckte mir für die Anschaffung der notwendigen Möbel 20 Francs vor. Ich hoffte, mir durchhelfen zu können; es war wie ein Fluch: während der drei Monate, die ich das Büro hatte, habe ich kaum meine Kosten decken können; ich mußte mich daher an M. H. wenden, damit er die Miete, für die er gebürgt hatte, bezahle, und dennoch wage ich zu behaupten, daß niemand für dieses Geschäft mehr taugte als ich; ich war arbeitsam und unermüdlich: ich habe bis zu fünf Nächte in der Woche durchgearbeitet, und niemand schreibt schneller als ich; aber es vergingen manchmal zwei oder drei Tage, ohne daß sich ein Kunde blikken ließ. Verzweifelt über meinen Mißerfolg, machte ich die Bude dicht und trat wieder bei einem Prozeßschreiber ein. Aber ich war ob des Unrechts, das mir ständig widerfuhr, verbittert. Immer freundlich zu denen, die mit mir arbeiteten, lehnte ich mich gegen jene auf, die sich nicht nur durch unsere saure Arbeit mästen, indem sie ein Drittel unseres Verdienstes für sich behielten, sondern auch noch Mittel fanden, uns zu schikanieren, zu demütigen und uns ihre Knute spüren zu lassen. Da, statt an ein Büro gebunden zu bleiben, wurde ich Nomade und suchte mir meinen Lebensunterhalt mal hier, mal dort, wo es gerade Arbeit gab. Ich war ambulanter Schreiber geworden. Doch bald schon mußte ich auch auf diese Erwerbsquelle verzichten. – Das hatte ich letztlich mir selbst zuzuschreiben.

Ich suchte Arbeit mal bei diesen, mal bei jenem; im Vertrauen auf meine Ausdauer und Fixigkeit nahm ich manchmal mehr an, als ich schaffen konnte. Einmal wurde ich unter anderem mit der Abschrift einer umfangreichen Petition für einen Anwalt am Appellationsgericht beauftragt: sie mußte zu einem bestimmten Tag fertig sein, und ich war mit der Arbeit im Rückstand; um sie rechtzeitig abzuliefern, hätte ich mehrere Kopisten daran setzen müssen, aber ich konnte das gebundene Original nicht partieren. So entschloß ich mich, um schneller fertig zu werden, von bereits kopierten Blättern weitere Kopien anfertigen zu lassen. Da ich wußte, wie wenig man auf diese Gesuche gab, hoffte ich, daß niemand sie lesen würde; und um nicht die Kosten für das Stempelpapier ersetzen zu müssen, falls man mir hinter die Schliche käme, nahm ich Stempelpapier nur für das erste Blatt und für alle übrigen ungestempeltes. Das Stempelpapier war mir von dem Inhaber des Schreibbüros geliefert worden; ich konnte es ihm nicht zurückbringen, ohne ihm mein › Versehen ‹ einzugestehen; also behielt ich es. Meine Lage war höchst prekär; ich verschloß mir eine Tür, wenn ich alles gestand; ich verschloß mir sämtliche Türen, wenn ich schwieg und die Sache

Lancenaire und sein Komplize Avril. – Eine Serie solcher Zeichnungen hat die Filmszene im *Rotkehlchen* angeregt

herauskommen sollte. Und sie kam vierzehn Tage später zufällig heraus. In allen Schreibbüros sprach man von diesem Heldenstück; ich konnte mich dort nicht mehr blicken lassen[21].

Es blieb bald nichts, als es erneut mit Räubereien und Diebereien zu versuchen, aber auch dort mißlang Lacenaire eins nach dem anderen. Der Versuch, einen reichen Glücksspieler auf seinem abendlichen Heimweg zu berauben, scheiterte, weil sein Komplize ungeschickt war und gegen die Verabredung plötzlich vorpreschte: Das Opfer schrie die Räuber in die Flucht. Später sollte ein ganz großes Ding in Versailles gedreht werden, aber man benötigte etwas Kapital. Lacenaire versuchte es zu beschaffen, indem er in Gaststätten das Silber gegen Metallbestecke austauschte, doch wurde er beim fünften Mal geschnappt.

Dreizehn Monate im Zuchthaus ließen ihm Zeit für die Poesie. Ein Produkt dieser Monate ist das berühmt gewordene Chanson:

Bittschrift eines Diebes an seinen Nächsten, den König

Herr, auf ein Wort, es kostet Sie wenig!
Grad' fiel meine Kette am Galeerenruder.

Ich bin ein Dieb, und Sie sind der König,
Gegrüßt sei'n Sie, mein getreuer Bruder!
Bei Leuten mit Anstand wird mir schlecht,
Meine Seele ist schwarz und mein Herz aus Stein,
Ich pfeife auf Mitleid, spucke aufs Recht,
Ach – stell'n Sie mich doch als Polizisten ein!

Gut! Jetzt trag' ich Polizeiuniform,
Doch das ist noch kein fetter Bissen,
Mein Appetit, Majestät, ist ganz enorm,
Sie werden noch etwas zulegen müssen.
Ich beiße gern wie alle Köter,
Und jede Gemeinheit kann ich perfekt,
In Frankreich der größte Schwerenöter,
Ich bin Ihr idealer Polizeipräfekt!

Als Ihr Präfekt, hoff' ich, bin ich Klasse,
Kein Zwerg geht mehr in die Knäste rein,
Doch ist dieses Amt mangels Macht und Masse
Für meine Verdienste noch viel zu klein.
Ein jedes Budget bring ich unter den Strich.
Die Akten fallen mir aus dem Register,
»Ihr getreuer Diener« geflissentlich,
Ach Herr: Ich hab' das Zeug für Ihren Minister.

Herr, darf ich mein Herz nach außen kehren? . . .
Doch denken Sie an Ihre Galle,
Wenn ich mit meinem kühnen Begehren
Ein wenig aus dem Rahmen falle.
Falsch bin ich, geizig, besteche das Glück,
Der freche Raub ist mein schönster Lohn,
Mein Vater nahm sich verzweifelt den Strick,
Herr, laßt mir den Platz auf Eurem Thron!

Unüberhörbar ist auch hier das Motiv des »Robert Macaire auf dem
Thron« variiert. Es war ein Motiv der Theatersatire, aber auch der
politischen Tatsachen: Hatte nicht auch Vidocq den Sprung vom Verbrecher zum Polizeichef getan? Und hatte nicht Balzac im *Père Goriot*
und später in seinem Boulevardstück *Vautrin* diesem Vidocq zu litera-
rischem Ruhm verholfen?
Spott, Verbrechen, Poesie bildeten bei Lacenaire freilich nur die
Kehrseite seiner elementaren Verletztheit, die ihn schließlich bewußt
den Tod auf der Guillotine suchen ließ. Dieses Schicksal, so hat er
immer wieder betont, sei ihm vom Vater prophezeit worden, und es

liegt ein deutliches Zeichen darin, daß er hier der verachteten väterlichen Macht durch sein Verbrechen zur Geltung verhelfen wollte. Lacenaires Verbrechen, so etwa der im Film gestaltete Überfall auf den Bankboten in der Rue Montorgueil, haben etwas vollkommen Dilettantisches, so daß man dabei den unbewußten Wunsch, es möge mißglücken, beteiligt glaubt. Und Lacenaires Morde, die Exekution in Verona und die Hinschlachtung von Mutter und Sohn Chardon, waren Racheakte ohne den von ihm selbst geforderten Profit. Das geht deutlich aus dem Abschnitt von Lacenaires *Memoiren* hervor, der auf die Schilderung dieses Doppelmordes mit seinem Komplizen Avril, der ja auch im Film eine Wiederauferstehung aus dem Grab des Mörders erleben darf, folgt:

Was für ein schöner Tag war das für mich. Ich atmete auf. Bis dahin war ich mit mir unzufrieden gewesen, sah ich mich doch für den Rest meines Lebens im Kerker schmoren; obgleich ich auch schon Blut vergossen hatte, konnte ich dafür nicht den Preis fordern, der mir gebührte: das Schafott, und ich wünschte mir den Tod, nur nicht den durch Selbstmord. Möge der sich das Leben nehmen, der im Affekt ein Verbrechen begangen hat, das sein Gewissen nicht rechtfertigen kann, und der das Schafott als eine Schande betrachtet; möge der sich das Leben nehmen, der für die Freuden seines Lebens seine Gesundheit ruiniert und sein Vermögen vergeudet hat und jäh erkennt, daß er sich zugrunde gerichtet hat, der tut recht; aber ich, der ich von der Gesellschaft nur Brot verlangt hatte, Brot für meine Arbeit, nein, ich konnte, ich durfte es nicht; das wäre zu läppisch gewesen, und dennoch spürte ich, daß ich nicht länger leben dürfte. Glaubt Ihr vielleicht, daß ich diese Tat des Goldes wegen, das ich bei Chardon finden sollte, begangen habe? O nein! dieser Mord war eine blutige Rechtfertigung meines Lebens, ein blutiger Protest gegen die Gesellschaft, die mich verstoßen hatte; er war mein Ziel, meine Hoffnung. Fortan hatte ich keine Furcht mehr, man konnte mich festnehmen, wann immer man wollte. Ich wußte, wie ich enden würde, ich riskierte nichts mehr, wenn ich einen Diebstahl beging; es handelte sich nur mehr darum, mich noch einige Augenblicke des Lebens zu erfreuen oder vollends zu siegen [22].

Diese Sätze haben Lacenaire immerhin einen Ehrenplatz in der Baudelaireschen Heldengalerie des modernen Lebens, die dieser in seinem *Salon des Jahres 1846* eröffnete, verschafft. Baudelaire nennt ihn dort einen »todessüchtigen Fanfaron, einen großen Protestanten, der, elegant und wohlgestaltet, mit einem stolzen Raubtiermut auch noch vor der Guillotine nicht den Kopf senkte«. Als Dichter freilich haben ihn

Il est un secret qui me tue;
Que je dérobe aux regards curieux,
Vous ne voyez ici que la statue,
L'âme se cache à tous les yeux!

22 Xbre 1835   Lacenai

Pierre-François Lacenaire. – Die Übersetzung der vier Zeilen:
»Was mich tötet, bleibt mein Geheimnis. / Ich entwende es allen neugierigen Blikken. / Hier sehen Sie nur ein Denkmal. / Vor allen Augen verbirgt sich die Seele.«

Lacenaire und Avril

die Romantiker, mit Ausnahme von Gérard de Nerval, der Lacenaire auch selbst begegnet war, nicht anerkannt. Diese letzte Ehre wird ihm hingegen im Film erwiesen.

Anders als der Kino-Lacenaire hat der im Januar 1836 schließlich hingerichtete Verbrecher eine ganze Reihe von Duellen durchgestanden. Er betont das in seinen *Memoiren*, weil er sich gegen den Vorwurf der Feigheit verteidigen wollte. Aber mit großer Genauigkeit hat das Filmporträt des Lacenaire die Motive des Kriminellen aufgenommen: eine feinfühlige, poetische Natur, die die elementaren Verletzungen durch die Familie und Gesellschaft nicht ertragen konnte.

IV Das Bündnis der Einfälle und Zufälle: Die Produktionsgeschichte der *Kinder des Olymp*

Die Situation ähnelte einem Stück von Pirandello: Acht Personen suchten einen Stoff. Im Sommer 1942 begruben Marcel Carné, Jacques Prévert, Alexandre Trauner, Joseph Kosma, Philippe Agostini, Louis Salou, Pierre Brasseur, Arletty ein gemeinsames Filmprojekt *Aladins Wunderlampe*. Der Produzent André Paulvé wollte mitten im Krieg keinen Film finanzieren, der mit großem Aufwand die Herrlichkeiten und den Luxus einer orientalischen Märchenwelt beschwört. Carné und Prévert, die Spürhunde auf der Suche nach einem realisierbaren Kino-Sujet, trafen in Nizza zufällig Jean-Louis Barrault, der ihnen die Geschichte von Deburaus Mordprozeß erzählte und einen Film über das *Théâtre des Funambules* anregte. Der Funke sprang über, und Carné begab sich mit Prévert sogleich wieder nach Paris, wo sie auf unterschiedlichen Wegen den Stoff recherchierten: Carné ließ sich im Musée Carnavalet zeitgenössische Stiche von den Theatern und Helden des *Boulevard du Crime* photographieren, und Prévert versenkte sich in der Nationalbibliothek in die Quellen zu den Biographien der drei Helden Deburau, Lemaître und Lacenaire. Nach kurzer Zeit hatte man Ideen und Material für ein Dutzend Filme beisammen. André Paulvé fiel dieser gemeinsamen Begeisterung ebenso schnell zum Opfer. So versammelte sich in dem Haus, das Prévert zu jener Zeit bewohnte, in Tourette-sur-Loup, ganz in der Nähe von St. Paul, ein vertrautes Team: der Regisseur Marcel Carné, der Drehbuchautor Jacques Prévert, der Filmarchitekt Alexandre Trauner sowie der Komponist Joseph Kosma und der Kostümschneider Antoine Mayo. Sie hatten zuletzt *Les visiteurs du soir* gedreht und früher bereits (ohne Kosma) *Drôle de Drame*, *Quai des brumes* und *Le Jour se lève*. Man inspirierte und half sich gegenseitig bei der Konzeption von Drehbuch, Kulissenskizzen, der Musik, den Kostümen. Carné begab sich wieder nach Paris, um die Schauspieler und die übrigen Mitglieder zu verpflichten. Für die beiden Juden, Trauner und Kosma, die unter Arbeitsverbot gestellt waren, liehen Freunde ihren

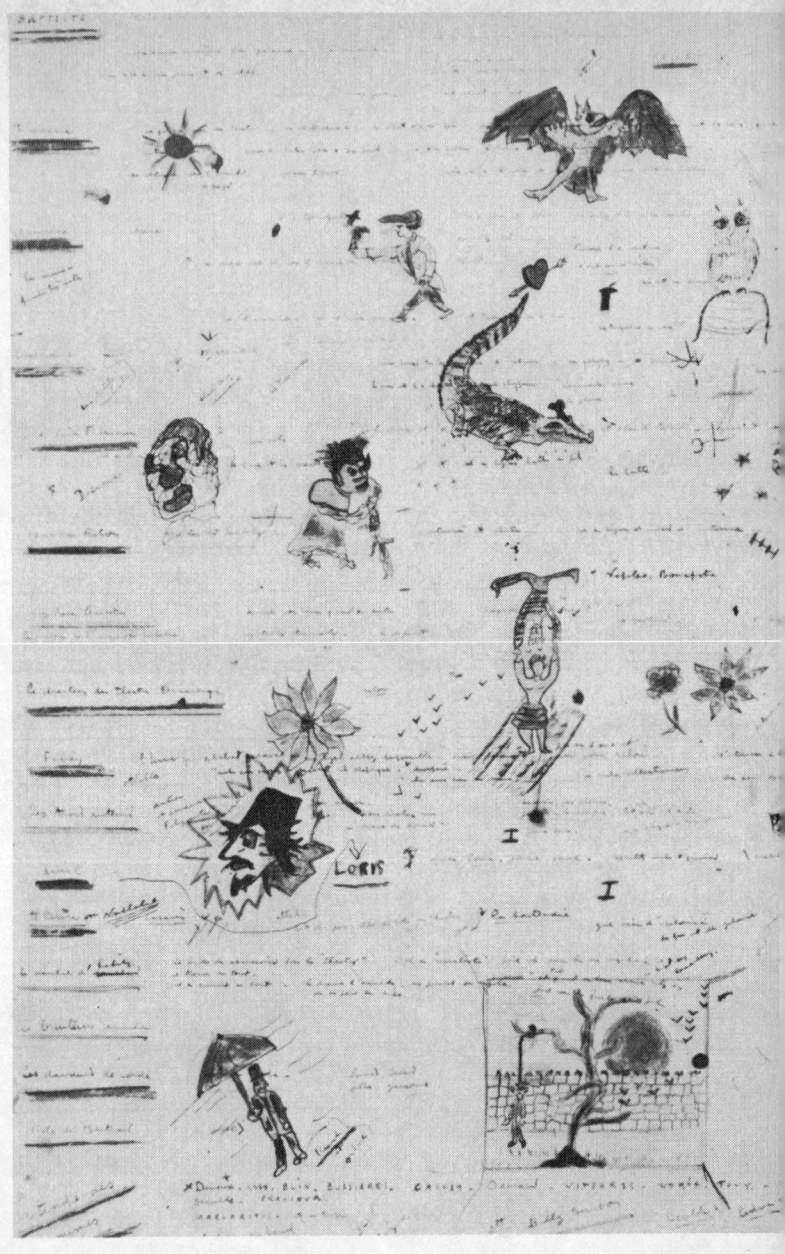

Namen. Die Politik, die Kriegsereignisse rückten dem Team aber immer wieder auf den Leib: Vincent, der Eigentümer der Villa mit Namen »Le Prieuré«, gehörte den Widerstandskämpfern an, und er wurde im Jahre 1943 getötet.

Die Vorbereitungen in La Tourette waren bald abgeschlossen. Im Frühjahr 1943 begannen auf dem Gelände des Studios La Victorine bei Nizza die Vorbereitungen für den Bau der riesigen Anlagen. Alexandre Trauner hatte nach den von Carné aus dem Musée Carnavalet mitgebrachten Dokumenten das Modell zu einer nahezu historisch getreuen Nachbildung des *Boulevard du Crime* entworfen, und dieser Entwurf wurde in einer etwa 200 Meter langen Konstruktion realisiert. Aus rund 35 Tonnen Gerüstwerk wurden die Gerippe der 50 Haus- und Theaterfronten errichtet. Für deren Verkleidung benötigte man 350 Tonnen Gips und mehr als 500 Quadratmeter Glas. Alles mußte mühsam auf dem schwarzen Markt organisiert werden. Zwei Gerüstbauer waren vierzig Tage und fünfzehn Schreiner neunzig Tage rund um die Uhr beschäftigt. Weitere fünfzig Handwerker und ebensoviele Hilfsarbeiter waren für fünfzig Tage engagiert. Schließlich legten zwanzig Gipser in einer Sechs-Wochen-Schicht letzte Hand an zur Wiederauferstehung des alten Theaterboulevards. Gleichzeitig wurden noch die Dekorationen für die übrigen Schauplätze – die Theaterräume, das Haus des Grafen etc. – errichtet. In rund 68 000 Arbeitsstunden entstanden diese bis dahin nahezu einmaligen Kinobauten.

Während die Handwerker noch arbeiteten, begann man am 16. 8. 1943 zu drehen. Zunächst die Szenen im »Grand Relais« der Madame Hermine, dann die Außenszenen vor dem Weinausschank und in der Spelunke »Le Rouge-Gorge«. Man ist im vollen Zuge, als die Landung der Amerikaner auf Sizilien die Arbeit unterbricht. Auf Anordnung der Vichy-Regierung, die sichere Informationen über eine bevorstehende Landung der Amerikaner bei Genua erhalten haben will, wird das Team nach Paris zurückbeordert. Carné versucht verzweifelt, über Paul Louis Galey, den Chef des Comité d'Organisation du Cinéma, einen Aufschub von wenigstens einer Woche zu erreichen, um die Szenen auf dem Boulevard abdrehen zu können – vergebens. Weitere Schwierigkeiten kommen hinzu: Der italienische Koproduzent verschwindet mit einem Teil des Budgets nach Italien. Die deutschen Besatzungsbehörden verbieten dem Produzenten Paulvé jede weitere Arbeit. Nach langen Ver-

Vorhergehende Doppelseite: Ein hübsches Dokument: Jaques Préverts fröhlicher Übersichtsplan zur Filmhandlung und Figurenkonstellation

Zwei Skizzen von Alexandre Trauner: Entwürfe einer Straße in Ménilmontant

handlungen steigt die Firma Pathé in die Produktion ein. Zuvor hatte sich auch die Presse bereits engagiert und gefordert, daß Künstlern diesen Ranges unbedingt die Fortsetzung ihrer Arbeit ermöglicht werden müsse.

Als Carné endlich seine Schauspieler wieder beisammen hatte – mit

Das *Café Lionceaux*, Zeichnung von Alexandre Trauner

Ausnahme von Robert Le Vigan, dem ersten Jericho, der sich mit der Vichy-Regierung nach Deutschland geflüchtet hatte –, war es inzwischen Herbst geworden. Anfang November nahm man die Dreharbeiten zunächst in den Studios der Firma Pathé in Joinville und an der Rue Francour wieder auf. Die Presse, aber auch befreundete Schriftsteller, Giraudoux, Sartre, begleiteten die Arbeit dort aufmerksam. Der Journalist Arthur Hoérée berichtete über die Szenen im *Grand Théâtre*:

> Auf einer großen Fläche ist ein Theater errichtet worden, ein richtiges Theater mit dem Parterre, seinen Galerien und Logen, die Bühne mit ihrem Vorhang und Kulissen. Eine Menge, drängelnd und in Kostümen, beschwört mit großer Intensität die erregte Atmosphäre auf dem *Boulevard du Temple* bei der Uraufführung der *Auberge des Adrets* mit ihrem Tumult und Lärm. – Doch was fehlt

Der *Boulevard du Crime* und rechts hinten das *Café Lionceaux* sind fast fertig

in dieser sonst so genauen Reproduktion des Theaters? Ah, es ist die Decke und die oberste Etage. Für solche Höhen reichte das Volumen der Studios nicht aus, nachdem die Filmarchitekten bei dieser Gelegenheit ihr großes Geschick unter Beweis gestellt hatten, da sie mit allen Teilen das Theater in den Maßen von 10 mal 20 Metern sowie 8 Metern Höhe gebaut haben. Aber solche Probleme löst das Kino gewöhnlich ganz leicht. Kein Platz mehr für eine Decke? Also gut ...

Man wird die Decke vor dem Theater anbringen. Die Kamera wird durch ihren Längsblick das Dach auf seinen angestammten Platz setzen. Da allerdings alle Objekte in dem Maße, wie sie in die Nähe der Kamera gerückt werden, größer werden, muß der Gegenstand, der vor das Objektiv gestellt wird, entsprechend kleiner gebaut werden. Um unserem Theater eine Kopfbedeckung zu verpassen,

Der Boulevard-Rohbau aus anderer Sicht

wird ein Modell von 2 mal 3 Metern mit einem laternengroßen Lüster ausreichen ... Wunder der Optik! Im Film scheint die letzte Etage die beiden unteren fortzusetzen, die Säulenkapitelle aus dem falschen Gewölbe stehen exakt auf den Spitzen der richtigen Säulen ...[23].

Bald gab es neue Probleme: Als man Anfang 1944 die Außenaufnahmen in Nizza vorbereiten wollte, zerstörte ein Sturm die Dekorationen des *Boulevard du Crime*. Und die Kriegssituation erforderte den ganzen Einfallsreichtum der Regie: Nachdem die Arbeit in den wiederhergestellten Dekorationen im Februar 1944 erneut aufgenommen werden konnte, waren aber die großen, von Carné und Prévert geplanten Nachtszenen unmöglich geworden. Die deutschen Militärbehörden erlaubten keine nächtliche Illumination des künstlichen *Boulevard du Crime*. Um dennoch die beiden Szenen – Deburau vor dem festlich erleuchteten *Grand Théâtre* und Deburau mit Frédérick vor dem Weinausschank – in abendlicher Beleuchtung drehen zu können, wurden die entsprechenden Bauten noch einmal im Studio errichtet. Von einer der letzten Schwierigkeiten und ihrer Lösung erzählt Carné in seinen Erinnerungen:

Für die Großaufnahmen des Karneval und insbesondere für die Schlußeinstellung schienen mir zweitausend Statisten erforderlich zu sein.

Ich hatte Paulvé versprochen, daß ich die Leute nur für einen einzigen Tag zusammenbringen müßte. Er hatte gemurrt und die Zahl zu drücken versucht. Ich blieb standhaft. Endlich gab er nach.

Der Drehtag kam, und die Statisten standen bereit. Auf meine Frage hin höre ich, daß nur wenige Leute weggeblieben sind, was bisweilen geschieht.

Während sie sich umziehen, bezeichne ich Blondy die Verteilung der Massen, ebenso wie ich mir die Gesamtbewegung vorstelle, und ich empfehle: Die kleinen Statisten sowie die für diese Aufnahmen vorgesehenen Kinder sollen sich im Hintergrund verteilen. Dies würde, soweit noch möglich, die Perspektive erweitern und vor allem den Proportionen des Dekors, das Barsacq errichtet hatte, entsprechen.

Nachdem die Statisten ihren Platz eingenommen haben, die Anweisungen gegeben sind, proben wir ein erstes Mal. Aber merkwürdig: Die Statisten kleben – es gibt kein anderes Wort – im Hintergrund des Dekors und lassen in der Nähe der Kamera einen großen, völlig leeren Raum.

Ich glaube, daß ich einen Fehler gemacht habe, und ändere einiges im Hinblick auf die großen Gesamtbewegungen.

Eine neue Probe: Das Ergebnis ist gleich oder nahezu . . .

Nach neuen Veränderungen zeigt auch eine dritte Probe keine nennenswerten Verbesserungen.

Ich muß der Tatsache ins Auge schauen: Ich benötige doppelt so viele Statisten.

Für einen Augenblick erfaßt mich Panik. Was tun?

Plötzlich habe ich eine allem Anschein nach verrückte Idee: Ohne mich über die Ausführbarkeit weiter zu bedenken, ordne ich an:

Marcel Carné bei den Dreharbeiten zu den *Kindern des Olymp*

»Man soll alle Kostümbehälter herbeiholen, die in den Garderoben stehen.«

Das sind große Koffer aus Korbgeflecht, die wir wegen der Bedeutung der Statisterie in großen Mengen mitgebracht haben.

Ich gebe zu, daß für einen Augenblick alle verblüfft sind. Aber da ich keine Anstalten mache, meine Entscheidung rückgängig zu machen, stürzen sich die Regisseure und Techniker, ohne weiter nachzudenken, in die Garderoben. Nach einigem Hin- und Herlaufen stehen alle Körbe gestapelt in einer Ecke.

»Sie sollen gleichmäßig auf dem Boden in der hinteren Hälfte des Dekors verteilt werden.«

Ich war zu der Überzeugung gelangt, daß ich die Statisten niemals dazu bringen würde, jeweils zwischen sich etwas Raum freizulassen, der der Kamera durch ihren entfernten Standort unsichtbar bleibt. Man mußte also künstliche Hindernisse aufstellen, die durch ihre Verteilung die Statisten dazu zwangen, einen Abstand zueinander einzuhalten.

Deshalb die Körbe, die auf der Leinwand unsichtbar bleiben, da sie kaum einen Meter hoch sind ...[24].

Carné und seine Mitarbeiter verfügten zwar über ein großes Talent zur Improvisation, aber nicht alle notwendigen visuellen Effekte konnten durch Tricks erzeugt werden. Der Aufwand, der in diesen Tagen der Beschränkung und der Knappheit getrieben wurde, war erstaunlich. Carné berichtete darüber in einem Interview:

Man hat über die Kosten der »Kinder des Olymp« viel geredet, und gerne erzählt man sich, daß ich »teuer« sei. Aber wie soll man es anders machen? Ein Beispiel: Als sich der Comte de Montray der Garance vorstellt, der Schauspielerin im Funambules, läßt er ihr vorher einen Korb mit Blumen überreichen. Das ist ein verschwenderischer Korb, der sichtlich diejenige, der er zugedacht ist, in Entzücken versetzen soll, da er doch von dem vornehmsten und reichsten Mann in ganz Paris kommt. Der Produktionsleiter hatte für dieses unverzichtbare Accessoire, das sich als wahrhaftiges Meisterwerk der Floristenkunst erwies, ein kleines Vermögen aufgebracht. »Wieviel?« fragte ich kurz. »20 000 Francs ...«

Doch die Szene zwischen Garance und Montray erforderte zahlreiche Proben, und sie befriedigten mich nicht vollständig. So entschied ich, am nächsten Tag erneut zu beginnen, und ließ dem Produktionsleiter ausrichten: »Bestellen Sie einen neuen Blumenkorb. Und etwas schöner als diesen hier.« Als ich am nächsten Morgen eintraf, kümmerte ich mich sogleich darum, ob meine Anweisungen befolgt worden waren. Vor einem Blumenkorb von noch größerer Fülle heiterten sich meine Züge auf. »Wieviel?« – »30 000 Francs«, antwortete der Leiter beflissen. Ich mußte darüber lächeln, und die Szene wurde in bester Stimmung gedreht ...

Alles in allem, bedenkt man die ungeheuren Kosten für das anfängliche Material, und daß wir bisweilen wegen Stromrationierungen nur eine Stunde pro Tag drehen konnten, haben die beiden Filme – denn, vergessen wir es nicht, es sind zwei – rund 58 Millionen Francs gekostet[25].

Der Aufwand für die Kostüme der Hauptpersonen – die verschiedenen Kleider von Garance etwa – war ebenfalls bedeutend, denn Carné bestand darauf, einen richtigen Couturier damit zu betrauen. Und

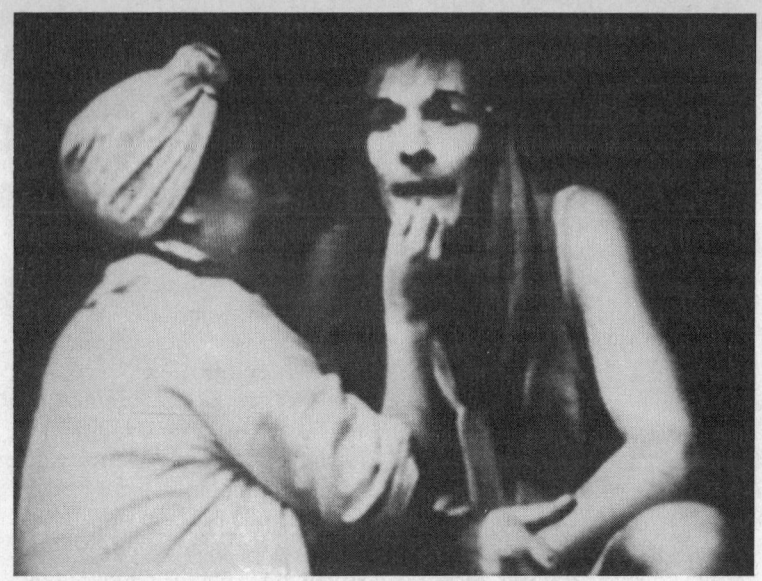

Jean-Louis Barrault wird Baptiste: Das Mehl wird durch Schminke ersetzt

Pierre Brasseur hat zu Recht hervorgehoben, daß Carné eine besondere Gabe besaß, seine Schauspieler zu kleiden.

Die Kinoillusion ist eine Illusion des Auges und vor allem dessen, was dem Auge verborgen bleibt. Daher sei an dieser Stelle noch eine Anekdote zitiert, die Jean-Louis Barrault erzählt hat:

> Wir hatten einen Kuß zu drehen, in Großaufnahme, in einer kleinen Straße. Und Arletty ist groß und schön, und ich bin etwas klein. Der Gehsteig war etwas abschüssig und brachte mich in eine ungünstige Position. So stellte man mir ein Stühlchen hin, die Techniker und Beleuchter machten sich über mich lustig und sagten: »Na, Jean-Louis, braucht man schon ein Stühlchen, um die Frauen zu küssen?!«
>
> Und nach endlosen Proben, während sich die Beleuchter und Techniker in spöttischen Bemerkungen überboten, kam endlich die Aufnahme, und als wir uns losließen, da hatten wir tatsächlich den Satz vergessen. Er lautete: »Wie einfach ist doch die Liebe!«[26]

Pierre Brasseur steuerte eine andere Geschichte bei, die die Schwierigkeiten und Annehmlichkeiten der Dreharbeiten illustriert. In dem schönen Dokumentationsfilm *Die Geburt der Kinder des Olymp* berichtete er:

In diesem Film, der so prunkvoll wirkt, waren viele Kostüme aus Papier, und das Leder unserer Schuhsohlen war aus Holz. Deshalb mußten fast alle Dialoge nachsynchronisiert werden, denn es war so, als ob Holzpferdchen durchs Studio galoppierten.

Wir konnten allerdings mit unserer Arbeit dem Krieg entfliehen. Kleine Dinge spielten eine große Rolle: z. B. die Bäckersfrau, die wir als Komparsin engagieren wollten. Ein enormes und nicht sehr appetitliches Frauenzimmer. Carné wollte zunächst gar nichts von ihr wissen. Aber wir sagten ihm: »Sie ist Bäckerin!« – »Ah, bon!«, und sie wurde engagiert, und wir hatten jeden Morgen zwei knusprige Croissants zum Frühstück.

Und dann das berühmte Festmahl in meiner Garderobe. Der Champagner muß Unsummen gekostet haben! Und dann die

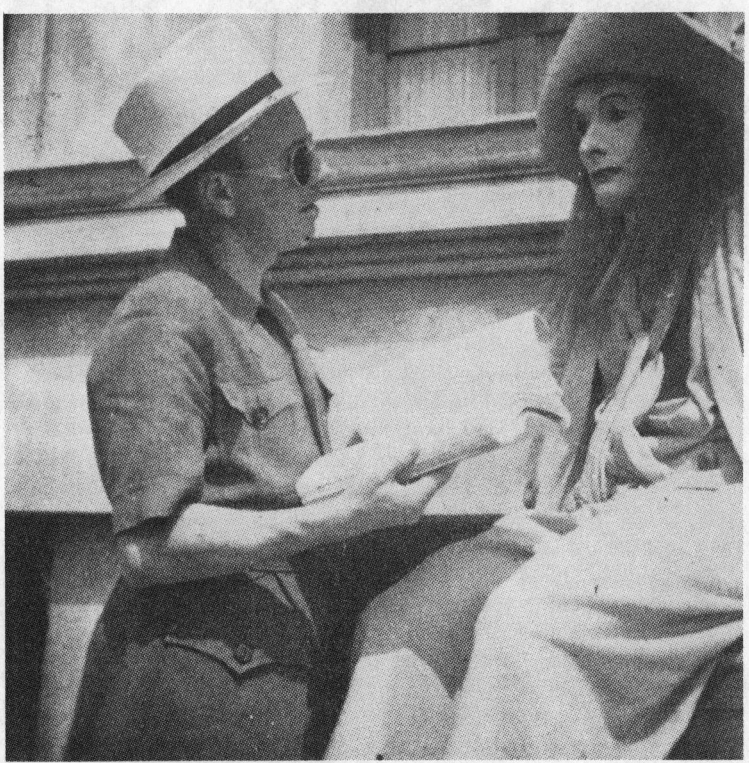

Marcel Carné und Jean-Louis Barrault bei einer Probe:
Die Pose des traurigen Baptiste ist noch nicht vollendet

183

Marcel Carné und Jacques Prévert in der Epoche des sichtbaren Einvernehmens

Hähnchen! Die Bühnenarbeiter warteten nur darauf, um sich auf die Reste zu stürzen. Ich habe mir schon beim Drehen ein paar Schenkelchen in die Tasche gesteckt ...[27]

In die letzte Phase der Filmaufnahmen fiel das größte politische Ereignis des Jahres 1944: die Landung der Amerikaner in der Normandie im Juni. Und als Carné an die Abschlußarbeiten, insbesondere an die Synchronisation des Filmes ging, da suchte er diese Arbeit nun auch noch mit der Befreiung Frankreichs zu synchronisieren. Er selbst erzählt dies in seinen Erinnerungen:

Tatsächlich, als ich die Nachricht von der Landung erfuhr, da hatte ich nur noch einen Wunsch: die Abschlußarbeiten am Film so lange wie möglich hinauszuzögern, damit er als der erste des endlich wiedergewonnenen Friedens gezeigt werden könnte.

Von nun an nutzte ich alles, um Zeit zu gewinnen: Stromausfälle, Transportprobleme, Recherchen nach schwierigen Toneffekten etc.

Ich spielte die Tatsache aus, daß ich zwei Filme statt nur eines einzigen fertigzustellen hatte. So waren sozusagen zwei Synchronisationen notwendig statt nur einer, zwei Musikeinspielungen und zuletzt zwei Tonspuren ...

So war nichts verwunderlich daran, daß ich doppelt so viel Zeit benötigte wie gewöhnlich, um einen Film in zwei Teilen fertigzustellen.

Soweit sich das machen ließ, war es nicht schwer, mit Vorwänden zu kommen; aber eines Tages mußte ich eingestehen, daß der Film fertig war ...

Wir hatten aber erst die Mitte des Januar 1945 erreicht. Zwar war Frankreich zu neun Zehnteln befreit, doch solange Paris, sein hohler Leib, noch nicht kräftig durchatmete, so lange war der Krieg noch nicht beendet.

Den Film zu diesem Zeitpunkt herauszubringen, das bedeutete für mich nach dem Gelöbnis, das ich mir selbst gegeben hatte, ein schmerzliches Scheitern einzugestehen.

Oder sollte ich die Chefs der Pathé in die Absicht einweihen, die ich in meinem tiefsten Inneren und während so langer Monate bewahrt hatte? ...

Einmal mehr und eben nach dem Abschluß sollte mir der Film aus den Händen genommen werden ...[28]

In schwierigen, aber von Carné geschickt geführten Verhandlungen erzielte der Regisseur mit der Produktionsfirma und mit dem Verleih Einigkeit über die Modalitäten des Starts der *Kinder des Olymp*. Nach einer Gala-Aufführung im Palais de Chaillot am 9. März 1945 fand die öffentliche Premiere am 15. März gleichzeitig im Kino Madeleine und im Colisée statt. Im Kino Madeleine liefen die *Kinder des Olymp* 54 Wochen.

Dieser Erfolg überraschte alle Beteiligten, zumal die Kritik anfänglich zwar durchweg positiv, aber keineswegs überschwenglich war. Doch die von Carné gewünschte Synchronisation mit der Befreiung Frankreichs war geglückt, und die letzten Szenen des Karneval auf dem *Boulevard du Crime* liefen in den Augen vieler Zuschauer mit Bildern des Jubels in dem befreiten Paris zusammen. Carné hat später gemeint, daß die Wirkung der letzten Filmpassagen, wo der unglückliche Baptiste in der Freude der Massen untergeht, daher rührt, daß die Statisten, die zweitausend Narren-Komparsen aus Nizza, einen solchen Spaß an ihrer Aufgabe hatten, weil sie seit vier Jahren keinen Karneval mehr gefeiert hatten[29].

Das geheime raffinierte Spiel in dem Film, wo immer wieder die symbolischen Grenzen zwischen illusionärem Spektakel und der Realität verwischt werden, ist offenbar auch eine seiner Voraussetzungen gewesen.

V Bilder und Schatten einer Epoche des Kinos: Photos, Zeugnisse und Selbstzeugnisse der Beteiligten

Marcel Carné

Marcel Carné wurde 1909 als Sohn eines Kunsttischlers in Paris geboren. Die kleinbürgerliche Welt Montmartres, der er entstammt, hat er in vielen seiner Filme mit großer Genauigkeit festgehalten. Nach kurzer Lehrzeit im Beruf des Vaters trat er ins Versicherungsgewerbe ein. In Abendkursen erwarb er zugleich ein Zertifikat als Kameraassistent. Von der Kinoleidenschaft des kaum Zwanzigjährigen, der erst einmal den Filmen Langs, Murnaus und der sowjetischen Künstler verfallen war, ließ sich der Regisseur Jacques Feyder beeindrucken. Er engagierte Carné 1928 als Kameraassistenten für seine Produktion *Nouveaux Messieurs*. Die gleiche Funktion erhielt er in Richard Oswalds *Cagliostro*. Nach der Militärzeit arbeitete Carné als Filmkritiker, zeitweise gar als Chefredakteur der Wochenzeitschrift »Hebdo-Film«. Als er sich mit dem Herausgeber wegen dessen abschätzigen Urteils über Chaplins *City Lights* überwarf, gab er diese Position wieder auf. 1929 drehte er dann mit Michel Sanvoisin seinen ersten eigenen kleinen Film. Carné berichtet darüber in seinen Erinnerungen, und sein Exposé dieser Milieustudie enthält bereits so ausgeprägte Züge und Elemente seiner späteren Arbeiten, daß es hier ausführlich zitiert werden soll:

Eine Kamera zu haben, Filmmaterial – das ist schon ganz ausgezeichnet. Doch benötigt man, wenn es an einem Stoff mangelt, wenigstens ein Thema. Und da das Filmmaterial jener Zeit von unvergleichlich geringerer Lichtempfindlichkeit war, konnte ich ohne eine beträchtliche Beleuchtungsapparatur schon einmal keine »Innenaufnahmen« machen.

Ich war also gezwungen, den Film ausschließlich mit »Außenaufnahmen« zu bestreiten.

So kam ich darauf, mich auf ein ebenso schönes wie tiefbewegendes soziales Thema einzulassen.

Diskotheken gab es damals natürlich noch nicht, und in Paris kannte man außer den »Bals Musette« in der berühmten Rue de Lappe an der Bastille und einigen Vorortlokalen eben noch zwei oder drei große volkstümliche Tanzveranstaltungen: einmal die berühmte im »Moulin Rouge« und die nicht weniger berühmte und von Auguste Renoir unsterblich festgehaltene im »Moulin de la Galette«.

Außerdem gab es noch das »Magic-City« an der Stelle des alten ORTF-Gebäudes in der Rue de l'Université. Doch dies war vor allem wegen seiner Maskenbälle an Karneval bekannt ...

Drei Tanzlokale für die gesamte Jugend der Hauptstadt, das war, wie man leicht versteht, einfach zu wenig.

Und so sah man allsonntäglich die Pariser Jugend – und selbst die Älteren waren unterwegs – zu Zehntausenden in die nahen Vorstädte ziehen, wo sie die Kneipen an der Seine, an der Marne oder Oise stürmten. Doch man tanzte nicht nur aus jenem einfachen Vergnügen, das die Natur dort bietet, sondern die Klangwolken der Musik begleiteten, vom Wind getragen, auch die Bewegungsfiguren derjenigen, die im Foxtrott jener Zeit lieber badeten, in Ruderbooten oder mit Fahrrädern unterwegs waren ...

Ich wollte einen dieser Sonntage filmen, und ich entschied mich für Nogent-sur-Marne, wo ich mich gut auskannte und wo der Zustrom außerordentlich groß war ...

Gar nicht viel später begriff ich, wie sehr meine Leidenschaft für die Impressionisten meine Wahl beeinflußt hatte.

Ohne daß ich noch sagen könnte, wie man es gemacht hat, so hatte diese Erzähldokumentation *Nogent, Eldorado des Sonntags* – ein Titel, den ich gar nicht mehr mag – einen locker gezogenen roten Faden. Er begann an der Gare de la Bastille – wo eine alte Dampfeisenbahn, keuchend und schmutzig, aber voll von Liedern und fröhlichem Geschrei, diese kleine Armee von Jugendlichen, die sich wie wild auf ihr Freiluftvergnügen freuten, in sich aufnahm – und er endete mit den traurigen Augenblicken der Rückfahrt, wo alle Lieder plötzlich vergessen sind und alle nur noch an die Arbeit denken, die am nächsten Tag auf sie wartet. Da man hier und dort einzelne Personen festhielt, die in einem Augenblick verschwanden, um später wieder aufzutauchen, so hatten mein Freund und ich aus unserer Umgebung einige Teilnehmer rekrutiert, die sich für unser Unternehmen zur Verfügung stellen wollten. Und so hatte sich auch meine liebe Tante, trotz einigen Widerstrebens, bereit erklärt, eine Straßensängerin zu spielen[30].

Hier wurde schon ganz weit und präzise der Blick auf die Dinge und die Menschen gerichtet: Aus dieser gegenseitigen Durchdringung von Personen und Milieu bildet sich in Carnés Filmen der optische Stoff der Schicksale.

René Clair war von diesem kurzen Streifen sehr beeindruckt, und er engagierte 1930 den jungen Carné als zweiten Assistenten für die Dreharbeiten an *Sous les toits de Paris*, ein Film, der damals bekanntlich in Deutschland viel größeres Aufsehen erregte als in Frankreich. Aber Carné äußerte bei den Aufnahmen schon sein Mißfallen an der, wie er es empfand, abgehackten, mechanischen, kühlen und lieblosen Art der Arbeit. Er flog aus dem Team und nahm seine Arbeit an der Zeitschrift *Cinémagazine* wieder auf; dort veröffentlichte Carné unter anderem den Artikel »Wann endlich steigt das Kino in die Straßen hinab?«, der sich wie ein Manifest seiner künftigen Arbeit liest, die von Feyder, Clair ausging:

> Wenn es richtig ist, daß wir einen Eid darauf leisten würden, alltäglich auf der Straße den verschiedenen Gestalten aus »Sous les toits de Paris« oder aus »Quatorze juillet« zu begegnen, so ist es nicht weniger wahr, daß wir den gleichen Eid leisten würden, wenn wir eines Tages durch die Vorstädte spazieren, wo wir uns plötzlich den imaginären Straßen von Meerson gegenübersehen: Sänger, die eine Straße zur Sackgasse machen, das dunkle Gäßchen, das an die Eisenbahnlinie der Petite Ceinture in *Sous les toits de Paris* grenzt, die Stiegenstraße, der kleine Tanzplatz in *Quatorze Juillet*, und obgleich wir wissen, daß sie künstlich errichtet worden sind, bewegen sie uns, durch die Kraft ihrer Authentizität, vielleicht sogar noch stärker, als wenn Clair und sein Team sich tatsächlich an die Orte der Handlung selbst begeben hätten[31].

Feyder kehrte 1932 aus den USA zurück und sicherte sich für seine folgenden Produktionen die Talente des jungen Carné, der schon so stilsicher und so entschieden in seinem Urteil war. Unter Carnés Mitarbeit entstanden *Le grand jeu* (1933), *Pension Mimosas* (1934), wo bereits Arletty mitwirkte, und *La kermesse héroïque* (1935), ein Film, der zugleich in einer deutschen Fassung unter dem Titel *Die klugen Frauen* produziert wurde. Als Feyder 1936 eine Regiearbeit für Alexandre Korda in England übernahm, wurde Carné die Leitung von *Jenny* übertragen. Bei dieser Gelegenheit engagierte er Jacques Prévert, der das an melodramatischen Effekten überreiche Drehbuch bearbeitete. In Carnés Team tauchten damals bereits die Namen des Kameramannes Joseph Hubert und des Komponisten Joseph Kosma auf, die dann immer wieder mit Carné zusammenarbeiten sollten. Noch im gleichen Jahr realisierten Carné und Prévert *Drôle de drame*,

Marcel Carné im Jahre 1967

ein Film, der schon ihre deutliche Handschrift trägt. Es ist ein groteskes, komödiantisches – u. a. von Jean-Louis Barrault entfachtes –
Spiel, bei dem die Dialoge bereits ebenso genau konzipiert sind wie
die optische Umsetzung. Alexandre Trauner, der die Dekors für diesen Film geschaffen hatte, wurde auch für die nächste Arbeit *Quai des
brumes* (1938) engagiert. Um ganz im Sinne von Carnés Manifest die
filmischen Effekte der Schauplätze und ihrer Atmosphäre zu garan-
tieren, wurde das Dekor des Hafens von Le Havre im Studio errichtet. Nur noch ein Drehbuch, das von *Hôtel du nord* (1938), übertrug
Carné einem anderen Autor (Henri Jeanson und Jean Aurenche),
dann begann die Serie gemeinschaftlicher Produktionen von Carné/
Prévert, die französische Filmgeschichte schreiben sollte.
Ihre nächste gemeinsame Produktion war *Le jour se lève* (1939) mit
Jean Gabin, Arletty und Jules Berry, eine eindrucksvolle psychologi-
sche Milieustudie. Der Film wurde ein Jahr später verboten. Krieg
und Besetzung Frankreichs erforderten dann eine thematische Neu-
orientierung in den Arbeiten Carné/Préverts: In *Les visiteurs du soir*
(1942) ließen sie das Mittelalter und in den *Kindern des Olymp* das
19. Jahrhundert lebendig werden. Dieser Film, der sich – im Gegen-
zug zu den *Visiteurs* – so strahlend über die Düsternisse und Schwie-

190

rigkeiten der Zeit erhob, von dem Carné auch später sagte, daß er ihm die wenigsten Schwierigkeiten gemacht habe, markierte auch den Höhepunkt in der Zusammenarbeit der Mannschaft Carné/Prévert. Ihre letzte gemeinsame Arbeit *Les portes de la nuit* (1946) wurde ein schlagender Mißerfolg. Das Publikum konnte mit diesem thematisch, künstlerisch und technisch sehr ehrgeizigen Film nichts anfangen. Dabei vermochten Carné/Prévert gerade in diesem Film ihren Stil überzeugend zu aktualisieren: In den Brechungen des Pariser Arbeitermilieus wurden die Nachwirkungen der Kriegsereignisse, von Kollaboration und Widerstand, gezeigt und phantastisch verfremdet. Der Mißerfolg des teuren Projekts sprengte die Künstlersymbiose Carné/Prévert: Zwar unternahm Carné noch einen Versuch, ein Projekt aus dem Jahre 1937 wiederaufzunehmen, *La fleur de l'âge*, doch nach wenigen Wochen mußte man die Dreharbeiten aus Geldmangel abbrechen. Danach sind Carné nur noch wenige Filme geglückt. Erwähnenswert sind allein solche Arbeiten, wo Sujet und Drehbuch seiner »Methode« entgegenkamen, die Personen, ihre Psychologie und ihr Handeln an ein Milieu zu binden. Dies gilt etwa für *La Marie du port* (1949) nach einem Roman von Simenon, für *Thérèse Raquin* (1953), nach einem Roman von Zola entstanden und mehrfach preisgekrönt, und für den nach einem Roman von Jean Laborde gedrehten Film *Les assassins de l'ordre* (1971).

Dennoch – nach dem Krieg gehörte Carné nicht mehr zu den führenden Regisseuren Frankreichs, wenn auch die jungen Filmemacher der »Nouvelle Vague« seine Arbeiten genau studiert hatten und insbesondere *Les enfants du paradis* für viele ein allererstes und einzigartiges Filmereignis war.

Jacques Prévert

Jacques Prévert gehörte ohne Zweifel zu den farbigsten und vielseitigsten Gestalten der französischen Literatur in diesem Jahrhundert. Um diese Rolle zu spielen, ist er zunächst einmal rechtzeitig im Jahre 1900, am 4. Februar in Paris geboren, genauer: in Neuilly-sur-Seine, am westlichen Rand von Paris, oberhalb des Bois de Boulogne. Und dann hat er alle Künste, in denen er sich versuchte, mit seinem poetischen Charme bestochen. Seine Vielseitigkeit, seine kreative Begabung in den verschiedensten Medien und Formen, als Lyriker, Chansontexter, als Verfasser von Kinderbüchern, Theaterstücken, Drehbüchern für alle Arten von Filmen, sein Talent als Schauspieler, Kabarettist, Collagist und insbesondere als Erzähler

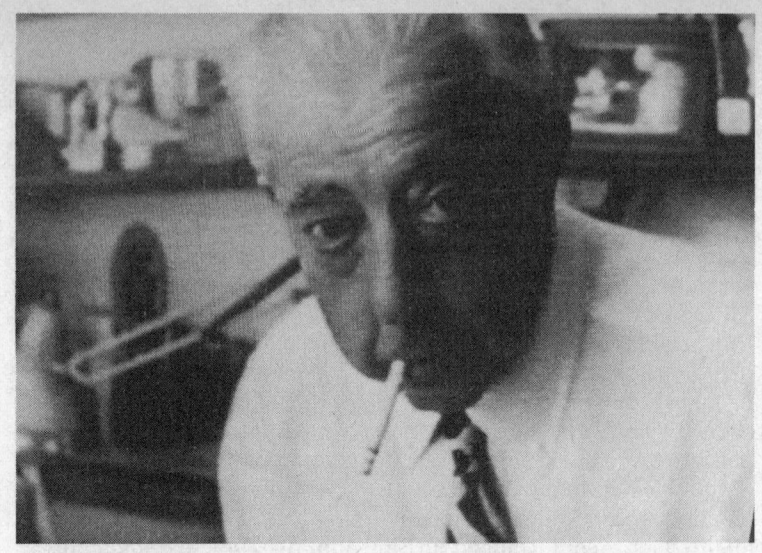

»Ich gehe ins Kino, so wie ich esse, so wie ich trinke. Es ist wie ein Rauschgift ...

und Unterhalter hat er sich ohne Zweifel durch die Leichtigkeit und Verspieltheit seiner Arbeitsweise bewahrt. Darin ähnelt Prévert auffällig seinem Freund Picasso, dem er mehrere Bücher gewidmet hat. Zwar behauptete Jacques Prévert einmal, er habe bereits mit zwei Jahren graue Haare gehabt, aber der Scherz gewinnt durch Umkehrung noch an Aussagekraft: Auch als Grauhaariger ist Prévert ein Kind geblieben, ein Kind von der heiteren und reizbaren, von der melancholischen und märchenfrohen Natur jener Bewohner des Olymp: Seine *Märchen für Kinder, die nicht brav sind*, wurden auch von einem solchen Kind erzählt. Préverts Erinnerungen an seine eigenen Kinderjahre, die er bei verschiedensten Anlässen ausbreitete, sind voller hübscher Bilder aus dem Bois de Boulogne, von den Ufern der Seine, wo er mit Eltern und Geschwistern spazierenging. Dazu gesellten sich Szenen, Reminiszenzen, Abenteuer von der Kirmes, vom Theater, eine Welt, die ihm der Vater eröffnete, und natürlich vom Kino. Die ganze Familie ging dorthin:

Als Kind – so erinnerte er sich – und auch später besuchte ich das Kino mehrere Male in der Woche. Es hat mir immer große Freude bereitet. Wir gingen gewöhnlich zusammen – mein Vater, meine Mutter, mein Bruder und ich. Es kostete damals nicht viel, aber für uns alle war es doch zu teuer. Wenn wir also zum Kontrolleur kamen, dann sagte mein Vater: »Geht vor, Kinder!« Wir liefen hinein, setzten uns schnell hin, und mein Vater zeigte zwei Eintrittskarten vor. »Und die Kinder«, fragte der Kontrolleur. – »Die Kinder! Welche Kinder?« – »Aber Sie sagten doch ...« – »Ich habe gesagt: Geht vor, Kinder. Die Kinder immer zuerst!« So war die Schlacht dann immer gewonnen ...[32]

Auch wenn man ein Kind bleibt, muß man lernen, das Erwachsensein zu spielen: Jacques versuchte sich nach der Schule und nach dem Krieg in verschiedenen Berufen. Eine kaufmännische Lehre wurde abgebrochen, vermutlich hat er auch ein paarmal die Anfangsgründe einer Lacenaire-Karriere studiert (»... genauso wie die unbefleckte Empfängnis bleibt mir die Jungfräulichkeit meines Strafregisters ein Rätsel«); die Arbeit in einem Pressebüro verhalf ihm zur Fähigkeit, Zeitungen in Windeseile durchzublättern. Während seiner Militärzeit – eher taugte das Pferd Caligulas zum römischen Kaiser als Prévert zum Soldaten – lernte er aber Yves Tanguy und später Marcel Duhamel kennen, mit dem er eine Mission in Konstantinopel abzuwickeln hatte. Tanguy, Duhamel und Prévert bezogen um 1924 eine gemeinsame Wohnung in der Rue du Château, und dieses ehemalige Etablis-

... nein, nicht ganz so gut wie's Rauchen.« (Jacques Prévert 1967)

sement eines Kaninchenhändlers wurde bald zu einem Treffpunkt der Surrealisten: André Breton, Raymond Queneau, André Masson, Michel Leiris, Benjamin Péret, Robert Desnos, Man Ray erschienen und natürlich Pierre Prévert, Jacques' jüngerer Bruder, der zu dieser Zeit als Filmvorführer arbeitete.

Seit der Begegnung mit den Surrealisten begannen auf den verschiedensten Feldern Préverts Talente zu wuchern, seine anarchistische Widerspenstigkeit, seine Lust am Spiel und seine kreative Phantasie. Es entstanden Chansons, Gedichte, surrealistische Texte, unter ihnen der *Beschreibungsversuch eines Dîner de têtes in Paris, Frankreich*, der 1940 in André Bretons berühmter *Anthologie des schwarzen Humors* neben Texten von Lacenaire, Grabbe, Dalì, Baudelaire, de Sade und vielen anderen düsteren Phantasten erscheinen sollte. Aber die surrealistische Bewegung spaltete sich bald, und Prévert bildete mit Masson, Desnos, Artaud die anarchistische Sektion. Der Kontakt zum Film wurde gleichzeitig immer intensiver: Prévert arbeitete zuerst noch als Filmstatist und als Angestellter in einer Verleihfirma; Anfang der dreißiger Jahre produzierte er dann mehrere Werbefilme, die erst um 1970 wieder auftauchten. Bereits 1928 hatten Jacques und Pierre Prévert für die Verleihfirma von Marcel Duhamel einen Film gedreht, *Souvenirs de Paris ou Paris-Express*, der 1959, um farbige Sequenzen erweitert, erneut herauskommen sollte. Und während Jacques Prévert begann, für das anarchistische Agit-Prop-Theater *Groupe Octobre* Stücke, Sketches, Chöre und Lieder zu schreiben, drehte er mit seinem Bruder, der Regie führte, den ersten längeren Spielfilm *L'Affaire est dans le sac*. Diesen Film und *Die Kinder des Olymp* bezeichnete Prévert noch Jahre später als seine liebsten. *L'Affaire est dans le sac* ist stilistisch von *L'âge d'or*, Buñuels surrealistischem Meisterwerk, in dem Pierre mitgespielt hatte, beeinflußt, aber die Geschichte ist zugleich voller anarchistischer Einfälle und satirischer Bosheiten, die unmittelbar politisch verstanden werden konnten.

In den folgenden Jahren entstanden noch eine Reihe von Drehbüchern, aber das entscheidende Jahr für den Filmautor Prévert war 1936: Er verfaßte für den Regisseur Pierre Renoir das Skript zu *Le crime de Monsieur Lange*, und es fand die Begegnung mit Marcel Carné statt. Carné hatte sich bei seiner Suche nach einem Autor, der das Drehbuch von *Jenny* überarbeiten könnte, an Préverts Stück *La bataille de Fontenay* erinnert, das er einmal vom *Groupe Octobre* aufgeführt gesehen hatte. Dieses wilde, halb surrealistische Agit-Prop-Theater, das auf der Moskauer Olympiade der Arbeiter-Theater 1933 prämiiert worden war, hatte ihm gefallen. In seinen *Erinnerungen* berichtet er über seine erste Begegnung mit Prévert:

Der künftige Autor der *Paroles* hatte mir als Treffpunkt das Theater Edouard VII. angegeben, das damals ein Kino war. An diesem Morgen kontrollierten Renoir und er eine Kopie des *Crime du Monsieur Lange*, die am gleichen Abend in diesem Saal gezeigt werden sollte.

Prévert begrüßte mich ebenso kurz wie herzlich; Renoir murmelte etwas, das ich nicht verstand ...

Dann ließen sie den Film laufen. Und je länger die Vorführung dauerte, desto größer wurde meine Freude über die Idee, Prévert um seine Hilfe gebeten zu haben. Seine zündenden Dialoge, zugleich zärtlich und grausam, zerrissen im wahrsten Sinne des Wortes die Leinwand ... Als das Licht wieder anging, drückte ich ihm meine Begeisterung aus. Das schien ihm zu gefallen.

Jetzt mußte er nur noch überzeugt werden, an dem Projekt, das mir vorschwebte, mitzumachen.

Am nächsten Tag trafen wir uns in irgendeiner Kneipe ...

Ich hatte nichts von dem Stoff gesagt, und erst recht hatte ich den Titel nicht erwähnt. Als er auf den Umschlag des Manuskripts blickte, da nahm sein Gesicht einen Ausdruck an, der alles sagte ...

Indessen sprach er kein Wort und begann sich über den Stoff zu informieren. Das ging so schnell, daß ich mich fragte, wie aufmerksam er die wenigen Seiten gelesen haben mochte. In der Folgezeit konnte ich mich aber davon überzeugen, daß er jeden Text mit irrsinniger Geschwindigkeit durchsah.

Nachdem er fertig war, legte er das Skript auf den Tisch und stellte lächelnd fest:

– Das Zeug, das ist ganz schöner Mist! ...

– Ich weiß ... Und jetzt?

– Und jetzt muß man sehen, daß man aus der Sch ... wieder rauskommt![33]

Über die Zusammenarbeit von Prévert und Carné ist bereits das Nötigste skizziert worden, nicht jedoch über den Autor Prévert, über den eigentlich wenig zu sagen ist: Er war nämlich kein Autor. Seine Arbeiten waren stets für den raschen Gebrauch anderer bestimmt, fürs Theater, fürs Kabarett, für die Werbung, für den Film, für Kinder, und sein eigener Name blieb dabei stets im Halbschatten. So wurden Préverts Gedichte und Chansontexte, die in den dreißiger Jahren bereits große Popularität erreicht hatten, zunächst als Raubdrucke durch Schüler verbreitet, während sich noch kein Verleger so recht dafür interessierte. Die ersten Lyriksammlungen Préverts kamen erst nach dem Krieg heraus. Sie trugen den unscheinbaren Titel *Paroles* (1945, 1949). Und erst 1951 erschienen einige der Theatertexte, und die hießen *Spectacle*. Sie machten den »Autor« dann aber auch mit einem Schlage berühmt.

Prévert wurde zur zentralen Erscheinung der existenzialistischen Szene von Saint-Germain-des-Prés, im Café Flore, wo sich viele unbekannte und viele hochberühmte Leute trafen. Doch seine Wirkung reichte weit über diesen Kreis hinaus: Préverts Chansons, Boris Vians ungebärdige Romane und die Philosophie Jean-Paul Sartres haben eine ganze intellektuelle Jugend geprägt. Préverts Texte, vertont von Joseph Kosma, gehören zum Teil zum klassischen Repertoire der französischen Chansons. Sie wurden gesungen von Agnès Capri, Marianne Oswald, Juliette Gréco, Yves Montand, Serge Reggiani, Edith Piaf, Jacques Brel, Georges Brassens, Léo Ferré, Gilbert Bécaud, Charles Aznavour.

Aber zurück zum Drehbuchautor Prévert: Wichtig war noch seine Zusammenarbeit mit dem Regisseur Jean Grémillon, für den er (an Stelle von André Cayatte) das Drehbuch für *Remorques* (1939–41) und für *Lumière d'été* (1943) verfaßte. Mit seinem Bruder Pierre, mit dem er viel und gerne zusammenarbeitete, produzierte Prévert in den Kriegsjahren noch *Adieu Léonard* und im Jahre 1946 *Voyage-Surprise* mit vielen von Joseph Kosma komponierten Chansons. Herauszuheben sind noch die Nachkriegsproduktionen wie *Les Amants de Vérone* von André Cayatte mit Anouk Aimée, Martine Carol, Pierre Brasseur; weiterhin: *Der Glöckner von Notre-Dame* (1956) mit Anthony Quinn und Gina Lollobrigida.

Préverts öffentliche Wirkung endete 1958 mit der vierten Republik, wenngleich nicht seine Produktivität. In den sechziger Jahren arbeitete er für das Fernsehen, aber er brach diese Kooperation ab, als die Regierung de Gaulles das Fernsehen unter ihre Kontrolle brachte. Die schöne Dokumentationsserie von Pierre Prévert *Mon frère Jacques* wurde für das belgische Fernsehen produziert, und eine Übernahme für das O. R. T. F. verhinderte Jacques Prévert aus Protest gegen diese gouvernementale Institution. Auch aus dieser Geste sprechen klar die Antriebskräfte dieses Poeten der Anarchie: Ohne Geltungssucht, ohne Einsatz für den eigenen Namen bekämpfte er die Medien der Macht, oder er spielte mit ihnen. Dieser Spieler Jacques Prévert starb 1977; es gibt nichts Traurigeres als tote Kinder.

Jean-Louis Barrault

Jean-Louis Barrault, der mehrere Epochen französischer Theatergeschichte verkörpert, wurde am 8. September 1910 in dem Pariser Villenvorort Le Vésinet geboren. Sein Vater, ein idealistisch gesonnener, sozialistischer Apotheker, der 1917 für Lenin schwärmte und 1918 bereits starb, spielte an einem Liebhabertheater in Le Vésinet. Die Mutter, eine fröhliche Pariserin, die für die Schauspielerin Réjane schwärmte, träumte ein Leben lang vom Theater. Sie realisierte diese Träume in einigen kleinen Rollen als Amateurschauspielerin und in einer großen als Kontaktperson für das Theaterfieber ihres Sohnes.

Jean-Louis, der durch den Einfluß seines Maler-Onkels Bob auch eine Liebe zur bildenden Kunst entwickelt hatte, wußte sich nach der Schule zunächst für keinen Beruf zu entscheiden: Kurze Zeit tendierte er in die Richtung seines Großvaters, eines Kaufmanns, und begann eine Buchhalterlehre. Dann studierte er unter dem Einfluß des Onkels wenige Semester Kunstwissenschaft. Schließlich meldete er sich – im Zeichen der mütterlichen Träume – 1931 in der Schauspielschule von Charles Dullin am *Théâtre de l'Atelier* an. Dullin versprach, den talentierten jungen Mann kostenlos auszubilden. An seinem einundzwanzigsten Geburtstag debütierte Barrault in einer kleinen Rolle in Ben Johnsons *Valpone*. Sein zweiter wichtiger Lehrer am Atelier-Theater wurde der große Pantomime Etienne Decroux. Im Jahre 1935 überließ Dullin seinem Meisterschüler die erste Inszenierung. Barrault richtete William Faulkners Roman *As I lay dying* für das Theater ein. Es sollte modernstes, absolutes Theater sein, wie es auch Antonin Artaud predigte. Die Proben für das Stück, das bei einer Textmasse von nur dreißig Minuten etwa zwei Stunden dauerte, stießen auf viele Schwierigkeiten und Widerstände, ohne daß sich der fanatische Theatermann irritieren ließ. Und selbst als die Darstellerin der Mutter ausstieg, übernahm Barrault diese Rolle zusätzlich zu seiner Charge als unehelicher Sohn der Sterbenden. Dieses Stück mit dem Titel *Autor d'une mère* wurde ein großer Erfolg, obgleich es nur viermal über die Bühne des Atelier-Theaters ging. Antonin Artaud spendete in einem Artikel für die *Nouvelle Revue Française* seinen Segen. Dort stand zu lesen:

> Dieses Schauspiel ist magisch, wie es die Zaubersprüche von Negerzauberern sind, wenn die an den Gaumen schlagende Zunge den Regen auslöst über der Landschaft; wenn der Zauberer vor dem Kranken seinem eigenen Atem die Gestalt eines seltsamen Unbehagens verleiht und das Übel durch den Atem austreibt; so erfaßt im Schauspiel Jean-Louis Barraults, im Augenblick, da die Mutter stirbt, ein Konzert von Schreien das Leben[34].

Nach diesem Erfolg, der ihn in ganz Paris bekannt machte, verließ Barrault das *Atelier-Theater*. Durch Artaud entstanden Kontakte zu den Surrealisten, er lernte Prévert kennen, schloß sich dem *Groupe Octobre* an und gründete auch noch seine eigene Schauspieltruppe.

Jean-Louis Barrault erinnert sich an Baptiste ...

Dies geschah in dem großen Grenier, einem Atelier in Saint-Germain-des-Prés, wo Barrault nun lebte. Alltag, Freundschaften, Arbeit – alles vollzog sich in einer Art von öffentlicher Gemeinsamkeit. Es war die Zeit der anarchistischen Kunst- und Lebensrevolte. Im Grenier in der Rue des Grands-Augustins, wo später Picasso einziehen sollte, trafen sich die wilden Leute dieser Zeit: Robert Desnos, André Masson, Artaud, Prévert. Man sang Prévert/Kosmas Lieder, man debattierte, aß, trank, improvisierte, liebte und schnitt antibourgeoise Grimassen. Mit seiner neugegründeten Truppe inszenierte Barrault eine von Prévert hergestellte Bearbeitung von Cervantes' *Wundertheater*. Das böse, freche Stück wurde ein Jahr später vom *Groupe Octobre* übernommen. Natürlich interessierte sich längst auch das Kino für den jungen genialen Theatermann. Bereits 1935 hatte Marc Allégret Barrault für seinen Film *Les beaux jours* engagiert. Im Jahr darauf war er in *Mayerling* von Anatol Litvak dabei, dann in Marc Allégrets *Sous les Yeux d'occident*, und ebenfalls 1936 spielte er in Abel Gances *Un grand Amour de Beethoven* mit Harry Baur, einem Film von großer Wirkung, wenn etwa die Taubheit des

Komponisten durch Ausschalten des Tons akustisch zum Ausdruck kommt. Barrault war mit einem Schlage ein gesuchter Kinomime geworden. Aber er hatte seine anarchistischen Allüren deshalb keineswegs abgelegt. Im Zusammenhang mit Jean-Benoît Lévys Schwierigkeiten, den wilden Kino- und Agit-Prop-Schauspieler für seinen Film *Hélène* mit Madelaine Renaud zu engagieren, erzählt Barrault in seinen *Erinnerungen für morgen* von diesem Anarcho-Leben und von den Moden der Vorkriegsjahre:

> Jean-Benoît Lévy suchte mich überall. Ich war mit meinen Revoluzzer-Kameraden auf der Alpe d'Huez. Die Trotzkisten machten schon damals Skiferien. Wir waren in jeder Hinsicht Avantgarde, sogar im Skilaufen! Es war die große aktive Zeit der »Front populaire«. Wir gingen in die Fabriken und rezitierten Gedichte. Die Arbeiter bei Renault, die Verkäuferinnen in den Warenhäusern entdeckten Jacques Prévert, Paul Eluard, Louis Aragon. Die ersten Campingplätze entstanden, das Tandem kam in Mode. Die Boutiquen des »Printemps« brachten die ersten buntgedruckten Kleider heraus, prêt-à-porter, lange bevor es diesen Begriff gab. Die Mädchen waren zum Anbeißen schön. Das Volk emanzipierte sich. Léon Blum, den ich fast ebensosehr wie Trotzki verehrte, erfand prophetisch das Ministerium für Freizeitgestaltung. Die Menschheit begann ihr Recht auf Leben zu begreifen. Eine großartige Zeit – und die »honetten Leute« sollten das nicht verzeihen? In Freiheit und Respekt vor dem Menschen? Alles, nur nicht das! Dann noch eher Krieg! Drei Jahre haben sie gebraucht. Drei Jahre Aufschub . . . [35]

1936 wurde *Hélène* gedreht, und bei den Dreharbeiten lernten sich Barrault und Madelaine Renaud kennen: Es waren extreme Gegensätze, die sich dabei anzogen: Der wildgelockte Anarcho-Kommunarde und die elegante Starschauspielerin der Bürgertheater. Doch sie assimilierten sich bis zur Heirat 1940. Dazwischen lagen noch eine Reihe von berühmt gewordenen Theatererfolgen, wie etwa *Numantia* nach Cervantes, das Barrault selbst bearbeitete und im *Théâtre Antoine* inszenierte. Doch noch früher, 1936, hatte er bereits in Carnés *Jenny* mitgewirkt, ein Jahr später war er in *Drôle de drame* dabei. Nach eigenem Bekenntnis diente ihm das Filmen zur Finanzierung der Theaterpläne. 1940 wurde Barrault Mitglied der alten *Comédie Française*, wo er zahlreiche Rollen spielte und auch selbst inszenierte, insbesondere leitete er die Uraufführung von Paul Claudels *Seidenem Schuh*. Dieses Buchdrama, das in vielerlei Hinsicht als französisches Pendant zu Goethes *Faust* betrachtet werden kann, umschließt auf seine Weise Burleske, Tragödie, Welttheater und Mysterienspiel.

... Baptiste entspannt sich

Ausgerechnet zur gleichen Zeit, da er den Baptiste spielte, kümmerte sich Barrault auch um die Inszenierung dieses Riesendramas, das im November 1943 seine (über fünf Stunden dauernde) Premiere erlebte. Über das Jahr 1942, wo Barrault noch an drei Filmen mitwirkte, und über das folgende Jahr lesen wir in seinen *Erinnerungen*:

Es war im Sommer 1942. Madeleine drehte im Süden ›Lumière d'été‹. Jean-Pierre und ich waren tatsächlich auf unseren Fahrrädern bis nach St. Tropez gekommen. Wir kampierten wieder in Pampelonne in einer kleinen Laube mitten zwischen Weinreben. In den Ferien ist das Frühstück meine Sache. Madeleine wurde nach Nizza gerufen, wo sich der gesamte französische Film in die Ateliers de la Victoria geflüchtet hatte. Madeleine nimmt also den Zug, und ich bleibe allein in St. Tropez zurück. Jean-Pierre kann ich guten Freunden anvertrauen. Es ist zehn Uhr abends, ich denke an morgen früh, Madeleine wird nicht ihr Frühstück bekommen. Ich packe es auf mein Rad und radle durch die Nacht. Hundertzwanzig Kilometer. Ganz früh morgens strecke ich mich im Hafen von Cannes auf einem Bootsdeck aus. Dann komme ich in Nizza, im Negresco, an und genauso nachlässig im Äußeren wie zur

Zeit von ›Hélène‹. Am Empfang schickt man mich zum Lieferanten-Eingang. »Das spielt keine Rolle. Bringen Sie Madeleine Renaud, wenn sie wach ist, dieses Frühstück und die Blumen ... Sagen Sie ihr, jemand erwartet sie unten.« Das übrige überspringe ich: Das ist eben unsere »Midinetten«-Seite, unsere romantische Ader!

Ich bleibe zwei, drei Tage in Nizza. Treffe Prévert und Clément. Sie sind wütend. Ein Produzent hat gerade ihr Drehbuch abgelehnt. Wir trinken ein Glas auf der Terrasse eines Cafés an der Promenade des Anglais (wo mein Großvater einst zu promenieren pflegte). Prévert sagt zu mir:

»Hast du nicht eine Idee für einen Film?«

»Doch. Für den Tonfilm solltest du die Geschichte eines Mimen drehen; als Gegensatz zu einem sprechenden Schauspieler. Zum Beispiel: Deburau und Frédérick Lemaître.«

Deburau hatte, als er seine Frau verteidigte, ohne es zu wollen den Angreifer mit einem Stockschlag getötet (er war Meister im Stockschlagen). Das ganze »Milieu« vom Boulevard du Crime war zum Prozeß erschienen – nicht um den Freispruch, sondern um seine Stimme zu hören!

Ein Mime im Tonfilm? Boulevard du Crime? All das gefiel Prévert. »Schreib' mir doch vier oder fünf Seiten darüber, ich mach ein Drehbuch daraus, und wir versuchen, es beim Film anzubringen.«

»Wenn dich das reizt, gebe ich dir alle Bücher, die ich darüber habe.«

Prévert, als echter Dichter, buchte das alles auf sein Konto und dachte sich ›Die Kinder des Olymp‹ aus. Er fügte Lacenaire, den Anarchisten, hinzu, von Marcel Herrand verkörpert. Brasseur war Frédéric Lemaître. Arletty und Casarès übernahmen die weiblichen Hauptrollen. Pierre Renoir spielte den »Chand d'habits«. Decroux, Margaritis, Joseph Kosma, Trauner, der Ausstatter, die Kameraden von der Oktober-Gruppe: unsere ganze Jugendzeit. Pantomime, Theater und Film waren endlich vereinigt für mich. Das ereignete sich im selben Jahr wie der ›Seidene Schuh‹, 1943. Ein gutes Gedenkjahr – eine echte Synthese des Lebens. Und das alles während der Besatzung! In Hinblick auf die mehr oder weniger harmonische Übereinstimmung zwischen unserer astralen Gestalt und den Rollen, die man verkörpert, glaube ich, daß mir Baptiste am nächsten stand. ›Der seidene Schuh‹ und ›Die Kinder des Olymp‹ waren Höhepunkte dieser einzigartigen Epoche – ...[36]

Nach dem Krieg gründete Barrault mit seiner Frau wieder eine eigene Theatertruppe, die viele Jahre im *Théâtre Marigny* arbeiten sollte.

Während dieser zehn Jahre von 1946 bis 1956, wo auch zahlreiche Tourneen unternommen wurden, konnte man Barrault nur selten in neuen Filmen sehen. Erwähnenswert ist allein *Der Reigen* von Max Ophüls. Nach einer Zwischenzeit im *Théâtre du Palais-Royal* wird Barrault 1959 die Leitung des *Théâtre de France* angetragen, das im *Odéon* residiert. Mit den Leistungen dieser Jahre schreibt Barrault ein neues Kapitel französischer Theatergeschichte. Das brüske Ende der Leitung im *Odéon* wurde durch die Studentenunruhen im Mai 1968 herbeigeführt: Dieses traditionsreiche Theater, das sich unter Barraults Leitung immer wieder modernen Kultur- und Theaterideen geöffnet hatte, wurde als »Symbol« bürgerlicher Kultur von protestierenden Studentengruppen besetzt und geschlossen. Vom Kultusminister Malraux zu Gegenmaßnahmen gedrängt, weigerte sich Barrault: So wurde er wenige Monate später seines Amtes enthoben. Die Studentenrevolte verfolgte die Truppe, wie Barrault erzählt, noch lange Zeit, in Berlin, in Berkeley – es blieb eine Paradoxie, daß der Schauspieler aus der surrealistischen Tradition, aus dem proletarischen Theater, aus dem Front populaire die Lektionen der jungen Linken lernen sollte, die ihm vorwarf, bourgeoises Theater zu machen. Jean-Louis und Madeleine Barrault gingen mit ihrer Truppe nach dem zweiten Hinauswurf für kurze Zeit ins *Théâtre Récamier*, um wenig später im *Théâtre d'Orsay* unterzukommen. Die Geschichte des Theater- und Lebenstheatralikers Barrault mag hier enden, ebenso offen wie die Geschichte seiner unsterblichen Kino-Figur Baptiste.

Arletty

Arletty, die schöne Garance, heißt mit bürgerlichem Namen Léonie Bathiat. Sie zählt es zu den wichtigen Daten ihrer Biographie, daß sie »wie alle Kinder der Liebe« in einem Hotelzimmer gezeugt wurde[37]. Geboren wurde sie am 15. Mai 1898 in Courbevoie, einem kleinen Ort zwischen Paris und Versailles, westlich der Seine und gegenüber von Neuilly, wo Prévert herstammt, der Garance in seiner Phantasie erzeugte. Die Schicksalslinie von Garance entsprach, wie Arletty in einem Gespräch 1967 bekannte, ganz genau der auf- und absteigenden Bahn ihres Lebens – auch sie fand sich abwechselnd tief im Brunnen der Wahrheit, um dann wieder in einer gräflichen Kalesche emporzusteigen.

Arletty – nach einem Wort von Henri Jeanson »echt Pariser Ware, aber als reines Einzelstück« – kam aus einfachen Verhältnissen. Die kleinbürgerliche Welt von Courbevoie fand sie später durch einen

Arletty in ihrer letzten großen Bühnenrolle *Les Monstres sacrés* (1966)

Arletty in *L'Ecole des veuves* (1936)

Dichter aus dem gleichen Ort und dem gleichen Milieu getreulich geschildert und verewigt: durch Louis-Ferdinand Céline, der in den vierziger Jahren ihr Freund werden sollte. Diese Freundschaft mit dem antisemitischen und profaschistischen, wenngleich großartigen Dichter mußte Arletty am Ende des Krieges teuer bezahlen, als die Komitees der Libération selbst die kleinsten Kontakte mit den Besatzern oder ihren Sympathisanten unnachsichtig ahndeten. – Die junge Léonie konnte dank großer Opfer, die ihre Eltern brachten, eine Ausbildung als Stenotypistin beginnen. Doch als der Vater 1916 durch einen Unfall ums Leben kam, da mußten Mutter und Tochter in einer Munitionsfabrik Arbeit annehmen. Dann aber holte ein moderner Graf de Montray die hübsche Léonie aus dem Brunnen heraus: Ein wohlhabender Reeder, den sie »Edelweiss« nannte, nahm sie in sein im Jugendstil eingerichtetes vornehmes Haus und versuchte sie gleichzeitig im Klavierspiel, in Golf, Literatur und feinem Leben zu unterrichten. Kein Zweifel: Das feine Leben lernte Léonie am raschesten, aber auch die Literatur hinterließ ihre Spuren: Als sie erste kleine Aufträge als Mannequin erhielt, wechselte Léonie ihren Namen. Jetzt nannte sie sich aus Liebe zu Guy de Maupassant und aus Liebe zur Auvergne, wo ihre verehrte Großmutter noch lebte, Arlette, denn Arlette ist eine Figur aus Maupassants Auvergne-Roman *Mont-Oriol*. Die schönere Welt und das feine Leben, die Arlette nun aufblühen ließen, hatten auch ein starkes Gefälle zum kultivierten Amüsement. Durch die nicht ganz uneigennützige Vermittlung einiger verliebter Herren erhielt Arlette bald ein Engagement am Revue-Theater *Capucines*. Revue, Operette, Kabarett, die Boulevardtheater des 20. Jahrhunderts, erlebten in den zwanziger Jahren nach dem Ersten Weltkrieg ihre neue rasante Glanzzeit. Arlette wurde dort gleich amerikanisiert und begann als Arletty auf diesen Bühnen das erste Flimmerlicht eines kleinen Sternchens abzustrahlen: Erst zeigte sie ihre Beine, dann durfte sie mitträllern, und schließlich erhielt sie gar die Würde einer ganzen Rolle. Durch gelungene Auftritte und durch Bekanntschaften mit den Grafen und Königen des Boulevardgenres, mit Rip, Robert Bousquet, Edourd Bourdet, Marcel Achard, steigerte Arletty allmählich ihre Strahlkraft und trat in den Vordergrund. 1923 machte sie ihre ersten Versuche als Sängerin in einem Kabarett, und ihre Talente als Chansoninterpretin wurden sogleich erkannt. 1928 erlebte sie als Hauptdarstellerin in Maurice Iveins Operette *Yes* einen großen Erfolg. So konnte sie in den dreißiger Jahren zu einem Star der Pariser Operette und Komödie aufsteigen. Ihre Stimme und ihr Spiel gewannen immer neue Möglichkeiten. Weitere Etappen ihrer Karriere bildeten die Auftritte in

Jean Cocteaus berühmter *Ecole des veuves* und in Edourd Bourdets *Fric-Frac*.

1930 erst erschien Arletty in einer Nebenrolle im Kino. Aber weder *La douceur d'aimer* von René Hervil noch *Un chien qui apporte* von Jean Choux gaben ihrem Namen einen rechten Kinoglanz. Und obgleich Arletty in den folgenden Jahren in mehr als zwanzig Filmen auftrat, konnte sie nirgendwo überzeugen. »Das Theater dient meinem Luxus, das Kino sorgt für mein Taschengeld« – so kommentierte sie später diese Zeit bescheidener künstlerischer Erfolge im Kino. Erwähnenswert unter diesen Filmen ist lediglich Arlettys Mitwirkung in Jacques Feyders *Pension Mimosas*, weil sie dort den Regieassistenten Marcel Carné kennenlernte. Und Carné war es, der ihr 1938 in *Hôtel du nord* die Rolle der Prostituierten Madame Raymonde anvertraute – mit großem Erfolg. In ihren Memoiren *La Défense* erinnert sich Arletty an diese Rolle und an ihr Kostüm:

> Mein wirkliches Debüt im Film: eine Nebenrolle: Madame Raymonde. Mein Vertrag: sechs Tage. Doch diese Nebenrolle war ebenso viel wert wie die 1500 Verse des Cyrano de Bergerac. Ausstaffiert mit den teuersten Schuhen aus Perugia. Das war ein Exklusivmodell, für das Madame Raymonde bestimmt 80mal ihren Dienst tun mußte. Mit einem Reißverschlußkleid, das Louis Bonin, genannt Tchimoukov, besorgt hatte; mit einer Handtasche von Schiap und einem winzigen Pelz.[38]

Es folgten unter der Leitung Carnés *Le jour se lève* und – nach einigen weniger bedeutenden Filmen wie *Circonstances atténuantes* von Jean Boyer (1939) und *Madame Sans-Gêne* von Roger Richebé (1941) – *Les visiteurs du soir* (1942) und gleich danach *Die Kinder des Olymp*. Dazu erinnert sich Arletty:

> *Die Kinder des Olymp* ... Das schönste Geschenk, das je einer Schauspielerin gemacht wurde. So versteht man, warum ich Jacques Prévert liebe. Welcher Komödiantin wurde je eine hübschere Rolle beschert: Garance. Wenn Garance in der Kutsche auf dem Boulevard du Crime verschwunden ist, wird sich niemand wundern, sie ganz schnell im Brunnen wiederzufinden.
>
> Wir arbeiteten mit der gleichen Equipe. Der Vorspann – vom Produzenten bis zu den Statisten – ein auserwählter Kreis. Und welche Mitwirkenden! Pierre Brasseur, Marcel Herrand. Ich lernte Maria Casarès kennen, Louis Salou. Jean-Louis Barrault hatte sich die Rolle des Baptiste von Jacques Prévert gewünscht, und dieser Baptiste paßte mir wie ein Handschuh. Pierre Renoir, Jane Marken, Fabien Loris. Mit Marcel Herrand verband mich im Leben wie auf der Leinwand die gleiche Komplizenschaft.

Arletty in *La Femme que j'ai le plus aimé* (1942)

Mayo entwarf die Kostüme. Jeanne Lanvin schneiderte sie ... Sie ist bei allen Proben dabei. Ihre schönste Schöpfung jedoch: ihre Tochter Marie-Blanche.

Vorwegnahme: Garance überreicht den Polizisten, die sie verhaften wollen, die Karte des Grafen von Montray: »Würden Sie bitte diesem Herrn zur Kenntnis bringen, daß ich eben einem Justizirrtum zum Opfer falle.«

Übrigens: Ich saß im Knast, als die *Kinder* das Licht erblickten.[39]

Im Jahre 1944 wurde Arletty unter die Anklage der Kollaboration gestellt und interniert. Nach der Befreiung durch die Amerikaner wurde in Frankreich dieser Vorwurf gegenüber vielen Künstlern erhoben, die mit deutschen Institutionen oder auch nur mit deutschen Künstlern zusammengearbeitet hatten. Selbsternannte Richter der Résistance überzogen das Land mit »Reinigungs-Komitees«. Arletty hatte zudem Kontakte zu Céline, der wegen geistiger Kollaboration verurteilt wurde, und es gab eine Liaison mit einem deutschen Offizier. Noch während der Dreharbeiten wurde Arletty in Drancy interniert und schloß dort Bekanntschaft mit zahlreichen Berühmtheiten ihres Landes. Nur zur Fertigstellung des Films ließ man sie für einige Tage wieder frei. Später wurde sie zu einer Art Arrest außerhalb von Paris und zu Arbeitsverbot verurteilt, die insgesamt 65 Wochen dauerten. Dort, in La-Houssaye-en-Brie, erfuhr Arletty von dem großen Erfolg ihres letzten Films.

Erst 1949 wagte man es, die geschmähte Arletty wieder zu engagieren. In diesem Jahr kehrte sie in Cocteaus Bearbeitung von Tennessee Williams' *Endstation Sehnsucht* auf die Bühne zurück, und mit Pierre Brasseur und Erich von Stroheim spielte sie in *Portrait d'un assassin* unter der Regie von Bernard Roland. Die zweite oder vielleicht gar die dritte Karriere von Arletty begann. Von ihren Filmen seien erwähnt Robert Siodmaks *Le grand jeu* (1953) mit Gina Lollobrigida, Jean-Claude Pascal und Peter van Eyck; Marcel Carnés *L'air de Paris* (1954) und Darryl F. Zanucks *Der längste Tag* (1962), wo Arletty eine Mme. Barrault spielt, während der gleichnamige Jean-Louis einen Priester darstellt. Im gleichen Jahr begegneten sich Garance und Baptiste auch noch in Barraults *Théâtre Odéon*, wo Arletty in Brendan Behans Drama *The Hostage* neben Madeleine Renaud spielte. Ihre letzte Bühnenrolle sollte 1966 Jean Cocteaus *Les monstres sacrés* werden, dann nötigte sie ein schweres Augenleiden, ihre Karriere zu beenden.

Arlettys Name versiegelt gleichfalls eine ganze Theater- und Kinoepoche. Ihr Typ ist gänzlich verschwunden, aber gerade dieses Verschwundensein macht es heute zu einem ungetrübten Vergnügen, ihre

Stimme, ihr Spiel, ihren weiblichen Stil, ihren Gestus von kühler Betörung in den alten Filmen zu genießen. Arletty, die ihr komödiantisches Naturell zunächst im Revuetheater entfaltete, in der Boulevardkomödie, benötigte eine erstaunlich lange Zeit, um zu den großen Filmrollen heranzureifen, die sie dann als die ständige Vorwegnahme ihres Lebens erfuhr. Als sie 1944 ins Gefängnis gesteckt wurde, erklärte sie: Die Kulisse stimme ganz genau, es sei wie in *Fric-Frac* (ein Film, der auch einige Szenen im Knast hat).

Schlagfertigkeit, Fröhlichkeit, Lebenslust, das melancholische Auf und Ab des Schicksals – dies sind Züge der Pariser Frau und Komödiantin, die mit Arletty untergegangen sind. Oder mit den Worten Marcel Carnés: »Arletty ist alles: zugleich das lose Pariser Mundwerk und gepflegte Vornehmheit; Posse und Zärtlichkeit; Lachen und Weinen ...«[40]

Pierre Brasseur

Bekanntlich hat Jacques Prévert die Rollen seiner Drehbücher gerne auf die Persönlichkeit und das Temperament der für die Interpretation ins Auge gefaßten Schauspieler zugeschnitten. Keine Kombination macht diese Konfektionskünste so augenscheinlich wie das Paar Lemaître/Pierre Brasseur. Denn Brasseur war nicht nur ein vielseitig talentierter Künstler, sondern auch ein temperamentvoller, höchst erfolgreicher Theaterschauspieler.

Kein Wunder: Beide Eltern waren Schauspieler. Der Vater füllte kleinere Chargen an der Compagnie Sarah Bernhardt, und die Mutter stand auf der Bühne des Theaters am Palais Royal. So schien schon alles beschlossen, als Pierre Albert Espinasse am 22. Dezember 1905 auf die Welt kam. Nach seiner Internatszeit, die unrühmlich durch einen Hinauswurf beendet wurde, nahm Brasseur zugleich Unterricht im Zeichnen und besuchte Schauspielkurse am Konversatorium, unter anderem bei Fernand Ledoux und Harry Baur. Zugleich pflegte er Kontakte mit Modigliani, Cocteau und den Surrealisten. Sein Kino-Debüt gab Pierre Brasseur noch während der Stummfilmzeit in Léonce Perrets *Madame Sans-Gêne* (1925). Aber wie Frédérick Lemaître war Brasseur ein Mime, der durch die Rede seine besten Wirkungen erzielte. Nicht zufällig begann er seine Karriere auch in den Boulevardtheatern, und erst nach dem Krieg, in der Truppe von Madelaine Renaud und Jean-Louis Barrault, wuchs er in die ernsteren Rollen hinein. Seit es den Tonfilm gab, war Brasseur einer der meistbeschäftigten Schauspieler, und er wirkte in mehr als hundert Filmen mit.

Pierre Brasseur (1967)

Ohne daß er es recht wußte, hatten Brasseur und Carné ihre ersten Kontakte bereits als junge Burschen. Als ihn der Regisseur für *Quai des brumes* engagierte, da entdeckten sie, daß sie als halbwüchsige Anführer zweier Banden bereits mehrere Prügeleien miteinander ausgefochten hatten. So erzählt es jedenfalls Marcel Carné[41]. Wie für viele andere bedeutete die Arbeit in Carnés Mannschaft auch für Brasseur eine künstlerische Wende. Vielleicht gelangen ihm in den folgenden Jahren die besten Filmrollen, als Lucien in *Quai des brumes*, als der versoffene Maler Roland in Jean Grémillons *Lumière d'été*, als Bonenfant in Pierre Préverts *Adieu Léonard*, als Georges in *Les portes de la nuit*. Den strahlenden Höhepunkt bildete ohne Zweifel die Rolle als Frédérick Lemaître in den *Kindern des Olymp*. Prévert hat durch seine Methode, die Rollen den Schauspielern nach Körpermaß und auf die Paßform des Charakters zu fertigen, zugleich das Mittel ausgebildet, um die Durchlässigkeit, die gegenseitige Durchdringung von Rolle und Existenz, sein cinéastisches Thema, in der Erfahrung der Schauspieler selbst zu fundieren. Pierre Brasseur, der den Schauspieler und Lebenssimulanten Lemaître darstellte, spielte so auch weitgehend sich selbst. Vielleicht läßt sich dies am anschaulichsten durch ein Zitat aus Brasseurs Lebenserinnerungen *Ma vie en vrac* illustrieren. Es ist eine Episode aus der Zeit, da die *Kinder des Olymp* gedreht wurden; die kleine erotische Kriegsgeschichte steht vor allem im Zeichen der deutschen Besatzung und der Gefühle und widersprüchlichen Verhaltensweisen der Franzosen, die die Besatzer verständlicherweise haßten, aber keineswegs mit einem dogmatischen Herzen. An diesem Ausschnitt läßt sich auch erkennen, daß Brasseur ein begabter Autor war. Er hat drei Theaterstücke und zwei Drehbücher verfaßt.

Ich spielte zu jener Zeit ein Stück von mir selbst, *Ein Engel geht vorbei*, im Ambigu. Da abends Ausgangssperre verhängt war, beeilte ich mich, um die Métro an der Station St. Denis oder St. Martin zu bekommen, um nach Lamarck zu fahren, wo ich in einem kleinen Hotel in der Nähe des Studios Francoeur wohnte, denn frühmorgens drehte ich dort *Die Kinder des Olymp*. Nun, an jenem Abend nehme ich eine der letzten Métros, denn ich habe mich verspätet, weil ich im Hinterzimmer eines kleinen Bistros neben dem Theater noch einige Pastis hinuntergeschüttet habe. Ich spielte in dem Stück einen Gigolo, und ich darf sagen, daß ich recht verführerisch war. Also voller Pomade und noch leicht geschminkt springe ich in das Abteil erster Klasse. Es war ganz leer. In einer Ecke lasse ich mich nieder und versinke geistesabwesend in Plänen und Träumen. Auf der nächsten Station betritt eine »graue Maus« das Abteil, es war eine uniformierte deutsche Frau. Normalerweise waren sie scheußlich, fett, pickelig und mit Hängeärschen. Da sie die Franzosen kannten, hatten sie uns die häßlichsten Exemplare geschickt. Doch, oh Wunder, diese war sehr schön und sehr anziehend. Natürlich macht mein Franzosenherz einen Sprung, indem es in meiner Brust laut ruft: »Was für ein hübsches Kind!« Aber sogleich wird es von meinem Gewissen zur Ordnung gerufen: »Sicher, aber es ist eine von den ›Fridolins‹, laß die Finger davon.« Sag, was du willst, sofort habe ich meinen Platz gewechselt und mich ihr ganz einfach gegenüber gesetzt. Sie hat mir zugelächelt, ich lächle zurück. Jetzt gebe ich mir den Anschein, als dächte ich an etwas ganz anderes. Und sag, was du willst, ich dachte einzig und allein daran.

Ein oder zwei Minuten vergingen, und es half auch nichts, daß ich die Reklame »Dubo ... Dubon ... Dubonnet« an den Wänden des Métrotunnels studierte, ich sah sie genau an, und sie war Klasse! Hübsche Schenkel, volle Brüste, graue Strümpfe, kurzer Rock, ein mit Marseiller Seife gewaschenes Gesicht, die echte Berliner Göre. Ich spiele den Geistesabwesenden. Ich vermeide sie anzusehen. Da holt sie aus der Tasche ihrer Uniform ein Programm. Ich sehe, daß es vom Ambigu-Theater ist. Sie schlägt die Seite mit meiner Photographie auf und zeigt sie mir mit einem frechen Lächeln.

»Scheiße«, sagte ich zu mir, »jetzt sitze ich in der Klemme.« Ich kannte ein paar deutsche Wörter von meiner Arbeit bei der U. F. A. in Berlin und gehe zum Angriff über (jeder auf seine Art). Sie konnte ein paar Brocken französisch ...

– Ich habe Sie heute abend gesehen.

Ich antworte geschmeichelt und liebenswürdig:

– Und hat es Ihnen gefallen?

– O ja! Sehr.

– Das macht mich glücklich.

Immer noch galant und vorsichtig beginne ich, ihren Rock zurückzustreifen. Sie lacht etwas albern. Meine Hand rutscht unter ihren Slip, und sie sagt mir ganz einfach:

– Aber aufpassen, daß uns niemand erwischt.

Nach dieser reizenden Reaktion habe ich ihr meinen Regenmantel um die Schultern gelegt, habe mir ihr Landserkäppi in die Tasche gesteckt, und wir sind an der Station Lamarck ausgestiegen. Im Hotel habe ich sie schnell die Treppe hochgeschoben, um den indiskreten Blick des Nachtwächters zu vermeiden. Dann habe ich zwei Flaschen Weißwein bestellt und mit einem grenzenlosen Vergnügen gesündigt.

Am nächsten Morgen wurde ich wach, und sie war nicht mehr da. Wie ich hörte, hatte sie niemand gesehen.

Mea culpa, mea *culpa*. Wie schnell wird ein schöner Hintern zum Verrat.

Das war also einer meiner Fehltritte in der Zeit der Besatzung . . .[42] Pierre Brasseur spielte bis kurz vor seinem Tode auf der Bühne, im Film und im Fernsehen. Gestorben ist er am 14. August 1972.

Alexandre Trauner

Es ist sicher nicht zuviel gesagt: Ohne Alexandre Trauner hätte es die Epoche Carné/Prévert nicht gegeben, denn Trauner hat durch seine Dekors die Homogenität des Stils in Dialog, Kamera, Regie abgeschlossen. Zwar kann man Trauner nicht als den Erfinder des »poetischen Realismus« rühmen, aber insbesondere durch seine Gestaltung der Intérieurs in *Quai des brumes*, *Hôtel du nord* und *Le jour se lève* hat er die Vervollkommnung des an Murnau und Sternberg anknüpfenden »kammermusikalischen« Stils ermöglicht.

Alexandre Trauner ist ungarischer Herkunft. Er wurde am 3. September 1906 in Budapest geboren. Dort auch besuchte er die Akademie der schönen Künste, durchlief die Malerklasse und verarbeitete die Einflüsse des Kubismus und Impressionismus. Trauner hat sich stets als Maler betrachtet, wenn ihn seine Arbeiten und auch sein Faible für die Photographie in ganz andere Medien führten. Als in den zwanziger Jahren die junge ungarische Republik in eine Krise geriet und sich die Vorzeichen eines ungarischen Faschismus mehrten, verließ Trauner gemeinsam mit einigen Freunden von der Akademie sein Heimatland. Während einige seiner Künstlerkollegen nach München gingen, entschied er sich für Paris. Zufällig machte er dort die Bekanntschaft von Lazare Meerson, des führenden Filmarchitekten dieser Zeit, der seinerseits Maler war und Beziehungen zum Groupe Montparnasse unterhielt. Meerson gab Trauner die Möglichkeit, als Assistent etwas Geld zu verdienen. So wirkte der junge Maler an mehreren Filmen René Clairs mit: an *Sous les toits de Paris*, wo ja auch Carné zeitweilig eine Assistentenposition hinter der Kamera einnahm, an *Le Million* und *A nous la liberté*. Mit Meerson schuf er auch die Dekorationen für einige Filme von Feyder und Marc Allégret. 1937 erhielt Trauner schließlich seine erste selbständige Aufgabe: *Gribouille* von Marc Allégret, für den er ebenso wie Joseph Kosma noch bis in die fünfziger Jahre arbeiten sollte. Trauner kennt nicht nur die Treue zu den Milieus, sondern auch die zu den Menschen. Das zeigte sich auch in seiner riskanten Loyalität zur Gruppe Carné/Prévert. Als die Zusammenarbeit begann, hatte man schon längst Kontakt miteinander; Trauner hatte schon 1932 für *L'affaire est dans le sac* der Gebrüder Prévert fertige Dekorationen umgearbeitet. Jetzt, im Jahre 1937, engagierte ihn Carné für *Drôle de drame*, und mit einem Schlage war jener unverwechselbare Dekorationsstil geschaffen, der bis in die Jahre nach dem Krieg für die dichte spannungsvolle Atmosphäre der Carnéschen Filme sorgen sollte.

Nach der ersten Serie dieser Filme, zu Kriegsbeginn, war Alexandre Trauner ein bekannter und vielgefragter Mann. Allerdings verzichtete er auf gute Angebote aus den USA zugunsten der Zusammenarbeit in der Equipe Carné/Prévert, obwohl dies für ihn wegen seiner jüdischen Herkunft höchst schwierig und riskant war. Zwar sorgte Carné in diesen Kriegsjahren dafür, daß Trauner unter Decknamen weiterarbeiten konnte, aber diese Umgehung des strikten Arbeitsverbotes war für alle höchst gefährlich: Doch man war auch vorsichtig. Das Haus von Prévert in Tourette-sur-Loup, nördlich von Nizza, wo sich Trauner versteckt hielt, erlaubte es jederzeit, durch einen Hinterausgang zu verschwinden und sich so für die Kontrolleure unsichtbar zu halten. In diesem Haus, wo sich dann die ganze Equipe versammelte, widmete sich Trauner im Herbst 1942 mit großer Sorgfalt den Skizzen für die *Kinder des Olymp*. Wie alle seine Entwürfe fertigte er sie in Farbe an, obwohl es galt, eine schwarzweiße Scheinwelt zu skizzieren. An ein besonderes Problem dieses Films erinnerte sich Trauner in einem Interview:

> Bei den Entwürfen zum Boulevard in den *Kindern des Olymp* hatte ich Zeit, alles genau zu malen, und ich hatte Farben ... Ich fertigte sie farbig an, weil es mir Spaß machte ... Dennoch sind alle Einzelzüge vollständig zu sehen. Der Zug zur Farbe hatte etwas mit dem Grau von Paris zu tun. Das große Problem in den *Kindern des Olymp* lag in Wirklichkeit darin, daß wir einen Mittelmeerhimmel hatten, während doch Paris gefilmt werden sollte. Der Mittelmeerhimmel ist zu hart, der läßt sich überhaupt nicht filmen. Das ist das schlechteste Licht, das es gibt ...[43]

Bald nach dem Zweiten Weltkrieg begann Trauners internationale Karriere. Schon 1951 wollte ihn Orson Welles für eine schließlich gescheiterte Verfilmung von Edmond Rostands *Cyrano de Bergerac* verpflichten. Doch 1952 entwarf er für Orson Welles die Dekorationen zu *Othello*, nachdem er in den *Kindern des Olymp* ja bereits ein wenig für Frédérick Lemaîtres Inszenierung der gleichen Tragödie im *Grand Théâtre* hatte üben können. Nach *Land of Pharaos* für Howard Hawks (1955) begann 1957 die lange Folge von Arbeiten für Billy

Alexandre Trauner (1967)

Wilder. Berühmt wurden dabei die Studio-Dekorationen der Pariser Hallen für *Irma la douce* mit den unübersehbaren Auslagen von Obst, Gemüse, Fisch und Fleisch aus Plastik. Und die raffinierte Konstruktion des Großbüros, wo der Held von *The Appartment*, Jack Lemmon, seine trostlose Arbeit verrichtet, wurde mit einem Oscar prämiert. Von den bekannten Regisseuren, für die Trauner arbeitete, seien noch Fred Zinneman (u. a. *The nun's story*), John Huston (*The man who would be king*) und Joseph Losey genannt. Die hinreißenden Dekorationen in Loseys *Don Giovanni* hat Trauner geschaffen und damit erneut deutlich gemacht, welche Spannweite sein Können umfaßt und welche ungebrochene Kreativität ihn auszeichnet. In über fünfzig Jahren hat er für mehr als sechzig Filme Skizzen, Dekorationsentwürfe und Kulissen geschaffen.

Tatsächlich ist Alexandre Trauner ebenso ein Meister der optischen Tricks als auch ein Genie der Atmosphäre und der sprechenden Details. Zu seiner Arbeitsweise lassen wir ihn noch einmal selbst zu Wort kommen; es ist zugleich die Skizze eines Selbstporträts. Eines seiner

215

Geheimnisse ist die sorgfältige Vorbereitung aller Arbeiten durch flanierende Beobachtung und präzise Dokumentation:

Dokumentation, das heißt Neugierde. Ich bin sehr neugierig. Dokumentation macht Spaß, es geht ebenso auf Spaziergängen wie in den Bibliotheken. Das ist stets eine angenehme Zeit, wo man Reisen macht und Landschaften studiert. Es ist die wichtigste Phase der Arbeit, wo man jedoch noch nicht unter Druck steht. Man hat eine gewisse Freiheit, man hat etwas Luft, man hat Zeit, die Dinge zu betrachten ... Aber was heißt das, Dokumentation? In der Zeit von René Clair und danach mit Carné und Prévert, da liebte ich Paris, ich glaube, ich bin einer der besten Kenner der Pariser Straßen. Ich studierte die Stile: zum Beispiel die großen Boulevards bis zur Rue Montmartre haben einen anderen als die dann folgenden. Die Fassaden und Geschäfte der Rue de Rivoli ändern sich von einer bestimmten Stelle an. Das war es, was mich interessierte. Diese außerordentliche Stadt ist die einzige, die ich – außer New York vielleicht – kenne ...[44]

Joseph Kosma

Joseph Kosma war einer der meistbeschäftigten Musiker im französischen Kino vor und nach dem Zweiten Weltkrieg. Für mehr als hundert Filme hat er die vollständige Partitur oder ansehnliche Teile davon geschrieben. Wie überhaupt die Filmmusik bislang die *terra incognita* des Kinomediums geblieben ist, so sind die Namen und Biographien vieler Komponisten kaum über den kleinen Ruhm der Vorspannaugenblicke hinausgediehen.

Wie Alexandre Trauner ist Joseph Kosma ungarischer Herkunft. Er wurde am 22. Oktober 1906 in Budapest geboren. Dort absolvierte er die Musikakademie, ehe er 1933 nach Frankreich emigrierte. Angeblich gelangte er als Preisträger in einem Nachwuchswettbewerb für Filmmusiker an das optische Medium. Entscheidend wurde seine Bekanntschaft und Freundschaft mit Jacques Prévert. Zahlreiche Texte von Prévert hat Kosma vertont und so ihre Popularität als Chansons möglich gemacht.

Prévert vermittelte Kosma auch die ersten Aufträge für den Film. Den Anfang machte die Musik für Jean Renoirs *Crime du Monsieur Lange*, jener Film, der Carné so gut gefiel, daß er nicht nur den Drehbuchautor, sondern auch gleich den Komponisten für *Jenny* engagierte. Seitdem gehörte Joseph Kosma zu dem Team hinzu, und seine Musik trug entscheidend zur Wirkung des atmosphärischen Filmstils bei. Bis zum Kriegsende arbeitete Kosma dann ausschließlich für die »poetischen Realisten« Renoir, Carné und Pierre Prévert. Als Jude stand auch Kosma während der Besatzung Frankreichs unter Arbeitsverbot, und die Tarnungen und Pseudonyme, die Carné für seine Mitwirkung beschaffte, gaben nach dem Krieg Anlaß zum Streit über den Anteil Kosmas an den verschiedenen Filmen. Die Musik zu den *Kindern des Olymp* hat er gemeinsam mit Maurice Thiriet komponiert, und aus seiner Feder stammt im wesentlichen die Begleitung zu den großen Pantomimen. Diese Musik hat Kosma nach dem Kriege für die Baptiste-Pantomime, die Barrault an seinem Marigny-Theater aufführte, vervollständigt. Etwa zur gleichen Zeit schrieb Kosma zusammen mit Jacques Prévert das Ballett *Le Rendez-Vous*, das von der Truppe Roland Petits im Théâtre Sarah-Bernhardt aufgeführt wurde. Carné gefiel die Geschichte, und er animierte Prévert dazu, nach diesem Stoff das Drehbuch für den späteren Film *Les portes de la nuit* zu verfassen. Kosma sollte einige Chansons dazu komponieren. Für die Hauptrolle hatte man neben dem alten Freund Jean Gabin die damalige Liaison Gabins, Marlene Dietrich, verpflichtet. Doch kaum hatte diese das Drehbuch studiert, da zog sie ihre Zusage zurück, und wenig später folgte ihr Gabin unter fadenscheinigen Gründen. Die Equipe aus den Zeiten von *Quai des brumes* und *Le jour se lève* kam nicht wieder zusammen, und zwischen Gabin und den alten Freunden gab es ein Zerwürfnis. Dennoch versammelte Prévert in dieser Zeit alle noch einmal zu einem gemeinsamen Abendessen. Bei dieser Gelegenheit wurde das berühmte Chanson *Les feuilles mortes* (Herbstblätter) uraufgeführt, und Carné erinnert sich an das Dîner in einem kleinen Hinterzimmer:

Gabin saß auf einem der beiden Stühle mit dem Rücken zum Klavier, Kosma links neben ihm. Ich sitze ihm gegenüber, Jacques zu meiner Linken.

Langsam trinken wir unseren Aperitif aus. Die Atmosphäre ist entspannt. Doch ich spüre, wie nervös Kosma auf seinem Stuhl sitzt, und ahne, daß zwischen ihm und Prévert so etwas wie ein Komplott besteht . . .

Schließlich kann sich Prévert nicht mehr beherrschen.

– Fang an, sagt er zu Kosma.

Während sich dieser ans Klavier setzt oder vielmehr zum Klavier dreht, begreift Gabin:

– Das Chanson? sagt er.

Wir hatten tatsächlich vereinbart, daß der Film auch ein Chanson haben sollte, das zu seinem Erfolg beitragen konnte . . .

– Ja, sagte Jacques.

Joseph Kosma (1967)

Inzwischen sitzt Kosma vor dem Klavier. Erst ein paar Arpeggien. Dann fängt er ganz leise an, mit halblauter Stimme, seine Finger berühren sanft die Tasten:

Ach, ich möchte so gern, daß du dich erinnerst,
An die schöne Zeit, als wir noch Freunde waren ...

Die Melodie steigt sanft an ... wehmütig ... ergreifend ... und am Ende ganz bezaubernd ...
Kaum hat Kosma den letzten Akkord angeschlagen, als ihn Gabin ganz traumverloren bittet:
– Spiel doch noch einmal ...
Zehnmal setzt sich Kosma im Laufe des Abendessens noch ans Klavier. Zehnmal, nach einem Gang oder auch nicht, bittet ihn Gabin.
– Magst du nicht noch einmal? ...
Nach der Vorspeise summen wir schon zwei oder drei Motive mit. Nach dem Braten kennen wir den Refrain auswendig. Beim Kaffee benötigen wir kaum noch die Hilfe von Kosma, um das ganze Chanson zu singen ...
Jacques ist selig, er genießt die Situation in vollen Zügen ... und ich

glaube zu wissen, daß ich – was immer geschehen mag – diese schönen Augenblicke nicht vergessen werde.

Gabin wendet sich zu Jacques hinüber:

– Ausgezeichnet, sagt er, während er den Kopf schüttelt.

Wenn ich mir den Neologismus erlauben darf: Eben waren die
Herbstblätter aufgegangen [45].

Zwar blieben *Les visiteurs du soir* ohne Zuschauerresonanz, aber das
im Film von Yves Montand gesungene Chanson hielt seinen Einzug in
das Repertoire der großen französischen und amerikanischen Inter-
preten: Juliette Gréco, Frank Sinatra, Nat King Cole. Vermutlich haben Kosma die Prévert-Vertonungen bekannter gemacht als seine
schönen Filmmusiken.

Unter den vielen Regisseuren, für die Kosma arbeitete – neben
Carné, Renoir, Pierre Prévert –, seien noch Marc Allégret, Robert
Siodmak und Henri Decoin genannt. Er schrieb auch die Musik für
Luis Buñuels weniger bekannten Film *Morgenröte*. Zwar hat Kosma
auch symphonische Werke komponiert, ein Oratorium und eine ko-
mische Oper, sein Name bleibt aber in erster Linie verbunden mit den
Liedern Préverts und den Filmen Marcel Carnés. Joseph Kosma starb
1969 in Paris.

Filmplakate zur ersten französischen Aufführung von *Les Enfants du Paradis*, Teil 1: L'homme blanc . . .

VI Resonanzen und Spiegelungen:
Der Film in der Kritik

In Paris wurden die *Kinder des Olymp* am 7. März 1945 bei einer Gala-Premiere im Palais Chaillot zum ersten Mal gezeigt. Anschließend lief der Film vom 15. März an gleichzeitig in den Kinos Colisée und Madeleine.

In Deutschland war der Film zum ersten Mal im Juli 1947 zu sehen. In Berlin und München lief die vollständige französische Originalfassung mit deutschen Untertiteln. Anfang 1948 wurde von der Internationalen Film-Allianz eine erste Synchronisation für eine verkürzte Fassung (117 Min.) hergestellt. Die 1965 von Konrad von Malo im Auftrag der Beta-Film besorgte und von atlas verliehene vollständige synchronisierte Fassung blieb ohne große Publikumsresonanz. Erst 1977, als der atlas verleih mit großem Werbe-Aufwand den Film erneut herausbrachte, erlebte er auch in den deutschen Kinos seinen Durchbruch. Im Fernsehen gab es Ausstrahlungen am 9./10. April 1971, am 22./23. Juni 1973 und am 28./29. Dezember 1977 jeweils vom ZDF.

Hier eine Auswahl aus der französischen und deutschen Kritik:

Georges Sadoul in *Les Lettres Françaises*, 17. März 1945:
Das Meisterwerk von Marcel Carné. Das Meisterwerk von Jacques Prévert. Sie sind beide, der eine wie der andere, im Vollbesitz ihrer Möglichkeiten. Sie haben einen Film von mehr als drei Stunden Dauer zu drehen vermocht und es so verstanden, Charaktere und Situationen in einer Komplexität zu zeichnen, wie sie sonst einem Romancier vorbehalten bleibt.
. . .
Die Themen sind im übrigen wichtiger als die Verwicklungen: Wirklichkeit und Theater, erfundene und reale Personen, Theater und Pantomime, Stummfilm und Tonfilm, Theater und Kino, Schauspieler und Menschen, mit einem Wort: Kunst und Leben.
Diese Themen, diese Beziehungen werden indessen nicht abstrakt abgehandelt, sondern in Handlung umgesetzt. Sie bilden ein alles durch-

ziehendes Gewebe, ohne daß sie aber von allen Augen bemerkt werden. Diese ständige Präsenz ist es freilich, was diesem Werk seine Kraft und seinen langen Atem verleiht, wie sie bislang im Kino nur selten erreicht worden sind. Dieser Film ist einer der bedeutendsten, die im letzten Jahrzehnt weltweit produziert worden sind. Der Historiker betrachtet dies als ein Datum.

...

Michel Braspart in *Réforme*, 7. April 1945:
...

Das langsame Tempo der *Kinder des Olymp* entspricht ganz dem langsamen Tempo der *Visiteurs* ... Es gibt eine Prosodie, eine Metrik des Kinos, wie es auch eine klassische Metrik gibt. Die Poesie des Kinos besteht aus langen und aus kurzen Augenblicken, aus schwarzen und weißen Phasen. Der Rhythmus der *Kinder des Olymp* widersetzt sich dem amerikanischen Rhythmus, der seinen eigenen Wert hat, aber nicht der einzig mögliche Kinorhythmus ist. Es ist gut so, daß unsere gefürchteten amerikanischen Freunde genau in dem Augenblick, wo ihnen das Kriegsglück die Freiräume des Friedens wieder eröffnen wird, auf dieses exemplarische französische – wenn man denn will: gegen Hollywood gerichtete – Lehrbeispiel gestoßen sind, auf diesen langen, eigentlich unendlichen Film, in dem alle Spuren, alle Embleme, alle heiligen Handlungen einer *poésie maudite* zusammenfließen, die ganze bittere Melancholie aus dem Paris eines Balzac und Eugène Sue, alle Accessoires aus dem alten Melodram eines Dumas, und im Hintergrund die Kulissen, die rotsamtenen und goldenen Logen der Theater und die Spelunken ...

Léon Moussinac in *La Marseillaise*, 8. März 1945:
...

Von der Konzeption bis zur Realisierung, vom Schnitt bis zur Interpretation, vom Dialog bis zum Dekor, von der Beleuchtung bis zur Musik, in allen diesen erstaunlichen Bildern herrschen Sensibilität und Intelligenz. Man müßte namentlich alle Mitarbeiter beglückwünschen, die Marcel Carné auswählen und leiten durfte. Die homogene Ausdrucksweise des Ensembles wurde durch alle Mittel und Verfahrensweisen der gegenwärtigen Technik erreicht, ohne daß diese Technik jemals sichtbar würde, oder, anders gesprochen: sich in den Vordergrund drängte. Jedenfalls nicht mehr als die Schauspieler, die ihren Rang vollständig behaupten. Und welchen Rang!
...

Halten wir das Entscheidende fest: Daß in dieser Zeit der Gewalt

... Teil 2: Le Boulevard du Crime

(und der dürftigen Möglichkeiten für das Kino), daß in dieser Zeit der Gefahren ein Film von der Qualität wie die *Kinder des Olymp* gedreht werden konnte, das erscheint wie ein Sieg des französischen Films. Mit Männern wie Marcel Carné kann unser Kino seinen Rang in aller Welt behaupten. Wir haben keinen Anlaß zu verzweifeln. Doch damit weiterhin solche Werke entstehen können und damit einige Regisseure am französischen Kinohimmel glänzen können, bedürfen wir geregelter und sicherer Produktionsbedingungen. Ich weigere mich, in den *Kindern des Olymp* einen glücklichen Zufall zu erblicken: Ich sehe darin System und Begabung.

. . .

Georges Charensol in *Les Nouvelles littéraires*, 12. April 1945:

. . .

Müßte man Kritik an dieser blendenden Schauspielkunst üben, so würde man sagen: Ihre Schwäche liegt – ganz wie bei den Autoren – in einem Übermaß an Intelligenz (im Kino ist ein solcher Vorwurf keineswegs banal). Das Natürliche ist zweifellos das, was diesem Film prinzipiell abgeht.

Diese Trockenheit macht sich im Dialog besonders bemerkbar, klar, schneidend, nahtlos, kurzum das ganze Gegenteil der Sprache, die man 1830 zwischen den Funambules und dem Théâtre Lyrique gesprochen haben muß.

. . .

François Chalais in *Carrefour*, 17. März 1945:

Warum weiter mit der Feststellung zurückhalten: Diese *Kinder des Olymp* sind ein Reinfall, der um so unangenehmer vermerkt wird, als der Anspruch und die für diesen Zweck aufgewendeten Mittel bedeutsam waren.

Damit man aber selbst urteilen kann: eine Vorstellung von dreieinhalb Stunden. Zehn Jahre umfaßt die Filmhandlung. Das Leben in einem Stadtviertel, auf dem Boulevard du Crime . . . Ein Paris am Ende der Welt, voller umherstreichender Colombinen, lässiger Kutschen und Konfetti, voller Prunk und frischer Waffeln, frühmorgendlichem Peitschenknallen, halbgeöffneten Türen, hinter denen sich Kummer, Tote . . . verbergen.

. . .

Chand d'habits wird von M. Jean-Louis Barrault und *L'Auberge des Adrets* von M. Pierre Brasseur bis zur Perfektion gespielt, und es endet damit, daß sich ein Mann in einer Menschenmenge verliert.

Aber dieses letzte Bild macht – besser als jeder Kommentar – auf unglückliche Weise das Abenteuer des M. Marcel Carné deutlich. In voller Absicht hat er zwischen seine Kunst und sich selbst zu viel Bewegung und zu viele Menschen gebracht ...

Raymond Lefevre in *Cinéma*, Februar 1974:
Vor zehn Jahren hat Robert Chazal ... das abschließende Urteil über diesen mittlerweile dreißigjährigen Film ausgesprochen: »*Die Kinder des Olymp* sind endgültig ein Film allererstem Ranges, von unerschöpflichem Reichtum, der zudem unaufhörlich seiner Zeit voraus ist.«
In der Tat. In dieser Zeit, wo der moderne Kino-Stil eine ganze Reihe von Filmen, die schon das Siegel eines unvergänglichen Meisterwerkes zu tragen schienen, verblassen läßt, hat der Film von Carné/Prévert seine ganze Kraft und Schönheit bewahrt. Gewiß haben sich die Sehgewohnheiten der Zuschauer gewandelt. Und ebenso der Blick der Kritik. Doch dieser Film hat auf wunderbare Weise allen diesen Veränderungen standgehalten, und er beglückt auch noch alle, die einer modernen Bilderlektüre huldigen, so wie er auch die Kinofreunde seiner Epoche beglückt hat.
...
Jede Geste, jede Stimmnuance, jede der wunderbaren Repliken Préverts, alles trägt zu dem Gesamtbild bei, das diese einfallsreiche Vergegenwärtigung einer Zeitatmosphäre ist. Die Kamera kann sich mit der Leichtigkeit, die ihr die aufwendige Konstruktion eines riesigen Dekors (...) ermöglicht, die kühnsten, elegantesten, effektvollsten Bewegungen erlauben (...). Und dabei bleibt sie völlig unbemerkt, so fugenlos gehen die Bewegungen im Blick der Beschreibung ineinander über. Das gestattete es Carné, bestimmte ästhetische Stereotypen seiner Zeit zu vermeiden, die heute ganz und gar altmodisch wirken. Carné hat auf Beleuchtungseffekte verzichtet, die ihm früher so wichtig waren, auf die symbolträchtigen Lichtkontraste, auf die Poesie der Nacht und der nassen Straßenpflaster. Hier harmoniert das harte Licht der Außenszenen (...) ausgezeichnet, im besten Sinne des realistischen Stils, mit dem Licht der Theaterinterieurs. Die Menschenmenge, die sich dichtgedrängt auf dem Boulevard vorbeibewegt, entspricht der lärmenden Schar, die sich im Parterre und im Paradies der Theater bewegt und so die unvermeidlichen Stilisierungen der Dekorationen verwischt.
...
Man sieht also, in welchem Maße dieser Film aus dem Jahre 1945 seine verführerische Macht bewahrt hat, wie sehr er den verschiedenen Moden widersteht und wie leicht er dem Wandel der Kritik stand-

Entwurf für ein Filmplakat zu *Les Enfants du Paradis*
von Hervé Morvan, 1946

hält. Kurzum, sehen Sie sich ihn erneut an. Es erwartet Sie ein einzigartiges Kinovergnügen.

Gunter Groll in *Süddeutsche Zeitung*, 26. 7. 1947:
... sie sind unvergleichlich auch in jedem anderen Sinne, diese Kinder des Olymp. Dieser Film hat alle Voraussetzungen, um gründlich zu mißglücken. Er spielt um die Mitte des vorigen Jahrhunderts: Wir wissen, wie fragwürdig sich historische Stoffe in filmischer Photographie, in der Welt der modernsten, heutigsten, technisiertesten aller Künste ausnehmen. Er spielt zum großen Teil in und auf dem Theater: Wir wissen, daß die Theaterverfilmung der stilistische Selbstmord der eigentlichen, also der eigengesetzlichen Filmkunst ist. Er dauert, zu allem übrigen, mehr als drei Stunden: Wir wissen, wie Überdehnungen im Film sich auszuwirken pflegen – nicht nur, weil sie langweilig sind, sondern auch, weil sie gegen das dynamische Grundgesetz der Filmrhythmik verstoßen. Und dennoch ist dieser Film weder Theaterverfilmung noch Historienmalerei, weder langweilig noch unfilmisch. Er ist nicht nur geglückt, sondern er verzaubert, bestrickt und erschüttert. Er könnte getrost noch eine Stunde länger dauern.

M. M. G. in *Die neue Zeitung, Frankfurt*, 28. 7. 1947:
... Dieser gleich nach dem französischen Kriegsende gedrehte Streifen entfernt sich von den Verlockungen des rein Optischen, die als das eigentliche Gebiet des Films anzusehen wir uns seit langem angewöhnt hatten. Er räumt dem Wort einen Dialog voll Herz und Esprit, einen bedeutenden Raum ein; er ist viel mehr eine dramatische Erzählung als eine dramatische Bildfolge. Indem er sich vom Licht der Landschaft abwendet, leuchtet er um so tiefer hinein in die Herzen der Menschen, die sich vorübergehend aus der Masse lösen, um am Schluß wieder in ihr zu versinken.
...
... es scheint eine ideale Zusammenarbeit zu sein. Die Technik etwa, die Vorgänge selbst unsichtbar zu lassen, sie nur in der Mimik des Zuschauers zu spiegeln, ist hier schlechthin vollendet (der Mord an dem Reichen; die Wirkung von Baptistes Spiel auf den Rivalen). Ja, sie ist in einer mitreißenden Art vom Konkreten ins Seelische übertragen: kaum ein erschütterNderes Bild der Verlassenheit, der Beziehungslosigkeit ist vorstellbar als Baptistes kleiner Sohn im Karnevalskostüm, der still an der Tür des schäbigen Hotels wartet, aus dem sein Vater herausstürzt, ohne ihn zu sehen. Dies Hotel selbst, das gleiche Zimmer, in dem Garance vergeblich Baptiste an sich lockte und ihn nach vielen Jahren ebenso vergeblich in die Arme nimmt. »Comme

Titelblatt des Filmprogramms zur ersten synchronisierten Fassung des Films, der zunächst von der »Internationalen Film Allianz« verliehen wurde

Filmplakat des atlas Filmverleihs

c'est simple, l'amour« ist eines der ersten Worte, das Garance, eines der letzten, das Baptiste spricht, und beide Male weiß man, wie bitter sie sich täuschen – Kinder eines verlorenen Paradieses.

Charlotte v. Bechtolsheim, am 6. 11. 1948:
Der preisgekrönte französische Film »Les enfants du Paradis« (»Kinder des Olymp«) (mit Jean-Louis Barrault und Pierre Brasseur) wird gegenwärtig in verschiedenen Lichtspieltheatern der Bizone in deutscher Fassung vorgeführt. Sie stellt zweifellos eine große Leistung der Filmtechnik dar. Wer jedoch die im vergangenen Jahr in Berlin und München und gegenwärtig in Wiesbaden gezeigte Originalfassung gesehen hat, ist enttäuscht. Wie die Übersetzung »Kinder des Olymp« den französischen Titel »Les enfants du Paradis« seines lockenden Zaubers entkleidet hat, so hat die stark gekürzte deutsche Fassung den eigentlichen Sinn des Werkes zerstört. Wohl erscheint es als Torso noch vollkommen und schön, doch die Idee der Bewegung, das geheimnisvoll Umhüllende, das unsichtbar Schwingende, die innere Harmonie ist genommen. Zwar ist die Synchronisation nicht schlecht gelungen, aber die Stimmen wirken spröde, wenn man Weichheit erwartet, hart, wenn man Zartheit erahnt, kalt, wenn innere Erregung zum Ausbruch kommt. Die Stimme Baptistes kommt der Wahrhaftigkeit am nächsten. Es wurde versucht, das bewegte urfranzösische Bild auf das reine Liebeserleben dreier Menschen zuzuschneiden. Dabei entgleitet die Idee, und die tragischen Konflikte, welche aus der Wechselwirkung von unkonstruiertem und dadurch gesteigert dramatischem Geschehen leben, werden ihrer innersten Zusammenhänge beraubt.

VII Anmerkungen

Autor und Verlag danken den Inhabern der Urheberrechte für die freundliche Erlaubnis zum Abdruck der Zitate aus den Erinnerungen von Arletty, Barrault, Brasseur, Carné und Lacenaire.
Arletty, La Défense, Les éditions de la Table Ronde, Paris 1971.
Jean-Louis Barrault, Erinnerungen für morgen, S. Fischer Verlag, Frankfurt/M. 1975.
Pierre Brasseur, Ma vie en vrac, Editions Calmann-Lévy, Paris 1972.
Marcel Carné, La vie à belles dents. Souvenirs, Edition Jean-Pierre Ollivier/Edition Vuarnet, Paris 1975.
Pierre François Lacenaire, Memoiren eines Spitzbuben, Klaus Wagenbach Verlag, Berlin 1982.

Autor und Verlag danken gleichfalls dem Autor und Regisseur Peter Gehrig sowie dem Bayerischen Rundfunk für die Erlaubnis, aus der Produktion »Die Geburt der Kinder des Olymp« (1967) Bild- und Interviewzitate anzuführen.

Die Übersetzung der französischen Originaltexte, mit Ausnahme von Lacenaire (Anmerkung 20) und Barrault (Anmerkung 35), wurde vom Autor dieses Bandes vorgenommen.

1 Robert Baldick, La vie de Frédérick Lemaître – Le lion du boulevard, Paris 1961, S. 39.
2 Victor Fournel, Le Vieux Paris, Tours 1886, S. 116f.
3 Georges Cain, Anciens théâtres de Paris, Paris 1906, S. 18.
4 Frédérick Lemaître, Souvenirs de Frédérick Lemaître, publiés par son fils, Paris 1880, S. 128ff.
5 Heinrich Heine, Sämtliche Schriften, hg. von Klaus Briegleb, Bd. 1–6, München 1968–1976, Bd. 4, S. 394f.
6 Heine, a.a.O., Bd. 3, S. 329f.
7 Louis Péricaud, Le théâtre des funambules, Paris 1897, S. 16.
8 Tristan Rémy, Jean-Gaspard Deburau, Paris 1954, S. 85.
9 Rémy, a.a.O., S. 27.
10 Jules Janin, Deburau. Histoire du théâtre à quatre sous, Paris 1832, Paris ²1881, Reprint dieser Ausgabe Paris 1981, S. 75f.
11 Zitiert nach: Rémy, a.a.O., S. 109f.
12 Rémy, a.a.O., S. 172.
13 Lemaître, a.a.O., S. 15f.

14 Lemaître, a. a. O., S. 73.

15 Lemaître, a. a. O., S. 84.

16 Karl Marx, Friedrich Engels, Werke, hg. vom Institut für Marxismus-Leninismus beim ZK der SED, Berlin 1972, Bd. 7, S. 14.

17 Ludwig Börne, Sämtliche Schriften. Neu bearbeitet u. hg. von Inge und Peter Rippmann, Bd. 1–3 Düsseldorf 1964, Bd. 4–5 Darmstadt 1968, Bd. 3, S. 659.

18 Baldick, a. a. O., S. 157.

19 Bonnelier, H., Lusignan, Refay de: Lacenaire après sa condamnation, Paris 1836, S. 45.

20 Lacenaire, Pierre François: Memoiren eines Spitzbuben, aus dem Französischen von Rudolf Wittkopf, Berlin 1982, S. 72.

21 Lacenaire, Memoiren eines Spitzbuben, a. a. O., S. 131 f.

22 Lacenaire, Memoiren eines Spitzbuben, a. a. O., S. 157 f.

23 L'Avant-Scène du Cinéma, hg. von Jacques G. Perret, Nr. 72–73 (juillet-septembre 1967), S. 107.

24 Marcel Carné, La vie à belles dents. Souvenirs, Paris 1975, S. 232.

25 L'Avant-Scène, a. a. O., S. 108.

26 Jean-Louis Barrault mündlich, in: Die Geburt der Kinder des Olymp, Fernsehproduktion des Bayerischen Rundfunks, Buch und Regie: Peter Gehrig, München 1967.

27 Pierre Brasseur mündlich, in: Die Geburt der Kinder des Olymp, a. a. O.

28 Carné, La vie …, a. a. O., S. 234 f.

29 Les enfants du paradis, hg. von Gérard Vaugeois, in: Bibliothèque des Classiques du Cinéma, Paris 1974, S. 346.

30 Carné, La vie …, a. a. O., S. 29 f.

31 Robert Chazal, Marcel Carné, Paris 1965, S. 95.

32 Zitiert nach: Filme von Jacques Prévert. Eine Dokumentation, hg. vom Filmforum Duisburg, Duisburg 1973, S. III, 4.

33 Carné, La vie …, a. a. O., S. 75 f.

34 Antonin Artaud, Das Theater und sein Double. Das Théâtre de Séraphin, Frankfurt/M. 1979, S. 152.

35 Jean-Louis Barrault, Erinnerungen für morgen, aus dem Französischen von Ruth Henry, Frankfurt/M. 1975, S. 122.

36 Barrault, Erinnerungen, a. a. O., S. 182 f.

37 Arletty, La Défense, Paris 1971, S. 11.

38 Arletty, a. a. O., S. 125.

39 Arletty, a. a. O., S. 153 f.

40 Carné, La vie …, a. a. O., S. 130.

41 Carné, La vie …, a. a. O., S. 130.

42 Pierre Brasseur, Ma vien en vrac, Paris 1972, S. 299 f.

43 Michel Ciment und Isabelle Jordon, Entretien avec Alexandre Trauner, in: Positif, Revue de Cinéma, Nr. 223 (octobre 1979), S. 4–19, Nr. 224 (novembre 1979), S. 46–57, Nr. 224, S. 46.

44 Ciment/Jordon, a. a. O., Nr. 223, S. 13.

45 Carné, La vie …, a. a. O., S. 273 f.

VIII Bibliographie

Allgemeine Nachschlagewerke

La Grande Encyclopédie Larousse, Paris 1971–1976.
Nouveau Larousse illustré, Hrsg.: Claude Augé, Paris 1897–1904.
Buchers Enzyklopädie des Films, Hrsg.: L.-A. Bawden, 2 Bde., München [2]1983.
Fachkatalog Film, Hrsg.: Stadt- und Universitätsbibliothek Frankfurt, Bd. 1: Literatur zur Person, München/New York/London/Paris 1982.
rororo Filmlexikon, Hrsg.: L.-A. Bawden, 6 Bde., Reinbek bei Hamburg 1978.
Tulard, Jean: Dictionnaire du Cinéma, 2 Bde., Paris 1982.
Dureau, Christian: Dictionnaire mondial des comédiens, Saint-Denis 1982.
Krautz, Alfred: International Directory of Cinematographers, Set- and Costume Designers in Film, International Federation of Film Archives, München/New York/London/Paris 1983.
Regent, Roger: Cinéma de France de »La fille du puisatier« aux »Enfants du paradis«, Paris 1948.
Sadoul, Georges: Le cinéma français (1890–1962), Paris 1962.

Zum Film

Warfield, Nancy: Notes on Les Enfants du Paradis, in: The little Film Gazette of N. D. W., Volume II, Number 1, March 1967.
L'Avant-Scène du Cinéma, Hrsg.: Jacques G. Perret, Nr. 72–73 (juillet–septembre) 1967 (enthält das nahezu vollständige Drehbuch).
Vaugeois, Gérard, Hrsg.: Les Enfants du Paradis, Bibliothèque des Classiques du Cinéma, Paris 1974 (dort auch eine Auswahl französischer Pressestimmen).
Filmdokumentation: »Die Geburt der Kinder des Olymp«, Produktion: Bayerischer Rundfunk, Buch und Regie: Peter Gehrig, München 1967.

Boulevard du Crime / Funambules

Beaulieu, Henri: Les Théâtres du Boulevard du Crime, Paris 1905, Reprint Genf 1977.
Brazier, Nicolas: Chroniques des petits théâtres de Paris, 2 Bde., Paris 1837, Reprint Genf 1971.

233

Cain, Georges: Anciens Théâtres de Paris, Paris 1906.

Fournel, Victor: Le vieux Paris, Tours 1886.

Gascar, Pierre: Le boulevard du Crime, Paris 1980.

Gautier, Théophile: Souvenirs de théâtre, d'art et de critique, Paris 1883.

Ginisty, Paul: Les Anciens Boulevards, Paris 1925.

Hillairet, Jacques (Pseud.), Consillan, Auguste André: Evocation du Vieux Paris, Paris 1951.

Lecomte, Louis Henry: Histoire des Théâtres de Paris, 10 Bde, Genf 1973 (Reprint).

Péricaud, Louis: Le Théâtre des Funambules, Paris 1897.

Winter, Marian Hannah: Le Théâtre du Merveilleux, Paris 1962.

Katalog zur Ausstellung über den Boulevard du Crime im Louvre des Antiquaires, Paris 1980.

Lacenaire

Lacenaire, Pierre-François. Procès complet de Lacenaire et de ses complices, imprimé sur les épreuves corrigées de sa main, in: L'Observateur des Tribunaux, Paris 1935.

Lacenaire, Pierre-François: Mémoires, révélations et poésies de Lacenaire, écrits par lui-même, Paris 1836.

–: Memoiren eines Spitzbuben, aus dem Französischen von Rudolf Wittkopf, Berlin 1982.

Bernède, Arthur: Lacenaire, le Napoléon des bandits, Paris 1933.

Bonnelier, H., Lusignan, Refay de: Lacenaire après sa condamnation, ses conversations intimes, ses poésies, sa correspondance; un drame en trois actes, Paris 1936.

Cochinat, Victor: Lacenaire. Ses crimes, son procès et sa mort, suivis de ses poésies et chansons et des documents authentiques et inédits, Paris 1957.

Mogui, Jean-Pierre: Lacenaire, l'assassin romantique, Paris 1980.

Deburau

Guitry, Sacha: Deburau, Paris 1918.

Janin, Jules: Deburau. Histoire du théâtre à quatre sous, Paris 1832, [2]1881, Reprint Paris 1981.

–: Deburau. Eine Erzählung über das Dreigroschentheater, Berlin (DDR) 1981.

Rémy, Tristan: Jean-Gaspard Deburau, Paris 1954.

Lemaître

Lemaître, Frédérick: Souvenirs de Frédérick Lemaître, publiés par son fils, Paris 1880, Reprint Genf 1973.

Baldick, Robert: La vie de Frédérick Lemaître – Le lion du boulevard, Paris 1961.

Coppée, François: Frédérick Lemaître, in: Journal, 23 jan, Paris 1896.

Duval, Georges: Frédérick Lemaître et son temps 1800–1876, Paris 1876.

Lecomte, L.-Henry: Un Comédien au XIXe siècle: Frédérick Lemaître, Paris 1888.

Mirecourt, Eugène de: Frédérick Lemaître, Paris 1855.
Schneider, Louis: Deux Amours de Frédérick Lemaître, in: Temps, 16–17 août, Paris 1930.
Silvain, Eugène: Frédérick Lemaître, Paris 1927.
Trailles, P. de: Frédérick Lemaître, in: Gaulois, 29. jan, Paris 1876.
Tulou, François (Pseud.: François de Donville): Frédérick Lemaître, Paris 1876.
Vacquerie, Auguste: Profils et Grimaces, Paris 1856.

Carné

Carné, Marcel: La vie à belles dents. Souvenirs, Paris 1975.
Agel, Henri: Les grands cinéastes, Paris 1959.
Chazal, Robert: Marcel Carné, Paris 1965.
Landry, Bernard G.: Marcel Carné, Paris 1952.
Meillant, Jacques: Marcel Carné, in: Club du Livre du Cinéma, Bruxelles 1957.
Nepoti, Robert: Marcel Carné, Florenz 1979.
Queval, Jean: Marcel Carné, Paris 1952.

Prévert

Amengual, Barthélémy: Prévert, du cinéma, in: Travail et Culture, Algier 1952.
Bergens, Andrée: Jacques Prévert, Paris 1969.
Guillot, Gérard: Les Préverts, Paris 1967 (durchgesehene und erweiterte Auflage 1968).
Jacques Prévert, in: Premier Plan Nr. 14, Lyon 1961.
Nau, Peter: Jacques Prévert, Cineast, in: Filmkritik Jg. 27, Heft 8, München 1983.
Queval, Jean: Jacques Prévert. Dichter und Drehbuchautor, in: Europ. Rundschau, Wien 1947.
–: Plaisir à Prévert, in: Mercure de France, 1. Juni, Paris 1949.
–: Jacques Prévert, écrivain du cinéma, in: Mercure de France, April, Paris 1951.
–: Jacques Prévert, Paris 1956.
Sadoul, Georges: Jacques Prévert et son univers, in: Ciné-Club, Sondernummer v. 4. Januar, Paris 1949.
Filme von Jacques Prévert. Eine Dokumentation, hg. vom Filmforum Duisburg, Duisburg 1973.

Barrault

Barrault: Jean-Louis: Réflexions sur le théâtre, Paris 1949.
–: Je suis homme de théâtre, Paris 1955.
–: Ich bin Theatermensch, Zürich 1956.
–: Betrachtungen über das Theater, Zürich 1962.
–: Souvenirs pour demain, Paris 1972.
–: Erinnerungen für morgen, Frankfurt/M. 1975.

Arletty

Arletty: La Défense, Paris 1971.
Ariotti, Philippe: Arletty, Paris 1978.
Monnier, Pierre: Arletty, Paris 1984.

Brasseur

Brasseur, Pierre: Ma vie en vrac, Paris 1972.

Trauner

Barsacq, Léon: Le décor de film, Paris 1985.
Ciment, Michel, und Jordon, Isabelle: Entretien avec Alexandre Trauner, in: Positif, Revue de Cinéma, Nr. 223 (octobre 1979), S. 4–19, Nr. 224 (novembre 1979), S. 46–57.
Filmdokumentation: »Der Mann in der Kulisse«, Produktion: RM Arts Produktion, Hessischer Rundfunk 1984.

IX Filmographie

Marcel Carné

Als Mitarbeiter:
1928: LES NOUVEAUX MESSIEURS, Jacques Feyder – 1929: CAGLIOSTRO, Richard Oswald – 1930: SOUS LES TOITS DE PARIS, René Clair – 1934: LE GRAND JEU, Jacques Feyder – PENSION MIMOSAS, Jacques Feyder – 1935: LA KERMESSE HEROIQUE, Jacques Feyder.

Eigene Arbeiten:
1929: NOGENT, ELDORADO ET DIMANCHE – 1930–34: Reklamefilme für Levitan, Securit etc. – 1936: JENNY – 1937: DROLE DE DRAME – 1938: QUAI DES BRUMES – HOTEL DU NORD – 1939: LE JOUR SE LEVE – 1942: LES VISITEURS DU SOIR – 1943–44: LES ENFANTS DU PARADIS – 1946: LES PORTES DE LA NUIT – 1947: L'ESPACE D'UN MATIN – 1949: LA MARIE DU PORT – 1951: JULIETTE OU LA CLEF DES SONGES – 1953: THERESE RAQUIN – 1954: L'AIR DE PARIS – 1956: LE PAYS D'OU JE VIENS – 1958: LES TRICHEURS – 1960: TERRAIN VAGUE – 1962: DU MOURON POUR LES PETITS OISEAUX – 1965: TROIS CHAMBRES A MANHATTAN – 1967: LES JEUNES LOUPS – 1971: LES ASSASSINS DE L'ORDRE – 1974: LA MERVEILLEUSE VISITE – LES EVADES DE L'AN 4000 – 1977: LA BIBLE.

Jacques Prévert

Als Drehbuchautor:
1928: SOUVENIR DE PARIS, Pierre Prévert u. Marcel Duhamel – 1930–34: Reklamefilme für die Pariser Agentur d'Amour – 1931: BALEYDIER, Jean Mamy – 1932: TENERIFFE, Yves Allégret – L'AFFAIRE EST DANS LE SAC, Pierre Prévert – 1933: CIBOULETTE, Claude Autant-Lara – COMME UNE CARPE, Claude Heyman – 1934: L'HOTEL DU LIBRE-ECHANGE, Marc Allégret – LA PECHE A LA BALEINE, Lou Bonin Tchimoukov – SI J'ETAIS LE PATRON, Richard Pottier – SEIFENBLASEN, Slatan Dudow (Berlin) – 1935: UN OISEAU RARE, Richard Pottier – JEUNESSE D'ABORD, Jean Stelli – LE CRIME DE MONSIEUR LANGE, Jean Renoir – 1936: JENNY, Marcel Carné – MOUTONNET, René Sti – VOUS N'AVEZ RIEN A DECLARER?, Léo Joannon – 1937: LE MESSAGER, Raymond Rouleau – MY PARTNER MR. DAVIS, Claude Autant-Lara – DROLE DE DRAME, Marcel Carné – L'AFFAIRE DU COURRIER DE LYON, Claude Autant-Lara u. Maurice Lehman – 1938: QUAI DES BRUMES, Marcel Carné – ERNEST

LE REBELLE, Christian-Jaque – LES DISPARUS DE SAINT-AGIL, Christian-Jaque – 1939: LE JOUR SE LEVE, Marcel Carné – 1939–41: REMORQUES, Jean Grémillon – 1941: LE SOLEIL A TOUJOURS RAISON, Pierre Billon – UNE FEMME DANS LA NUIT, Edmond T. Gréville – 1942: LES VISITEURS DU SOIR, Marcel Carné – LUMIERE D'ETE, Jean Grémillon – 1942–43: ADIEU LEONARD, Pierre Prévert – 1943–44: LES ENFANTS DU PARADIS, Marcel Carné – 1944–45: SORTILEGES, Christian-Jaque – 1945: AUBERVILLIERS, Eli Lotar – 1946: LES PORTES DE LA NUIT, Marcel Carné – VOYAGE-SURPRISE, Pierre Prévert – L'ARCHE DE NOE, Henri Jacques – 1947: LE PETIT SOLDAT, Paul Grimault – LES AMANTS DE VERONE, André Cayatte – 1949: BIM, LE PETIT ANE, Albert Lamorisse – LA MARIE DU PORT, Marcel Carné – 1950: SOUVENIRS PERDUS, Christian-Jaque – LES FEUILLES MORTES (Chanson) – 1953: LA BERGERE ET LE RAMONEUR, Paul Grimault – 1955: MON CHIEN, George Franju – 1956: NOTRE-DAME DE PARIS, Jean Delannoy – 1957: LA SEINE A RENCONTRE PARIS, Joris Ivens – 1958: PARIS MANGE SON PAIN, Pierre Prévert – LA FAIM DU MONDE, Paul Grimault – BALLADE CHROMO, Jean Jabely – 1960: LES PRIMITIFS DU XIIIᵉ, Pierre Guilbaud – PARIS LA BELLE, Pierre Prévert – 1961: LES AMOURS CELEBRES, Michel Boisrond – 1963: EL CIRCO MAS PEQUENO DEL MUNDO, Joris Ivens – 1964: LE PETIT CLAUS ET LE GRAND CLAUS, Pierre Prévert – 1965: LA MAISON DU PASSEUR, Pierre Prévert – 1966: A LA BELLE ETOILE, Pierre Prévert – 1969: LE DIAMANT, Paul Grimault – 1972: LE CHIEN MELOMANE, Paul Grimault.

Als Darsteller oder Sprecher:

1923: LES GRANDS, Henri Fescourt – 1928: SOUVENIR DE PARIS, Pierre Prévert u. Marcel Duhamel – 1931: PRIX ET PROFITS, Yves Allégret – 1932: L'AFFAIRE EST DANS LE SAC, Pierre Prévert – 1933: CIBOULETTE, Claude Autant-Lara – 1934: L'ATLANTE, Jean Vigo – LA PECHE A LA BALEINE, Lou Bonin Tchimoukov – L'HOTEL DU LIBRE-ECHANGE, Marc Allégret – 1949: LA VIE COMMENCE DEMAIN, Nicole Védrès – BIM, LE PETIT ANE, Albert Lamorisse – 1958: LA BELLE SAISON EST PROCHE, Jean Barral – 1960: BRASSAI, Jean-Marie Drot – 1961: MON FRERE JACQUES, Pierre Prévert – 1962: LES HEURES CHAUDES DE MONTPARNASSE, Jean-Marie Drot – 1963: LE PETIT CHAPITEAU, Joris Ivens – 1966: POUR LE PLAISIR, Yannick Bellon – 1970: L'ANIMAL EN QUESTION, André Pozner.

Jean-Louis Barrault

1935: LES BEAUX JOURS, Marc Allégret – 1936: MAYERLING, Anatole Litvak – SOUS LES YEUX D'OCCIDENT, Marc Allégret – A NOUS DEUX, MADAME LA VIE, Yves Mirande – UN GRAND AMOUR DE BEETHOVEN, Abel Gance – HELENE, Jean-Benoit Lévy und Marie Epstein – JENNY, Marcel Carné – 1937: MADEMOISELLE DOCTEUR, Georg Wilhelm Pabst – POLICE MONDAINE, Christian Chamborant und Michel Bernheim – DROLE DE DRAME, Marcel Carné – LE PURITAIN, Jeff Musso – LES PERLES DE LA COURONNE, Sacha Guitry – MIRAGES, Alexandre Ryder – 1938: ALTITUDE 3200, Jean-Benoit Lévy und Marie Epstein – NOUS LES JEUNES, Jean-Benoit Lévy und Marie Epstein – ORAGE, Marc Allégret – LA PISTE DU SUD, Pierre Billon – 1939: FARINET ODER DAS FALSCHE GELD, Max Haufler – MACAO, L'ENFER DU JEU, Jean Delannoy – 1941: LE DESTIN FABULEUX DE DESIREE CLARY, Sacha Guitry – PARADE EN SEPT NUITS, Marc Allégret – MONTMARTRE-SUR-SEINE, Georges Lacombe – 1942: LA SYMPHONIE FANTASTIQUE, Christian-Jaque – LUMIERE D'ETE,

Jean Grémillon – L'ANGE DE LA NUIT, André Berthomieu – 1943–44: LES ENFANTS DU PARADIS, Marcel Carné – 1945: LA PART DE L'OMBRE, Jean Delannoy – 1946: LE COCU MAGNIFIQUE, Emile G. de Meyst – 1947: LA ROSE ET LE RESEDA, André Michel – 1948: D'HOMME A HOMMES, Christian-Jaque – 1949: LE BATEAU IVRE, Alfred Chaumel – 1950: LA RONDE, Max Ophuls – 1951: PAUL CLAUDEL, André Gillet – 1953: SI VERSAILLES M'ETAIT CONTE, Sacha Guitry – 1959: LE DIALOGUE DES CARMELITES, R. Bruckberger und Philippe Agostini – LE TESTAMENT DU DOC-TEUR CORDELIER, Jean Renoir – 1961: LE MIRACLE DES LOUPS, André Hunebelle – ARCHITECTURE, ART DE L'ESPACE, Paul Haesaerts – 1961–62: THE LONGEST DAY, Ken Annakin u. a. – 1964: REPETITION CHEZ JEAN-LOUIS BARRAULT, Robert Hessens – LA GRANDE FROUSSE, Jean-Pierre Mocky – 1966: CHAPPAQUA, Conrad Rooks – 1967: LA ROUTE D'UN HOMME, Georges Hacquard – 1968: JE TIRE CHEMIN, Jacques Lesage.

Arletty

1930: LA DOUCEUR D'AIMER, René Hervil – 1931: UN CHIEN QUI RAPPORTE, Jean Choux – MAIS NE TE PROMENE DONC PAS TOUTE NUE, Léo Joannon – 1932: ENLE-VEZ-MOI, Léonce Perret – FEUE LA MERE DE MADAME, Jean-Paul Feydeau – LA BELLE AVENTURE, Reinhold Schünzel – UNE IDEE FOLLE, Max de Vaucorbeil – 1933: UN SOIR DE REVEILLON, Karl Anton – JE TE CONFIE MA FEMME, René Guissart – LA GUERRE DES VALSES, frz. Version von WALZERKRIEG, Ludwig Berger – 1934: PENSION MIMOSAS, Jacques Feyder – LE VOYAGE DE MONSIEUR PERRICHON, Jean Tarride – L'ECOLE DES COCOTTES, Pierre Colombier – 1935: LA FILLE DE MADAME ANGOT, Jean Bernard-Derosne – AMANTS ET VOLEURS, Raymond Bernard – LE VERTIGE, René Guissart u. Charles Méré – 1936: LA GARCONNE, Jean de Limur – LE MARI REVE, Roger Capellani – AVENTURE A PARIS, Marc Allégret – FAISONS UN REVE, Sacha Guitry – 1937: MIRAGES, Alexandre Ryder – ALOHA, Léon Mathot – LES PERLES DE LA COURONNE, Sacha Guitry – DESIRE, Sacha Guitry – MESSIEURS LES RONDS-DE-CUIR, René Guissart u. Yves Mirande – 1938: LE PETIT CHOSE, Maurice Cloche – LA CHALEUR DU SEIN, Jean Boyer – HOTEL DU NORD, Marcel Carné – 1939: LE JOUR SE LEVE, Marcel Carné – FRIC-FRAC, Maurice Lehmann und Claude Autant-Lara – CIRCONSTANCES ATTENUANTES, Jean Boyer – TEMPETE SUR PARIS, Bernard Deschamps – 1941: MADAME SANS-GENE, Roger Richebé – 1942: LA FEMME QUE J'AI LE PLUS AIMEE, Robert Vernay – BOLERO, Jean Boyer – L'AMANT DE BORNEO, Jean-Paul Feydeau – LES VISITEURS DU SOIR, Marcel Carné – 1943–44: LES ENFANTS DU PARADIS, Marcel Carné – 1949: PORTRAIT D'UN ASSASSIN, Bernard Roland – 1951: L'AMOUR MADAME . . ., Gilles Grangier – GIBIER DE POTENCE, Roger Richebé – 1953: LE PERE DE MADEMOISELLE, Marcel L'Herbier und Robert Paul Dagan – 1954: LE GRAND JEU, Robert Siodmak – HUIS CLOS, Jacqueline Audry – L'AIR DE PARIS, Marcel Carné – 1956: MON CURE CHEZ LES PAUVRES, Henri Diamant-Berger – 1957: L'AVENTURE EST SUR LA ROUTE, Christian Stengel – 1958: LE PASSAGER CLANDESTIN, Ralph Habib – ET TA SOEUR, Maurice Delbez – MAXIME, Henri Verneuil – UN DROLE DE DIMANCHE, Marc Allégret – 1960: LES PRIMITIFS DU XIIIe, Pierre Guilbaud – 1961: LES PETIT MATINS, Jacqueline Audry – LA LOI DES HOMMES, Charles Gérard – 1962: LA GAMBERGE, Norbert Carbonnaux – THE LONGEST DAY, Ken Annakin u. a. – TEMPO DI ROMA, Denys de la Patellière – LE VOYAGE A BIARRITZ, Gilles Grangier.

Pierre Brasseur

1925: MADAME SANS-GENE, Léonce Perret – 1927–28: FEU!, Jacques Baroncelli – 1929: LE CRIME DE VERA MITZEWA, Rudolf Meinert – 1930: MON AMI VICTOR, André Berthomieu – CE QU'ON DIT, CE QU'ON PENSE. ETOILE FILANTE, Jean-Louis Bouquet – UNE HEURE DE REVE, Joseph Tzipine – JE SUIS UN AS, Joseph Tzipine – UN TROU DANS LE MUR, René Barberis – 1931: CIRCULEZ! Jean de Limur – PAPA SANS LE SAVOIR, Robert Wyler u. Yves Mirande – UN REVE BLOND, frz. Version von EIN BLONDER TRAUM, Paul Martin – 1932: LA CHANSON D'UNE NUIT, frz. Version von DAS LIED EINER NACHT, Anatole Litvak – I. F. 1 NE REPOND PLUS, frz. Version von FP 1 ANTWORTET NICHT, Karl Hartl – MOI ET L'IMPERATRICE, frz. Version von ICH UND DIE KAISERIN, Friedrich Hollaender – QUICK, frz. Version von QUICK, Robert Siodmak – LE VAINQUEUR, frz. Version von DER SIEGER, Hans Hinrich u. Paul Martin – VOYAGES DE NOCES, frz. Version von HOCHZEITSREISE ZU DRITT, Erich Schmidt – 1933: INCOGNITO, Kurt Geron – LE MEDECIN DE SERVICE, André Cerf – L'ONCLE DE PEKIN, Jacques Darmont – LE SEXE FAIBLE, Robert Siodmak – VACANCES CONJUGALES, Edmond T. Gréville – 1934: CARAVANE, frz. Version von CARAVAN, Erik Charell – LA GARNISON AMOUREUSE, Max de Vaucorbeil – JOHNNY HAUTE COUTURE, Serge de Poligny – LE MIROIR AUX ALOUETTES, frz. Version von LOCKVOGEL, Hans Steinhoff – QUADRILLE D'AMOUR, frz. Version von DIE KATZ' IM SACK, Richard Eichberg – 1935: LE BEBE DE L'ESCADRON, René Sti – BOUT DE CHOU, Henri Wulschleger – JEUNESSE D'ABORD, Jean Stelli – UN OISEAU RARE, Richard Pottier – QUAND LA VIE EST BELLE, René Sti – 1936: UNE FEMME QUI SE PARTAGE, Maurice Cammage – LE MARI REVE, Roger Capellani – PASSE A VENDRE, René Pujol – PATTES DE MOUCHE, Jean Grémillon – PRETE-MOI TA FEMME, Maurice Cammage – LA REINE DES RESQUILLEUSES, Max Glass – LA VALSE ETERNELLE, Jacques Natanson – VOUS N'AVEZ RIEN A DECLARER, Léo Joannon – 1937: CLAUDINE A L'ECOLE, Serge de Poligny – HERCULE, Alexandre Esway – MADEMOISELLE MA MERE, Henri Decoin – LE SCHPOUNTZ, Marcel Pagnol – 1938: CAFE DE PARIS, Georges Lacombe – LES FRERES CORSES, Géo Kelber – GIUSEPPE VERDI, Carmine Gallone – GOSSE DE RICHE, Maurice de Canonge – GRISOU, Maurice de Canonge – LE PERE LEBONNARD, Jean de Limur – QUAI DES BRUMES, Marcel Carné – VISAGES DE FEMMES, René Guissart – 1939: C'ETAIT MOI, Christian-Jaque – NUIT DE DECEMBRE, Kurt Bernhardt – LE CHEMIN DE L'HONNEUR, Jean-Paul Paulin – DERNIERE JEUNESSE, Jeff Musso – FRERES D'AFRIQUE, Aimée Navarra – SIXIEME ETAGE, Maurice Cloche – 1940: TROIS ARGENTINS A MONTMARTRE, André Hugon – LES DEUX TIMIDES, Yves Allégret – LE SOLEIL A TOUJOURS RAISON, Pierre Billon – TOBIE EST UN ANGE, Yves Allégret – 1942: LA CROISEE DES CHEMIENS, André Berthomieu – PROMESSE A L'INCONNUE, André Berthomieu – 1943: LUMIERE D'ETE, Jean Grémillon – ADIEU LEONARD, Pierre Prévert – 1943–44: LES ENFANTS DU PARADIS, Marcel Carné – 1945: LA FEMME FATALE, Jean Boyer – JERICHO, Henri Calef – LE PAYS SANS ETOILES, Georges Lacombe – 1946: L'AMOUR AUTOUR DE LA MAISON, Pierre de Hérain – L'ARCHE DE NOE, Henri Jacques – PETRUS, Marc Allégret – LES PORTES DE LA NUIT, Marcel Carné – ROCAMBOLE u. LA REVANCHE DE BACCARAT, Jacques de Baroncelli – 1947: CROISIERE POUR L'INCONNUE, Pierre Montazel – LA RENEGATE, Jacques Séverac – 1948: LES AMANTS DE VERONE, André Cayatte – LA NUIT BLANCHE, Richard Pottier – LE SECRET DE MONTE-CRISTO, Albert Valentin – 1949: JULIE DE CARNEILHAN, Jacques Manuel – MILLIONNAIRES D'UN JOUR, André Hunebelle – PORTRAIT D'UN ASSASSIN, Bernard Borderie – 1950: L'HOMME DE LA JAMAIQUE,

Maurice de Canonge – MAITRE APRES DIEU, Louis Daquin – LA STATUETTE, Christian-Jaque – 1951: BARBE-BLEUE, Christian-Jaque – LES MAINS SALES, Fernand Rivers – LA MAISON TELLIER, Max Ophuls – 1952: LA POCHARDE, Georges Combret – LE RIDEAU ROUGE, André Barsacq – SAINT-TROPEZ, DEVOIR DE VACANCES, Paul Paviot – 1953: LA BERGERE ET LE RAMONEUR, Paul Grimault – RASPOUTINE, Georges Combret – VESTIRE GLI IGNUDI, Marcello Pagliero – 1954: NAPOLEON, Sacha Guitry – OASIS, Yves Allégret – LA TOUR DE NESLE, Abel Gance – 1956: PORTE DES LILAS, René Clair – 1958: LES GRANDES FAMILLES, Denys de la Patellière – LA LOI, Jules Dassin – MESSIEURS LES RONDES-DE-CUIR, Henri Diamant-Berger – SANS FAMILLE, André Michel – LA TETE CONTRE LES MURS, Georges Franju – LA VIE A DEUX, Clément Duhour – 1959: LES YEUX SANS VISAGE, Georges Franju – CARTAGINE IN FIAMME, Carmine Gallone – 1960: LE DIALOGUE DES CARMELITES, Philippe Agostini und R. P. Bruckberger – IL BELL'ANTONIO, Mauro Bolognini – CANDIDE, Norbert Carbonnaux – PLEINS FEUX SUR L'ASSASSIN, Georges Franju – VIVE HENRI VI., VIVE L'AMOUR, Claude Autant-Lara – 1961: L'AFFAIRE NINA B., Robert Siodmak – AGNES BERNAUER, Michel Boisrond – LE BATEAU D'EMILE, Denys de la Patellière – L'AFFAIRE FENAYROU, Gérard Oury – LES PETITS MATINS, Jacqueline Audry – RENCONTRES, Philippe Agostini – 1962: L'ABOMINABLE HOMME DES DOUANES, Marc Allégret – LES BONNES CAUSES, Christian-Jaque – 1963: LIOLA, Alessandro Blasetti – 1964: LA BESTIOLE, Claude Autant-Lara – LE MAGOT DE JOSEFA, Claude Autant-Lara – UN SOIR PAR HASARD, Yvan Govar – LE GRAIN DE SABLE, Pierre Kast – LUCKY JOE, Michel Déville – 1965: DEUX HEURES A TUER, Yvan Govar – LA METAMORPHOSE DES CLOPORTES, Pierre Granier-Deferre – UN MONDO NUOVO, Vittorio de Sica – L'OR DU DUC, Jacques Baratier – PAS DE CAVIAR POUR TANTE OLGA, Jean Becker – PAS DE PANIQUE, Sergio Gobbi – LA VIE DE CHATEAU, Jean-Paul Rappeneau – 1966: LE ROI DE COEUR, Philippe de Broca – 1967: LE FOU DU LABO 4, Jacques Besnard – LES OISEAUX VONT MOURIR AU PEROU, Romain Gary – LA PETITE VERTU, Serge Korber – 1968: GOTO, ILE D'AMOUR, Walerian Borowcyk – SOUS LE SIGNE DE MONTE-CRISTO, André Hunebelle – 1970: MACEDOINE, Jacques Scandelari – LES MARIES DE L'AN II, Jean-Paul Rappeneau – 1972: LA PANNE, Ettore Scola.

Alexandre Trauner

Als Mitarbeiter von Lazare Meerson:
1930: SOUS LES TOITS DE PARIS, René Clair – DAVID GOLDER, Julien Duvivier – 1931: JEAN DE LA LUNE, Michel Simon – LE MILLION, René Clair – A NOUS LA LIBERTE, René Clair – 1932: QUATORZE JUILLET, René Clair – L'AFFAIRE EST DANS LE SAC, Pierre Prévert – DANTON, André Roubaud – 1933: CIBOULETTE, Claude Autant-Lara – FAUT REPARER SOPHIE, Alexandre Ryder – 1934: AMOK, Fedor Ozep – LE GRAND JEU, Jacques Feyder – L'HOTEL DU LIBRE-ECHANGE, Marc Allégret – PENSION MIMOSAS, Jacques Feyder – LAC AUX DAMES, Marc Allégret – SANS FAMILLE, Marc Allégret – 1935: LA KERMESSE HEROIQUE, Jacques Feyder – 1936: AS YOU LIKE IT, Paul Czinner.

Eigene Arbeiten:
1936: VOUS N'AVEZ RIEN A DECLARER?, Léo Joannon – 1937: GRIBOUILLE, Marc Allégret – LA DAME DE MALACCA, Marc Allégret – DROLE DE DRAME, Marcel

Carné – 1938: QUAI DES BRUMES, Marcel Carné – ENTREE DES ARTISTES, Marc Allégret – HOTEL DU NORD, Marcel Carné – CAPITAINE MOLLENARD, Robert Siodmak – 1939: LE JOUR SE LEVE, Marcel Carné – REMORQUES, Jean Grémillon – 1941: LE SOLEIL A TOUJOURS RAISON, Pierre Billon – 1942: LUMIERE D'ETE, Jean Grémillon – LES VISITEURS DU SOIR, Marcel Carné – 1944: LES ENFANTS DU PARADIS, Marcel Carné – 1945: LES MALHEURS DE SOPHIE, Jacqueline Audry – 1946: LES PORTES DE LA NUITS, Marcel Carné – REVES D'AMOUR, Christian Stengel – VOYAGE-SURPRISE, Pierre Prévert – 1949: LA MARIE DU PORT, Marcel Carné – MANEGES, Yves Allégret – 1950: JULIETTE OU LA CLEF DES SONGES, Marcel Carné – LES MIRACLES N'ONT LIEU QU'UNE FOIS, Yves Allégret – 1950–52: OTHELLO, Orson Welles – 1951: THE GREEN GLOVE, Rudolph Maté – LES SEPT PECHES CAPITAUX, Jean Dréville – 1952: LA JEUNE FOLLE, Yves Allégret – LA LUXURE, Yves Allégret – TORTICOLA CONTRE FRANKENSBERG, Paul Paviot – 1953: ACT OF LOVE, Anatole Litvak – 1955: DU RIFIFI CHEZ LES HOMMES, Jules Dassin – L'AMANT DE LADY CHATTERLEY, Marc Allégret – LAND OF THE PHARAOS, Howard Hawks – LA LUMIERE D'EN FACE, Georges Lacombe – 1956: EN EFEUILLANT LA MARGUERITE, Marc Allégret – THE HAPPY ROAD, Gene Kelly – 1957: L'AMOUR EST EN JEU, Marc Allégret – LOVE IN THE AFTERNOON, Billy Wilder – WITNESS FOR THE PROSECUTION, Billy Wilder – 1958: SOIS BELLE ET TAIS-TOI, Marc Allégret – ONCE MORE WITH FEELING, Stanley Donen – 1959: THE NUN'S STORY, Fred Zinneman – 1960: THE APARTMENT, Billy Wilder – LE SECRET DU CHEVALIER D'EON, Jacqueline Audry – 1961: ROMANOFF AND JULIET, Peter Ustinov – AIMEZ-VOUS BRAHMS?, Anatole Litvak – ONE, TWO, THREE, Billy Wilder – PARIS BLUES, Martin Ritt – GIGOT, Gene Kelly – 1962: LE COUTEAU DANS LA PLAIE, Anatole Litvak – 1963: IRMA LA DOUCE, Billy Wilder – 1964: BEHOLD A PALE HORSE, Fred Zinneman – KISS ME STUPID, Billy Wilder – 1966: HOW TO STEAL A MILLION DOLLARS AND LIVE HAPPILY EVER AFTER, William Wyler – 1967: THE NIGHT OF THE GENERALS, Anatole Litvak – 1968: THE PRIVATE LIFE OF SHERLOCK HOLMES, Billy Wilder – LA PUCE A L'OREILLE, Jacques Charon – UP TIGHT, Jules Dassin – 1970: LA PROMESSE DE L'AUBE, Jules Dassin – 1971: LES MARIES DE L'AN II, Jean-Paul Rappeneau – 1972: IMPOSSIBLE OBJET, John Frankenheimer – 1974: GRANDEUR NATURE, Luis Berlanga – 1975: THE MAN WHO WOULD BE KING, John Huston – 1976: MONSIEUR KLEIN, Joseph Losey – 1977: FEDORA, Billy Wilder – LES ROUTES DU SUD, Joseph Losey – 1978: DON GIOVANNI, Joseph Losey.

Joseph Kosma

1935: LE CRIME DE MONSIEUR LANGE, Jean Renoir – 1936: JENNY, Marcel Carné – PARTIE DE CAMPAGNE, Jean Renoir – 1937: LA GRANDE ILLUSION, Jean Renoir – 1938: LA MARSEILLAISE, Jean Renoir – LA BETE HUMAINE, Jean Renoir – 1939: LA REGLE DU JEU, Jean Renoir – 1942: LES VISITEURS DU SOIR, Marcel Carné – 1943: ADIEU LEONARD, Pierre Prévert – 1943–44: LES ENFANTS DU PARADIS, Marcel Carné – 1945: AUBERVILLIERS, Eli Lotar – 1946: LES PORTES DE LA NUIT, Marcel Carné – LES CHOUANS, Henri Calef – PETRUS, Marc Allégret – MESSIEURS LUDOVIC, Jean-Paul Le Chanois – VOYAGE-SURPRISE, Pierre Prévert – L'ARCHE DE NOE, Henri Jacques – L'AMOUR AUTOUR DE LA MAISON, Pierre de Hérain – LA DAME D'ONZE HEURES, Jean Devaivre – 1947: CARREFOUR DES PASSIONS, Ettore Giannini – BETHSABEE, Léonide Moguy – LE PETIT SOLDAT, Paul Grimault – 1948: BAGARRES, Henri Calef – LES AMANTS DE VERONE, André Cayatte – L'ECOLE BUIS-

SONNIERE, Jean-Paul Le Chanois – HANS LE MARIN, François Villiers – D'HOMME A HOMMES, Christian-Jaque – LA FERME DES SEPT PECHES, Jean Devaivre – LES EAUX TROUBLES, Henri Calef – 1949: BLACK JACK, Julien Duvivier – LE JUGEMENT DE DIEU, Raymond Bernard – DANS LA VIE TOUT S'ARRANGE, Marcel Cravenne – VENDETTA EN CAMARGUE, Jean Devaivre – LE GRAND RENDEZ-VOUS, Jean Dréville – AU GRAND BALCON, Henri Decoin – LA MARIE DU PORT, Marcel Carné – LA BELLE QUE VOILA, Jean-Paul Le Chanois – LE SANG DES BETES, Georges Franju – 1950: JULIETTE OU LA CLEF DES SONGES, Marcel Carné – L'INCONNUE DE MONTREAL, Jean Devaivre – SOUVENIRS PERDUS, Christian-Jaque – OMBRE ET LUMIERE, Henri Calef – SANS LAISSER D'ADRESSE, Jean-Paul Le Chanois – EN PASSANT PAR LA LORRAINE, Georges Franju – TROIS TELEGRAMMES, Henri Decoin – 1951: PARIGI E SEMPRE PARIGI, Luciano Emmer – DUPONT BARBES, Henri Lepage – THE GREEN GLOVE, Rudolph Maté – LE CAP DE L'ESPERANCE, Raymond Bernard – MON AMI PIERRE, Paula Nourisse – LES LOUPS CHASSENT LA NUIT, Bernard Borderie – UN GRAND PATRON, Yves Ciampi – 1952: LA BERGERE ET LE RAMONEUR, Paul Grimault – INNOCENTS IN PARIS, Gordon Parry – AGENCE MATRIMONIALE, Jean-Paul Le Chanois – LE RIDEAU ROUGE, André Barsacq – OPERATION MAGALI, Laslo Kish – LA COMMUNE DE PARIS, Robert Ménégoz – 1953: LES ENFANTS DE L'AMOUR, Léonide Moguy – LES FRUITS SAUVAGES, Hervé Bromberger – ALERTE AU SUD, Jean Devaivre – LA VIERGE DU RHIN, Gilles Grangier – LE VILLAGE MAGIQUE, Jean-Paul Le Chanois – MA JEANNETTE ET MES COPAINS, Robert Ménégoz – FRANÇOIS LE RHINOCEROS, Sonika Bo – 1954: HUIS CLOS, Jacqueline Audry – LOUIS LUMIERE, Paul Paviot – LE PORT DU DESIR, Edmond T. Gréville – LES EVADES, Jean-Paul Le Chanois – FANTAISIE D'UN JOUR, Pierre Cardinal – LES CHIFFONNIERS D'EMMAUS, Robert Darène – PAS DE SOURIS DANS LE BISNESS, Henri Lepage – 1955: L'AMANT DE LADY CHATTERLEY, Marc Allégret – ELENA ET LES HOMMES, Jean Renoir – PAS DE PITIE POUR LES CAVES, Henri Lepage – M'SIEUR LA CAILLE, André Pergament – GOUBBIAH MON AMOUR, Robert Darène – DES GENS SANS IMPORTANCE, Henri Verneuil – LA PAVANE DES POISONS, Pierre Billon – CELA S'APPELLE L'AURORE, Luis Buñuel – MAIGRET DIRIGE L'ENQUETE, Stany Cordier – VOICI LE TEMPS DES ASSASSINS, Julien Duvivier – 1956: LE QUAI DES ILLUSIONS, Emile Couzinet – L'INSPECTEUR AIME LA BAGARRE, Jean Devaivre – CALLE MAYOR, Juan-Antonio Bardem – LE LONG DES TROTTOIRS, Léonide Moguy – SOUPCONS, Pierre Billon – 1957: LES LOUVES, Luis Saslavsky – JE REVIENDRAI A KANDARA, Victor Vicas – LE CAS DU DOCTEUR LAURENT, Jean-Paul Le Chanois – TROIS JOURS A VIVRE, Gilles Grangier – 1957–58: UN CERTAIN MONSIEUR JO, René Jolivet – 1958: TAMANGO, John Berry – LA CHATTE, Henri Decoin – LA COCOTTE D'AZUR, Agnès Varda – 1959: KATIA, Robert Siodmak – LA FRANCAISE ET L'AMOUR, Henri Decoin u. a. – LE TESTAMENT DU DOCTEUR CORDELIER, Jean Renoir – LA CHATTE SORT SES GRIFFES, Henri Decoin – LE DEJEUNER SUR L'HERBE, Jean Renoir – LE HUITIEME JOUR, Marcel Hanoun – 1960: QUAND MIDI SONNE SUR LA FRANCE, Jean-Jacques Serkis – TEIVA L'ENFANT DES ILES, Francis Mazières – CRESUS, Jean Giono – 1961: HENRI MATISSE, Marcel Ophuls – LES HOMMES VEULENT VIVRE, Léonide Moguy – SNOBS, Jean-Pierre Mocky – LE PAVE DE PARIS, Henri Decoin – PAR DESSUS LE MUR, Jean-Paul Le Chanois – 1962: LE CAPORAL EPINGLE, Jean Renoir – LE TRESOR DES HOMMES BLEUS, Edmond Agabra – A L'AUBE DU TROISIEME JOUR, Claude Bernard-Aubert – LA POUPEE, Jacques Baratier – 1963: UN DROLE DE PAROISSIEN, Jean-Pierre Mocky – IN THE FRENCH STYLE, Robert Parrish – 1966: UN SOIR A TIBERIADE, Hervé Bromberger – FRUITS AMERS, Jacqueline Audry.

Bitte umblättern:

auf den nächsten Seiten informieren
wir Sie über weitere interessante
Fischer Taschenbücher.

Adolf Heinzlmeier/Berndt Schulz/Karsten Witte

Die Unsterblichen des Kinos

Band 3666

Band 3658

Band 3679

Die Filmgeschichte ist, wenn sie Leben und Legende der
Leinwandstars ernst nimmt, immer auch Sittengeschichte.
Bizarre Details aus dem Alltag der Kinowelt sind nicht nur
individuell aufregend, sie zeigen auch die Sklavenarbeit in der
Träumefabrik, die Sehnsüchte und ihren Verschleiß. Davon
sprechen diese Bücher. Sie zeigen den wirklichen Star, der
repräsentativ sein sollte für das individuelle Selbstverständnis
und die Etikette der Liebe in der modernen Gesellschaft. Stars
waren am größten, wenn sie diese Fähigkeit mit einer weiteren verbinden konnten: mit ihrem eigenen Image identisch zu
sein.

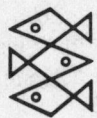

Fischer Taschenbuch Verlag

fi 319/1

Fischer Film Almanach
Filme · Festivals · Tendenzen

Der Fischer Film Almanach bietet dem Filminteressierten jährlich eine lückenlose Dokumentation aller innerhalb eines Jahres in der Bundesrepublik erst- bzw. uraufgeführten Filme. Daneben gibt dieses informative Kompendium einen Überblick über die Preisträger der wichtigsten Filmfestivals von Berlin bis Cannes und beschäftigt sich in jedem Band schwerpunktmäßig mit einem filmpolitischen Thema.

Band 3657

Band 3674

Band 3684

Band 4456

Fischer Taschenbuch Verlag

fi 271/4

Fischer Cinema

Fischer Cinema

Rainer Werner
Fassbinder
**Filme befreien
den Kopf**
Herausgegeben von
Michael Töteberg
Band 3672
**Die Anarchie
der Phantasie**
Herausgegeben von
Michael Töteberg
Band 4462

Rudolf Arnheim
**Kritiken und Aufsätze
zum Film**
Herausgegeben von
Helmut H. Diederichs
Band 3653
Film als Kunst
Band 3656

Beate Klöckner
**Die wilde Ekstase
des Paradieses**
Der pornographische
Film. *Band 4453*

Dorin Popa
Kurbel-Brevier
Handbuch für die
Film- und Videoarbeit
Band 4450

Jean Luc Godard
**Einführung in eine
wahre Geschichte
des Kinos**
Band 3686

Hans G. Pflaum/
Hans H. Prinzler
**Film in der Bundes-
republik Deutschland**
Ein Handbuch
Band 3673

Dieter Prokop
Soziologie des Films
Erweiterte Ausgabe
Band 3682

Helmut Korte (Hrsg.)
**Film und Realität in der
Weimarer Republik**
Band 3661

Maria Ratschewa/
Christel Buschmann/
Helke Sander/
Margarethe von Trotta
Utopie Frauenfilm
Band 4458

Horst Schäfer
Film im Film
Band 3698

Hans C. Blumenberg
Kinozeit
Aufsätze und Kritiken
zum modernen Film
1976–1980
Band 3664
Gegenschuß
Texte über Filmemacher
u. Filme 1980–1983
Band 3692

Peter Buchka
**Augen kann man
nicht kaufen
Wim Wenders und
seine Filme**
Band 4457

Hans Richter
**Filmgegner von heute
– Filmfreunde von
morgen**
Band 3670
Der Kampf um den Film
Herausgegeben von
Jürgen Römhild
Band 3651

H.-J. Syberberg
Syberbergs Filmbuch
Band 3650

Karsten Witte
Im Kino
Texte vom Sehen & Hören
Band 4454

Fischer Taschenbuch Verlag

fi 270/4

Margarethe von Trotta

»Einen eigenen Film zu machen,
ist meiner Geschichte nach eine
Konsequenz. Jetzt bestimme ich
selbst, hingeschaut und mitgedacht
habe ich schon immer«,
*sagt Margarethe von Trotta über ihre Arbeit
als Regisseurin.*

Schwestern oder Die Balance des Glücks
Herausgegeben von Willi Bär und
Hans Jürgen Weber
Band 3659

Die bleierne Zeit
Herausgegeben von Hans Jürgen Weber
Band 3675

Heller Wahn
Herausgegeben von Hans Jürgen Weber
Band 3687

Margarethe von Trotta/Luisa Francia
Das zweite Erwachen der Christa Klages
Band 3654

Fischer Taschenbuch Verlag

fi 272/1

Arthur Miller

Arthur Miller, geboren 1915 in New York, lebt in Connecticut. Seit 1947 wird Miller in der ganzen Welt als ein Dramatiker diskutiert, der die Tragödie des Kleinen Mannes zu seinem bedeutendsten Thema und die Frage nach Recht und Unrecht zum Ausgangspunkt seines Schreibens gemacht hat.

Hexenjagd
Ein Drama in zwei Akten
140 Seiten. Broschur
Fischer Taschenbuch Band 7082

Der Tod des Handlungsreisenden
Fischer Taschenbuch Band 7081

Spiel um Zeit (Playing for time)
Ein Fernsehfilm
Fischer Taschenbuch Band 7061

Theateressays
Fischer Taschenbuch Band 7058

Meisterdramen
472 Seiten, geb.

Zwischenfall in Vichy
Ein Theaterstück. 73 Seiten. Ppbd.

Der Handlungsreisende in Peking
288 Seiten. Mit zahlreichen Fotos von
Inge Morath. Broschur

S. Fischer

fi 475/1

Fischer

Pier Paolo Pasolini
Orgie · Der Schweinestall

Theater Film Funk Fernsehen

fi 386/1

Band 7078

Fischer

fi 372/1

Band 7084

Marguerite
Duras
Savannah Bay

Theater Film Funk Fernsehen

Theater Funk Fernsehen

Edward Albee
Wer hat Angst vor
Virginia Woolf…?
Band 7015

Samuel Beckett
Sechs Theaterstücke
Endspiel/Das letzte Band/
Spiel/Spiel ohne Worte
1 und 2/Glückliche Tage
Band 7088

Eric Bentley
Sind Sie jetzt oder
waren Sie jemals
Band 7052

Elias Canetti
Dramen
Hochzeit/Komödie der
Eitelkeit/Die Befristeten
Band 7027

Marguerite Duras
Die Krankheit Tod
Band 7092
Savannah Bay
Band 7084

Dieter Forte
Fluchtversuche
Vier Fernsehspiele
Band 7055
Kaspar Hausers Tod
Band 7050
Martin Luther &
Thomas Münzer
oder Die Einführung
der Buchhaltung
Band 7065

Athol Fugard
John Kani, Winston Ntshona
Aussagen
Band 7051
»Master Harold«… und die
Boys/Botschaft von Aloen
Band 7087

Carlo Goldoni/Heinz Riedt
Landpartie à la mode
Band 7080

Gert Heidenreich
Der Wetterpilot/
Strafmündig
Band 7085

Gert Hofmann
Die Überflutung
Vier Hörspiele
Band 7059

Thomas Hürlimann
Stichtag/Großvater
und Halbbruder
Band 7086

Henrik Ibsen/Peter Zadek/
Gottfried Greiffenhagen
Die Wildente/Hedda
Gabler/Baumeister
Solness. Band 7073

Lotte Ingrisch
Wiener Totentanz
Band 7094

Dieter Kühn
Galaktisches Rauschen
Band 7054

Fischer Taschenbuch Verlag

fi 304/3a

Theater Funk Fernsehen

Reiner Kunze
Der Film »Die wunderbaren
Jahre«. Band 7053

Arthur Miller
Der Tod des Handlungs-
reisenden. Band 7081
Hexenjagd. Band 7082
Spiel um Zeit
(Playing for Time)
Band 7061
Theateressays
Band 7058

John Osborne
Blick zurück im Zorn
Band 7030

Pier Paolo Pasolini
Orgie/Der Schweinestall
Band 7078
Affabulazione oder
Der Königsmord/Pylades
Band 7079

Gerhard Roth
Lichtenberg/Sehnsucht/
Dämmerung. Band 7068

Rolf Schneider
Marienbader Intrigen
Band 7093

Stefan Schütz
Sappa/Die Schweine
Band 7062
Die Seidels
(Groß & Gross)/
Spectacle Cressida
Band 7083

Peter Shaffer
Amadeus. Band 7063

Sam Shepard
Fluch der verhungernden
Klasse/Vergrabenes Kind
Band 7056

Tennessee Williams
Endstation Sehnsucht/
Die Glasmenagerie
Band 7004
Die Katze auf dem
heißen Blechdach
Band 7071
Die tätowierte Rose
Band 7072

Hörspiele
Ilse Aichinger/Ingeborg
Bachmann/Heinrich Böll/
Günter Eich/Wolfgang
Hildesheimer/Jan Rys
Band 7010

Frühe sozialistische
Hörspiele
Herausgegeben von
Stefan Bodo Würffel.
Bertolt Brecht/Erich Kästner/
Anna Seghers/Ernst Toller/
Friedrich Wolf u. a.
Band 7032

Hörspiele aus der DDR
Herausgegeben von
Stefan Bodo Würffel.
Stephan Hermlin/Günter
Kunert/Heiner Müller/Rolf
Schneider u. a. Band 7031

Fischer Taschenbuch Verlag

fi 304/3b